传统文化生态观的教育传承研究

韦祖庆◎著

GMSKWK

光明社科文库 GUANG MING SHE KE WEN KU

光明日报出版社

图书在版编目（CIP）数据

传统文化生态观的教育传承研究 / 韦祖庆著 .
－－北京：光明日报出版社，2018.7（2022.9 重印）
ISBN 978－7－5194－4338－2

Ⅰ.①传… Ⅱ.①韦… Ⅲ.①文化生态学—研究
Ⅳ.①G0

中国版本图书馆 CIP 数据核字（2018）第 151797 号

传统文化生态观的教育传承研究
CHUANTONG WENHUA SHENGTAIGUAN DE
JIAOYU CHUANCHENG YANJIU

著　　者：韦祖庆

责任编辑：王　庆　　　　　责任校对：赵鸣鸣
封面设计：中联学林　　　　责任印制：曹　净

出版发行：光明日报出版社
地　　址：北京市西城区永安路 106 号，100050
电　　话：010－67078251（咨询），63131930（邮购）
传　　真：010－67078227，67078255
网　　址：http：//book. gmw. cn
E－mail：gmrbcbs@ gmw. cn
法律顾问：北京市兰台律师事务所龚柳方律师

印　　刷：三河市华东印刷有限公司
装　　订：三河市华东印刷有限公司
本书如有破损、缺页、装订错误，请与本社联系调换

开　　本：170mm×240mm
字　　数：322 千字　　　　　印　张：16
版　　次：2018 年 7 月第 1 版　印　次：2022 年 9 月第 2 次印刷
书　　号：ISBN 978－7－5194－4338－2

定　　价：75. 00 元

前　言

　　"生态"一词,是德国生物学家海克尔于 1866 年在《有机体普通形态学》一书中首先提出的,他摆脱了传统从生物个体出发的孤立思考方式,认识到一切生物都是环境整体的一部分,提出"生态"就是生物与环境的关系。细究生态的内涵,至少具有三个层面的意义:一是在这关系中生物的生存与发展状态,这种状态主要是描述生物个体或种群的生理特性和生活习性,是一种相对封闭与静止状态的考察;二是生物种群之间生存发展所生成的相互依存、相互制约的关系,这是一个相对开放的系统,内中蕴含着生态圈思想;三是生物必然依存非生物从而获得生存发展的关系,生命与非生命并非全然相异的两个系统,而是存在着能量交换的统一体,这是一个完全开放的全新意义的生态系统。因此,"生态本质上是'生命的存在状态',生态的主体是生命。当以'生命状态'诠释'生态'时,'生态'的两个特性尤为值得注意。首先,它是'生命'状态,而不是'生存'状态。'生命'与'生存'的区别,就在于它生生不息、自我否定、具有不断发展的活力与内在可能性。其次,它是一种'状态',是有机联系所形成的主体的生命力的外在表现,凸显的是主体内部以及主体与环境要素之间的有机联系对主体生命的意义"。①

　　基于生态理念,进而延伸到人类社会,人类文化也具有生态特征,由此创造文化生态学,他是美国人类学家斯图尔德(Steweardm J·H,1902 – 1972)在《文化进化和过程》(1953)一书中提出。我国冯天瑜先生在《中华文化史》中提出,"文化生态学是以人类在创造文化的过程中与天然环境及人造环境的相互关系为对象的一门学科,其使命是把握文化生成与文化环境的调适及内在联系。作为文化生态学的一个基本概念,'文化生态'(或称文化背景),主要指相互交往的文化群体

---

① 樊浩. 伦理精神的价值生态. 北京:中国社会科学出版社,2001:100.

凭以从事文化创造、文化传播及其他文化活动的背景和条件,文化生态本身又构成一种文化成分",进而,他又将文化生态分为三个层次:"自然环境""社会经济环境"(包括工具、技术、生产方式等)与"社会制度环境"(包括各种社会组织、机构、制度等结合而成的体系),认为"文化生态三层次彼此之间不断通过人类的社会实践(首先是生产劳动)进行物质的及能量的交换,构成一个浑然的整体,同时,它们又分别通过复杂的渠道,经由种种介质对观念世界施加影响",从而"有机地组合成'文化的生态环境'"。① 人类与环境之间的关系是一种"三角交流关系",因为"社会环境"参与进来,这与动物与环境间的"双向交流关系"有质的区别。人类兼备"本能与知性",这使他能够统一"消费者"与"生产者"于一身。作为"消费者",他既与动物一样消费自然资源,同时又在社会意义上消费经过社会劳动加工过的自然;作为"生产者",人类在自觉意志支配下从事物质生产、精神生产和人类自身生产,由此也创造着人化自然。这样,人类在环境以及由环境提供的资源共同组成生态系统中从事消费活动与生产实践——文化创造,由此形成一个复杂的有机的文化生态系统。在这个统一的系统中,文化生态诸因子分别作用于文化生成,但它们之间并不存在某种简单的因果对应关系,自然的、经济的、社会的诸生态层面主要不是各自单线影响文化生成,而是通过组成生态综合体,共同提供文化发展的基础,决定文化的大略格局和走向。

　　传统文化生态观是中华先民"天人合一"古老哲学的具体体现,他们在探索自然宇宙与人类社会及其关系中,从自然生态到人文生态,构建了天人合一、天人同构的哲学观念,决定性地影响了中华文化生态系统的生成与发展。在传统文化中,"天人合一"思想源远流长。早在西周时代,就有诗云:"天生蒸民,有物有则,民之秉彝,好是懿德。"但是,明确提出"天人协调"思想则是儒家经典著作《周易》,后来孔子提出了"天地之大德曰生""与天地合其明,与四时合其序,与鬼神合其吉凶,先天而天弗违,后天而奉天时,天且弗违,而况于人乎"的"天命论",从天道和人道的整体和谐来考察人的行为合理性,用伦理态度对待自然。老子提出"不以心损道,不以人助天""无以人灭天""无以故灭命"的自然观,要求放弃人为,顺应自然,认为放弃人为可以达到"与天合一"的境界。汉代董仲舒提出"人副天数",在儒家思想史上第一次明确将人类的伦理视野推广到天地之间,即认为道德伦理不仅存在于人与人之间,也存在于天地生态系统之间,且天地生态系统这

---

① 冯天瑜,何晓明,周积明. 中华文化史:上. 上海:上海人民出版社,2005:8 - 10.

种伦理关系是"与生俱来"的。宋代的张载、二程(程颢、程颐)扬弃了董仲舒的粗陋形式,首次明确提出"天人合一"概念。可见,华夏文明的"天人合一"思想,主张世界的有机生成而不是机械组合性,强调天道与人道、自然界与人是紧密相连不可分离的,追求天地整体的和谐。

对于"天人合一"思想合理内核,我们如何解读呢?原始蒙昧时代,人类的思维远未达到将自己与自然界分离出来的程度,因而在思想观念、行为方式上表现出主客体不分、混沌不清的特点,在漫长的进化过程中,由于自然条件的恶劣与生产力水平的低下,人类一直处于对自然界的严重依赖状态,随时随地感受到来自外在的某种神奇力量的支配,由此产生敬畏与恐惧心理。农耕社会对于"天时、地利"的重视,导致了中华文化的重农主义传统,同时也深刻地影响了民族文化心理结构,因此中华文化一开始就体现出了"天人"关系的和谐统一,即"顺天应人""天人合一","究天人之际"也成为中国传统哲学的一个重要命题和中华文化的基本特征之一。在中华传统文化中,"天人合一"不仅仅是一个存在论的命题,更重要的是一个价值论的命题。从价值论的视角来看,这一命题把追求和谐作为一种至高的价值目标,和谐的根据不在人之外,就在人自身,所以追求和谐就成为人生的当然使命。从社会发展的角度来追求和谐就是实现"视天下犹一家,中华犹一人"的大同世界;从个人安身立命的角度追求和谐就是获得一种至善的人格规定,这在张载看来就是要达到"民胞物与"的境界。这种人生价值追求,意味着人已经贯通、超越了"天—地""天—人""人—人""物—我""内—外""上—下"的界限,真正实现了天人合一的境界,将个体的生命托付于宇宙大化流行的规律中。中华民族"天人合一"生态伦理思想视天人为一体,强调天道和人道,强调自然界和人的紧密相连,追求天、地、人整体的和谐。当然,我们应该承认,经过数千年传承的"天人合一"思想,在其自身的演化过程中,既有积极深刻的思想内涵,也有消极、芜杂的成分,但是,有一点是可以肯定的,那就是,这源远流长的"天人合一"思想确实含有朴素而丰富的生态伦理意蕴,有其对生态、自然的深刻体悟。

"天人合一"的生态观之所以能够深入民众,成为中华传统文化极其重要的组成部分,还在于传统文化生态观同民众的生活紧密联系起来,这是生态观教育传承重要的成功经验。教育传承历来可以有两个途径:一是以传授系统知识为特征的体制教育,在这个方面官学自不待言,其实私学也具有类似特征,可以归入一类;二是与体制教育相对的体制外教育,既没有系统的知识传授,也没有固定的传授时间与地点,甚至也没有固定的教师,完全是一种生活化的教育,教育与生活不可区分，两者融为一体。体制教育在传播传统文化生态观方面不可或缺，表现为主渠道作用，它借助一套系统性的知识和技术，在民间百姓当中形成一种信仰。例如《汉书·艺文志》对知识进行的分类，即六艺、诸子、诗赋、兵家、数术、方技等，表明在那个时代，人们关心的不仅仅是天道的哲理、世道的治理、人道的伦理，还关心种种实用的知识与技术。再如古人用对自然的理解来解释内在的生理，把"天人合一"解释转化为实际应用的技术，这就是充满阴阳五行字眼的医药之书。于是，通过对天道、人道、世道的认识与普通大众的日常生活联系起来，成了普通大众的生活组成部分，成为社会的一般知识与信仰，因而其"天人合一"思想能够具有广泛而深远的影响，成为至今还在影响中国普通大众思维与生活的观念。其实，我们更加关注体制外教育的形态，因为传统文化真正能够延续不断，其根子还在于民间，因此基于民间的生活化教育，那才是我们关注的重点。在过去，民间之村庄聚落的乡村社会，百分之九十以上的村民都是文盲，要在这些文盲当中传授"天人合一"完整一套的生态观理念，唯一的办法就是教育生活化，将一切理念融入百姓生活，在生活中学习，在生活中教育。

既然我们把传统文化生态观的传承研究定位在乡村社会，而村民基本上都是属于文盲，因此不可能借助文字进行正规式教育，只能是生活化教育，落实到教学方法，那就是言传身教的潜移默化教育方法。在这种体制外的非正规的民间教育里面，潜移默化是其核心特征，将教育消融在生活里面，看不出哪是教育，哪是生活，既不刻意追求教育效果，也不格外关注教育对象，具有完全意义的无为而治的倾向。但是，这种倾向却获得极大成功，因为这是无压力状态下的教育，也是处于某种无意识状态下的教育，以一种无意无为的身教方式植入对象的心灵，使之变成对象本身自己的信仰与追求，形成一种全然的内生力。

由此而言，我们在建设生态文明的过程中，确实可以借鉴传统社会的生态观传承模式，需要善于把这一要求落实在具体的行动中去，要善于把这一要求同百姓的日常生活、工作结合起来，走群众道路，使这一要求成为民众的自觉需要，这样才能更好地建设现代生态文明。

目　录
CONTENTS

第一章

传统文化生态观

"生态"这个词语现在已经耳熟能详,成为一个热词,从原本属于描述自然界生物之间相互关系的词语,泛化成为描述各个领域内部相互关系的词语。生态这个概念指示着自然界的生物与环境、生物与非生物,生物内部的动物、植物与微生物,总之是自然界的万事万物,它们之间处于一种有效制衡状态,属于相互制约、相互依存、共荣共损的命运共同体,是一个区域系统内达到和谐相处、共赢发展的生命系统。因此,生态的逻辑前提是万事万物之间的相互和谐共生发展,它是一个具有正能量意义的词语,凡是一个区域内的生命系统遭受破坏,原有的和谐状态不复存在,出现一种紊乱现象,严重影响到其他生物的生存发展,进而也影响到本生物的生存,我们就说这个地区的生态遭到破坏。自然界自其诞生生命以来,生态关系就以其客观形态既显性又隐性地存在着,引领并昭示着万事万物的生命历程,构筑无限丰富多彩的自然现象。但是,人类对于自然生态的认知是一个不断深化的过程,从完全的懵懂无知到初步认知,从不自觉状态进入自觉状态,从零散的知识把握上升到整体的理论系统把握,于是生态思想既从自发的民间意识提升到官方的自觉理论,再经过官方的渗透教育变成民间的行为习惯。基于理论的思考就可以上升为"观",从这个角度看,我们传统文化有着自己独特的生态观,主要存在于官方层面,也就是体现在反映主流意识之士的层面,民间则基本上还没有上升到如此之高度,主要体现在具体事物的处理层面,也就是零散的生态知识把握。当我们提及传统文化生态观的时候,主要是选取民间视角看问题,因此更多是以点的方式论及生态思想,说明传统文化具有相应的生态意识,体现一种生态观的倾向。这是一种客观存在,因为基于庙堂的理论思想通过官方渗透教育,必然播撒到民间,虽然民间以零散的生态知识方式呈现,却是生态观主导下的生态行为具体化,因此能够以点带面地说明问题。正因为坚持以点的方式进行呈现,因此不在于梳理传统文化生态观的理论体系,而是选取与民间生产生活紧密相关的关键点进行有限地呈现,大体勾略存在于普通民众心间的生态意识网格。

第一节 农业生产:顺天应时

农业是种植业,是人类利用植物的自然属性,通过技术进行栽培并种植农作物,以实现人类对于植物的收获预期,从而满足人类对于食物的生命需求,促进人类生存发展的一种产业。因此,认知自然规律,掌握农业生产技术,这是促进农业生产发展的基本前提,也是人类适应自然发展,掌握自我命运的基本要求。如要实现农业的良性发展,至少需要掌握三个层面的生态知识:一是认识植物本身的自然生长规律,二是了解植物生长与自然环境气候的基本关系,三是掌握植物栽培种植的基本技术,归结一句话就是农业生产要做到顺天应时。顺天就是顺从自然规律,植物生长有其自然规律,大体遵循春播、夏种、秋收、冬藏的四季轮回生长规律,当然不同的具体植物之间还是有着较大差别,如果不是有针对性地种植,就不能达到收获预期,因此认识植物本身的自然生长规律是农业生产的前提条件,也是最为基础性的生态知识。在充分掌握植物生长的生态知识基础上,就需要进一步掌握植物生长与自然环境气候的关系,因为植物生长对于环境气候的依赖性极强,没有或缺乏这个方面的生态知识,必然会造成农业生产收成的事倍功半。农业生产技术在本质上就是植物生态知识的操作层面运用,因为种植业不是植物在自然状态下的自然生长,而是借助人工技术的一种人为种植,因此具有人的本质力量对象化的特征,这就需要掌握有着植物生长的相关生态知识,否则这种技术不仅无助于植物的生长,反而有害于农业收成。因此,顺天的核心就是遵循农业生产规律,不管是农业生产技术,还是自然环境与气候,最终都要落实在遵从农作物本身的生长规律上面,也就是尊重农作物生长的生态关系。应时则强调切应植物的生长期,因为任何植物都有属于自己的独特生长期,只有依照这个时间节点进行种植,才能满足植物的生长需要,才能实现应有的收获预期,才能达到农业生产应有的目的。如果错过植物的最佳生长期,虽然可能不至于导致植物死亡,但是肯定不能达到理想的收获预期,即使付出加倍的努力,也是如此。顺天应时,再换成老百姓的一句俗语,就是靠天吃饭,这在传统农业时代尤其如此,即使是现代农业,从本质上看也是如此。虽然现代农业有所谓反季节农业,在自然的大环境下不是植物的最佳生长期,似乎没有应时或不必应时,但通过人为创造小环境的方式,以适应农作物生长所需要之时,因此还是不能逃脱应时的总体规律。正像水利设施之虹吸管,在特定一截的管道内,水是可以往上流动,但是始终没有改变水往低处流的本质特性,水最终还是流向低处。这就是生态规律,是任何人力所不能违背的自然规律,也是顺天应时的基本内涵所在。

一、提出基于农耕的二十四节气

二十四节气,对于现代社会而言,那是既熟悉又陌生,熟悉是因为一些节气已经变成国家或民间的传统节日,诸如清明是国家法定节日,冬至则是民间节日,特别是客家人更有"冬至大过年"之说,陌生则是因为许多人已经不能完整地说出这些节气,特别是现代年轻人。但是,在过去的传统社会,二十四节气则是几乎所有成年人都能够倒背如流的时令秘诀,因为这是指导农业生产顺天应时的基本路径,也是作为一个农业人应该掌握的基本技能。在各个产业中,农业始终是国家的根本产业,重农抑商是基本国策,从事农业是被国家和社会极力褒扬的产业行为,农业人也获得较之其他行业劳动者更高的地位与荣誉。为此,如果不能流利地说出二十四节气,将被人耻笑,因为不管是读书人,还是目不识丁的文盲,都能够屈指细说各个节气。换言之,熟悉二十四节气已经成为一项基本的农业技能,这是现实需要的必然结果。

再来反观现代社会,之所以出现不能背诵二十四节气的现象,也不能完整理解各个节气的基本内涵,或者其所对应的农业生产生态关系,那是因为社会生产已经发生了根本性的转型。在三大产业中,第二、三产业之工业与服务业的比重不断攀升,作为第一产业的农业比重在持续下降,而且获得财富的主要渠道转向第二、三产业,所谓"无工不富,无商不活",农业被当做苦累脏的代名词,从事农业被当做没有出息、没有本事的象征,因此与农业直接相关的技能几乎不被年轻人所看重,自然也就不再理会二十四节气了。虽然现代农业也不能摆脱顺天应时的根本性要求,从事农业生产也还需要顺天应时而做,但是由于通信技术的发达、信息化社会的来临、气象部门的专业化,个人已经无须知道二十四节气,也能够顺天应时地开展生产活动,不必担心会错过农时,因此也就不会刻意背诵节气。由此可见,熟悉二十四节气是生产的需要,不懂二十四节气也是生产使然,都是历史发展的必然结果。

但是,我们现在是站在传统文化的视角回看二十四节气,考察其中蕴含的生态观思想,以及这种思想如何在实践中发挥作用,因此不管现代情形怎样,还是需要肯定它的功能。不仅如此,我们可以确认二十四节气的提出,确实是基于农业生产的传统文化之伟大发明,长期以来我国农业生产能够稳步发展,创造世界史上伟大的农业文明,节气作用的确功不可没。

第一,植物生长与自然环境气候具有直接关联性。植物是自养生物,从字面理解,自养就是自己养活自己,不需要依靠其他生物就能够生存,也不需要其他条件就可以存活。从某种意义上理解,也是对的,因为相对异养生物而言,异养生物是以其他生物为食物,从而获得营养以维持生命的存在。但是,就科学角度而言,自养也不是完全自养,并非不需要其他条件就能够生存,同样需要依靠其他外在条件,才能实现真正的生存。所谓自养生物是指能将无机物合成复杂有机物以供给自身需要的生物,主要指能够利用太阳能进行光合作用的绿色植物;还有一小部分微生物,如硫细菌、铁细菌等,它们能够借助氧化外界无机物取得能量,以二氧化碳和其他无机物作养料进行化能合成,供给自身的需要。因此,从科学定义而言,自养生物虽然不是以其他生物为食物获取生存条件,但是必须以太阳能进行光合作用或氧化外界无机物为条件,才能制造自身所需要的养分,以维持自身的生存需要,因此还是有所依赖,也就是庄子所言"有所待",并非纯然意义的自养。考察身边自养生物之植物,最为基本的生存条件包括土壤、阳光、水分和温度,归结一句话就是自然环境气候。

"土壤是疏松的陆地表层,富于孔隙,可以允许植物根部的穿插和水分、空气的透入。土壤在本质上异于岩石之处是具有肥力,即再生产生命物质的能力。土壤肥力是植物生长的基本条件。人类最基本的消费资料:粮食、蔬菜、衣着原料等,都直接或间接取自土壤,所以土壤是人类不可或缺的生存条件。土壤形成的因素是气候、动植物有机体和母质等,土壤就是在各种自然因素的相互作用下发育形成的。道库恰也夫指出:土壤是整个自然界的一面镜子,自然地带有什么样的土壤形成因素,便会有什么样的土壤",①也就能够生长什么样的植物。虽然并非所有的植物都需要土壤,例如水面生长的浮游植物,但是作为食物供给的农作物都需要土壤,可以说,没有良好的土壤条件,就没有高效的农业生产。虽然土壤是农作物生产的基础条件,却不是二十四节气产生的必要条件,与节气智慧密切相关者,主要在于自然气候条件,基本上归于温度、水分和阳光几个最为基本的

① 张维邦. 经济地理学导论. 太原:山西人民出版社,1985:126-127.

指标。

"温度是植物生长的基本条件之一,它对植物营养生长的影响主要是通过影响植物的代谢活动而产生的。如植物对水分和矿质元素的吸收、蒸腾作用、光合作用、呼吸作用等,都与温度有关。因此,植物的正常生长必须在一定的温度范围之内才能进行,存在温度三基点,即最低温度、最适温度和最高温度,在此温度范围内,随温度升高,生长加快。但不同植物有不同的温度三基点,一般来说,原产热带、亚热带的植物,温度三基点高,原产温带的植物温度三基点则较低。研究表明,在日温较高、夜温较低的变温条件下,植物的营养生长最好。因为白天温度高,有利于光合作用,形成较多的光合产物;夜温较低可降低呼吸消耗,相应增加了积累。此外,较低的夜温有利于根的生长和细胞分裂素的合成,从而加快植物的生长速度。我们把植物对昼夜温度周期性变化的反应,称为植物生长的温周期现象(thermoperiodism)。

水分是原生质的重要组成成分,原生质只有在水饱和的溶胶状态下,才能进行各种生化反应;植物细胞的分裂、伸长,特别是伸长,也必须在水分充足的条件下才能进行;而且植物对矿质元素的吸收和各种物质的运输,也是以水为介质的液流来转运的。但土壤水分过多,影响土壤的通气状况,植物根系发育不良,多分布于土壤的表层,一旦遇到干旱,植物生长即受到威胁。所以,中耕松土、合理灌溉,是获得高产稳产的重要措施。

光是绿色植物生长发育最重要的因素。光是光合作用的能量源泉,也是叶绿素合成的条件,并促进幼叶的展开和组织分化。因此,光能促进植物的生长;但光对植物的生长也有抑制作用,主要原因是光破坏了生长素而抑制了细胞的伸长生长,紫外线的这种作用更为明显,这就是高山上的植物长得低矮的主要原因之一。光除了以能量的方式对植物产生影响外,也可以信号的方式影响植物的形态发生,这种现象叫光形态建成(photomorphogenesis)。以能量的方式影响植物的生长发育,就是光合作用,其光的受体是光合色素;而在以信号的光形态建成中,光的受体则是光敏素(phytochrome)、隐花色素和紫外光受体。所以,在黑暗中生长的植物,不可能有正常的器官分化和形态建成。表现为植株瘦弱,茎细长脆嫩,机械组织不发达,节间长,叶片小、无叶绿体而呈黄白色,这种幼苗称黄化苗。黑暗中产生黄化苗的现象称黄化现象(etiolation)。如韭黄、豆芽就是在黑暗中培养的黄化苗蔬菜。光敏素易溶于水,主要分布在植物旺盛生长的部位。在植物的营养生长过程中,种子的萌发、叶和茎的伸长、气孔分化、叶绿体和叶片运动等,都受光敏素的调节。光敏素有两种存在形式,即红光吸收型 Pr 或 P660(呈蓝绿色)和远红光吸收型 Pr 或 P730(呈黄绿色),二者可以相互转化。Pr 吸收 660nm 的红光可转化为 Pfr;Pfr 吸收 730nm 的远红光可转变为 Pr,Pfr 具有生理活性,而 Pr 为生理失活型。Pr 比较稳定,Pfr 不稳定,在黑暗条件下,Pfr 会逆转为 Pr。"①

　　以上描述多是使用学术性语言,如果我们把它转换群众语言,那么自然环境气候对于植物的生长之密切关系,可以更为清晰地把握与体会。我们都听说过这样一句话,"万物生长靠太阳,雨露滋润禾苗壮",这就非常形象地说明了太阳对于植物生长的重要性。植物要进行光合作用就离不开太阳,没有光合作用植物就不能制造养分,也就不能自养,只有死亡。阳光并非一年四季均衡地分布在地球的每个角落,各地接收阳光的量存在差异,甚至有着极大的不同,诸如极地和赤道。即使同一地域,一年四季接收阳光的量也会存在差异,只是有的地方差异性极小,诸如赤道地带;有的地方变化比较明显,比如北回归线以北和南回归线以南,因为不是均匀分布,必然对植物的生长就会产生不同影响。即使将范围缩小到一天之内,阳光的分布也必定不同,因为存在白天与黑夜的转换(极地的转换周期更长,可以不在一天之内),这也会影响植物的光合作用取向。太阳光照地球的这种变化,就形成自然环境气候,也就造就不同地域具有不同植物,形成无限丰富多彩的植物王国。我国绝大部分陆地国土位于北回归线以北,太阳变化明显,春季太阳光照时间由短变长,夏季太阳光照时间最长,秋季太阳光照时间由长变短,冬季太阳光照时间最短,而且随着纬度升高,这种变化越发明显。西双版纳地处热带,太阳光照充足,拥有资源丰富的热带雨林。"西双版纳植物资源十分丰富,被誉为'植物王国'。境内共有植物二万多种,其中属热带植物 5000 多种,有野生水果 50 多种,速生珍贵用材树 40 多种。"②而处于寒温带的我国东北兴安岭地区,就没有西双版纳那样的充足太阳光照,虽然同样作为森林,于当地而言,都拥有相当丰富的植物资源,但是两者还是不能相提并论。"据调查,大兴安岭仅有植物(维管束植物)966 种(变种),分属于 92 科、371 属,其中主要有药用植物 300 余种,丹宁植物 30 余种,芳香油植物 30 余种,油料植物 20 余种,农药植物 100 余种,饮料、色素、果酒植物 100 余种。"③虽然影响植物品种数量的因素很多,但是太阳光照不

---

① 李名扬.植物学.北京:中国林业出版社,2004:196-197.
② 中国国家地理地图.中国国家地理地图:简明版.北京:中国大百科全书出版社,2011:464.
③ 周以良等编著.中国大兴安岭植被.北京:科学出版社,1991:234.

能不说是其中重要因素,因为太阳光照不仅影响植物的光合作用,还决定性地形成热带、亚热带、温带、寒温带、寒带等不同的气候带,也由此大体决定了植物品种数量由多向少的过渡。相同植物品种,光照时间不同,其品质也会存在差异。新疆比宁夏高10–12个纬度线,平原平均海拔在700–900米,总体干旱少雨,年均日照时间3500–5000小时。宁夏在400–500米,干旱少雨,年均日照时间2800–4500小时。"宁夏葡萄主要分布在石嘴山以南的银川平原黄河灌区,其中包括宁夏北部的石嘴山沿黄河向南,经贺兰山至银川、永宁、吴忠、青铜峡、中宁、中卫等地,均属温寒带干旱地区,年平均温度8.8℃左右,无霜期170~180天,年降水量不足200毫米,葡萄生长季节雨量少,靠引黄河水灌溉。日照充足,果实色泽好,含糖量高,病虫害较少,是建立绿色无公害食品基地良好地区之一。"①宁夏葡萄确实具有很好的品质,属于优质葡萄之一,但是比之于新疆葡萄还是略逊一筹。"新疆葡萄与我国内地相同品种葡萄相比优势明显,含糖量高,含酸率低,且固形物含量均高于内地产同种葡萄。其中,新疆吐鲁番牛奶葡萄比内地葡萄固形物最高的陕西眉县牛奶葡萄高5%,含酸量低0.2%;和田龙眼葡萄固形物高于内地张家口龙眼葡萄3%,高出眉县、济南6%~9%;吐鲁番无核白葡萄固形物高达25%~26%,比内地相同品种高7%~8%。"②宁夏与新疆同属我国西北地区,气候条件具有相似性,都是干旱地区,但是日照时间还是存在差异,因此对于葡萄的积糖就产生不同影响,因此葡萄的品质还是存在差异。可见,太阳光照确实是植物生长的决定性条件。

　　阳光的作用确定不可小觑,水的影响也同等重要,所谓水是生命之源。不同动物种类耐渴程度有所不同,但是都需要水来维持生命。植物有耐旱与喜水之别,但始终还是不能离开水的滋养。任何生物,只要没有了水,其最终结局只有死亡,没有第二条道路可供选择。于是,生物没有水自然不行,但并非意味着水越多越好,干旱的年份会影响农作物的收成,洪涝的年份也会造成农作物的减产,因此水必须适量。地表水,包括地下水,其主要补充渠道是雨水,但是雨水并非按照生物需求的理想状态进行补充,特别是不能按照农业生产的需要进行理想补充,有的地区雨水充沛,有的地域雨水稀少,有的年份雨水超标,有的年份雨水稀缺,风

---

① 刘捍中.怎样提高葡萄栽培效益.北京:金盾出版社,2013:15.
② 国家葡萄产业技术体系种质资源岗位组,郭大龙.北方葡萄安全生产技术指南.北京:中国农业出版社,2012:8.

调雨顺的年份并不多见。这样一种不以人的意志为转移的降雨量,严重地影响着农业生产,因此普遍形成靠天吃饭的心理,也说明关注自然气候极其重要,因为气候直接影响到农作物的收成,也就直接影响人类的生存质量。

温度也是影响植物生长的重要因素,任何植物都要自己的生存适应温度,温度太高会导致植物死亡,温度过低同样也会造成植物死亡,这是一个基本常识。因为每个人都有这样一个常识体验,当高温酷暑的时候,人的身体就会感到难受,暴晒在太阳底下,就有可能中暑甚至死亡;当寒冷低温之时,人的身体就会被冻得冰冷僵直,直到心跳减慢乃至死亡。温度对于生命是如此重要,那么温度所需的热量来源何处呢?谁都知道,大气温度热量来源主要是太阳,或者说得更广泛些就是来自自然界。既然生命所需要温度的终极来源是自然界,也就意味着自然环境气候决定着植物生长所需的温度,因此我们不能忽视气候的观测,需要掌握气候变化规律,以便更好地服务农业生产。

由此看来,构成自然环境气候的几个重要因素,虽然各有作用,但是都不可或缺,综合施策影响自然环境气候。表面看,环境气候构成的重要因素数量不多,各个要素相互组合的方式也不会很多,因此环境气候的类型也不会很多。从大的层面看,确实如此,地球气候大体可以区分为热带气候、亚热带气候、温带气候、寒温带气候和寒带气候,这是我们把握气候规律的基础。但是,由于环境气候的复杂性与多变性,其实每个要素的细微变化,都会导致自然环境气候的不同,于是形成许多具有地方性特征的独特气候,所谓"一天有四季,十里不同天",就是小环境气候的生动写照。

第二,四季分明的黄河流域有助于节气的归纳总结。地球是一个略带椭圆形的球体,地球在公转过程中,地轴在宇宙空间的方向不变。地球公转轨道平面叫黄道面,与地球自转赤道面之间的夹角是23°26′,正是由于黄赤交角的存在,使得太阳光线直射点在南北回归线之间出现以年为周期的往复变化,从而形成地球上的季节更替。热带地区由于长年得到太阳光线的直射,因此在四季分属中,其气候特征基本上只属于夏季,长年处于火热状态。极圈以内的寒带地区开始出现极昼极夜现象,因此在四季分属中,其气候特征基本上只属于冬季,且越近极点越是明显。亚热带地区偏重于春夏两季,略带秋冬季特征。寒温带偏重于秋冬两季,略带春夏时光。位于纬度30-40度之间的温带地区,其四季特征最为分明,春夏秋冬具有明显的分属季节,因此最适宜归纳总结一年四季的环境气候特征。

长江流域大体在北纬26-32度之间,黄河流域大体在北纬35-40度之间,刚好处于四季最为分明的纬度范围,对于归纳总结环境气候规律提供了得天独厚的条件。人类社会就生产层面划分,目前大体经历了三个阶段:第一阶段是狩猎与采集,第二阶段是农业与畜牧,第三阶段是工业与服务,其中对于自然环境条件依赖最为突出者是农业阶段。长江至黄河之间的流域作为中华文明发祥地,大约在一万多年前的新石器时代就开始步入农耕时期,有史可考的夏商周也发源在这个区域,而且整个封建时代的政治经济文化中心也都分属在这个区域。传统农业是靠天吃饭的产业,为了获得生产的好收成,人类对自然环境气候必然会从无意注意转到有意注意,逐渐归纳总结其内在的变化规律,以期指导农业生产活动。长江黄河之间四季分明的自然条件,确实为先民观察自然环境气候变化提供了不可多得的便利条件,夏季与冬季显著差异,春季与秋季明显不同,而且是周而复始的往复,于是可以反复观察并积累经验传之后世。这种观察并上升到规律或称理论,需要一个不断修正的过程,也是一个不断适应地方生产与环境气候关系的过程,还是一个不断文化磨合的过程,因此不同民族对于自然环境气候认知表述各有不同。二十四节气是我们华夏祖先历经千百年实践创造出来的宝贵科学文化遗产,是反映气候和物候变化、掌握农事季节的工具,指导农事活动,是我们先辈认识自然的结晶。早在春秋战国时期,我们的先人就已经能用土圭(在平面上竖一根杆子)来测量正午太阳影子的长短,并且通过影子长短来确定冬至、夏至、春分、秋分四个节气,《尚书》对节气已经有所记述。随着认知的不断深刻,节气也不断改进与完善,到秦汉年间,二十四节气完全确立,西汉刘安《淮南子》一书完整记载了二十四节气。公元前104年,由邓平等制定的《太初历》,正式把二十四节气定入历法。于是,中华文明瑰宝的节气理论就此正式形成,充分反映了中华先人对于自然环境气候与农业生产关系的认知,而且是基于长江黄河之间流域地区为基础的概括,这是自然条件与人文条件共同作用的结晶。

第三,农业生产发展内在地催生二十四节气。节气概念的提出与定型都源于农业文明时代,这并非只是巧合,而且有其内在的必然性。在狩猎与采集时期,不管是动物还是植物,都是自然界提供,人类只是做着收获的工作,因此对于反映自然环境气候变化规律的节气并不敏感。虽然狩猎与采集在不同程度上也会受到自然环境气候的影响,比如植物果实的采集,但是毕竟不需要人类种植,且不同季节,上天会提供不同的植物食物,因此在长达几十万年乃至几百万年的时间里,都没有产生节气历法,这是社会生产的历史条件使然。农耕生产将人类社会与自然界的关系进行了深刻地调整,从攫取性经济转入生产性经济,从完全依赖自然赐予到开始凭借人工种植获得,人与自然的关系实现了新飞跃。人从完全匍匐自然之下开始呈现征服自然的人类力量,人不仅变成自己的主人,而且开始变成自然的主人,这是一个历史性事件。

但是,即使进入这样一个历史性阶段,人类毕竟是自然的产物,也一定受制于自然,正如安泰不可能扯着自己头发飞离地球一样,一切都需要遵循自然规律行事。农耕生产是通过人工种植可食植物,以满足人类生存需要的生产行为,因此手段必须服从目的。植物种植既可以体现人的意识,但也不能肆意妄为,需要根据自然环境气候规律进行种植,春天生长的植物不能在夏天种植,冬天生长的植物不应在春天种植,否则就不可能达到种植目的。春天是植物的普遍生长季节,具体植物还是存在不同时段的差异,即使种活,也会影响、降低收成,因此必须掌握植物的最佳种植时机,才能获得理想的收成。正是因为自然界限制着人类的行为,因此人类有必要认识植物种植与自然环境气候的关系,并且运用这个规律为农耕生产服务,从而获得尽可能满意的收成,实现人类设定的主观目标。这是人类为达成目标的主动作为,充分显示人与动物的区别,动物只能被动适应,人却可以能动探索,由此达到驾驭自然为人类服务的目的,因此农耕生产必然内在地催生历法认知。

其实,植物的生长规律也内在地引导人类考察植物生产与自然环境气候的关系,不管是野生植物,还是人工种植植物,都同样需要遵循自然规律,不可能有所例外。虽然现代农业可以依靠技术种植反季节植物,表面上是反季节,本质上还是顺天应时,人类是在无法改变大环境气候的前提下,通过人工技术创造大棚之类的小环境,以便模拟天然环境下的自然环境气候,引导植物生长,始终不能超越节令的终极制约。农耕生产人工种植的植物,其实是一个人工驯化的过程,其母本依然生活在自然界,因此需要与自然界的母体保持同步生长节奏,于是,需要研究节气,因为"二十四节气之中的节气,是表示一年四季天气变化与农业的生产关系的。在我国古代,节气简称气,这个'气',也就是天气、气候的意思。二十四节气起源于黄河流域。远在春秋时代,就已定出仲春、仲夏、仲秋和仲冬四个节气。以后不断地改进与完善,到秦汉年间,二十四节气已完全确立。公元前104年,由邓平等制定的《太初历》,正式把二十四节气订于历法,明确了二十四节气的天文位置"。[1]

---

① 徐潜. 中国古代天文历法. 长春:吉林文史出版社,2014:2.

第四,二十四节气能够实际指导农业生产。节气是自然环境气候变迁的节点标志,既有具体性,也有抽象性,因此也给人掌握节气运行规律带来某种困难。为了能够让具体从事劳作且不识文字的平民百姓所掌握,必须转化一些具体物象以作为某种节令的标志,于是就逐渐形成节气与物候对应表。即以下"二十四节气七十二物候表":

二十四节气七十二物候表

月份	节气	第一候	第二候	第三候
2月3-5日	立春	东风解冻	蛰虫始振	鱼陟负冰
2月18-20日	雨水	獭祭鱼	鸿雁来(候雁北)	草木萌动
3月5-7日	惊蛰	桃始花	仓庚鸣	鹰化为鸠
3月20-21日	春分	玄鸟至	雷乃发声	始电
4月4-6日	清明	桐始华	田鼠化为鴽	虹始见
4月19-21日	谷雨	萍始生	鸣鸠拂其羽	戴胜降于桑
5月5-7日	立夏	蝼蝈鸣	蚯蚓出	王瓜生
5月20-22日	小满	苦菜秀	靡草死	小暑至(麦秋生)
6月5-7日	芒种	螳螂生	鵙始鸣	反舌无声
6月21-22日	夏至	鹿角解	蜩始鸣	半夏生
7月6-8日	小暑	温风至	蟋蟀居辟	鹰乃学习
7月22-24日	大暑	腐草化为萤	土润溽暑	大雨时行
8月7-9日	立秋	凉风至	白露降	寒蝉鸣
8月22-24日	处暑	鹰乃祭鸟	天地始肃	禾乃登
9月7-9日	白露	鸿雁来	玄鸟归	群鸟养羞
9月22-24日	秋分	雷始收声	蛰虫坏户	水始涸
10月8-9日	寒露	鸿雁来宾	雀攻大水为蛤	菊有黄花
10月23-24日	霜降	豺乃祭兽	草木黄落	蛰虫咸俯
11月7-8日	立冬	水始冰	地始冻	雉入大水为蜃
11月22-23日	小雪	虹藏不见	天气上腾地气下降	闭塞而成冬
12月6-8日	大雪	鹖鸟不鸣	虎始交	荔挺生
12月21-23日	冬至	蚯蚓结	麋角解	水泉动
1月5-7日	小寒	雁北向	鹊始巢	雉始雊
1月20-21日	大寒	鸡始乳	鸷鸟厉疾	水泽腹坚

这个物候表既具有普适性,能够有效指导长江黄河之间区域的农业生产,因为它是基于这个地区归纳出来的特征,又表现局限性,因为我国区域面积广大,并不能完全概括寒温带地区,也不能完全反映热带和亚热带地区,因此在南方或更北方,在此基础上形成区域性的物候表,以便能够更好地、有效地指导当地的农业生产。广西贺州市富川瑶族自治县"县内气候特点,对动、植物的生长发育和活动规律有一定的反应,形成县内物候特征。现就其较著者加以列述。

植物。正月荒草初醒,二月桃、李花开;三月苦楝树、枣树、梨树开始发芽,杜鹃花开满山红;四月樟树落叶,桐油树开花;五月石榴树开花;六月池塘荷花开;八月桂花初开放;九月桂花二次开,茶子开花;十月芙蓉花开,梧桐树落叶;十一月苦楝树落叶;十二月荒草焦零。

动物。雨水雁北飞,气温要回升。春分燕子至、蛙出洞始鸣。春社三日蛇出洞。立夏蚯蚓出,蝉蜕壳。三伏蝉叫凶。白露燕子往南飞,秋社三日,蛙蛇入洞冬眠,冬至蚯蚓结。

附:天气谚语。

立春有雨雨水多,雨水有雨春雨好。清明有雨好田家,清明无雨好棉花。谷雨有雨,雨水调匀。立夏不下,快修塘坝。芒种无大雨,夏至必有洪。夏至是晴天,有雨到秋边。立秋有雨不堪忧,晚稻禾黄水不愁。漏秋十八干,大旱不过七月半。冬至出日头,出春冷死牛。两春夹一冬,十个牛栏九个空。松尾弯弯,寒潮就来。樟树落黄叶,不会再冷人。枣树长新芽,谷种快快下。雁群南飞天转冷,雁群北飞天转暖。惊蛰青蛙叫,下秧下三道(倒春寒)。乌鸦成群飞,寒潮就来临。喜鹊造高巢,今年有大涝。蚯蚓上路晒成灰,蚂蚁搬家大水推。大水虫扑灯,将有大涝。蜜蜂出窝早,天气将转晴。鸡早宿天必晴,鸭早归天将雨。老猫房顶坐,雨天就要来。天上鱼鳞斑,明天晒谷不用翻。早红晚雨,晚红无雨。虹降西雨淋淋,虹降东一场空。雷公先唱歌,有雨也不多。南闪火门开,北闪有雨来。粪水乱翻臭气大,近日大雨必定来"。① 由此可见,节气确实能够引导普通百姓正确地开展农耕生产活动,可以有效避免盲目生产带来的可能损失,达到促进生产提高收成的心理期待。

二十四节气既是客观的,也是主观的,客观则是节气反映了自然环境气候变

---

① 富川瑶族自治县志编纂委员会. 富川瑶族自治县志. 南宁:广西人民出版社,1993:95 - 96.

化的规律,主观即为这是中华先民认知自然的独特表述,它是自然生态系统与中华文化结合的产物。节气的运行规律既反映天象气候的变化,也表明中华农耕文明的特点,由于传统社会长达上万年的农业生产活动,因此源于农耕生产的生态观念深深地植根于百姓心中,成为生态理念延伸的源头,直接间接地受到其影响。地球上的一切生物自有其生长规律,各个生物可以各不相同各自生长,但是都必须遵循天道,即使某种特定阶段可以突破,最后也必然需要回归天道。人间之事也是一样,必须遵循天道,人道可以认知天道,但是不可逾越天道,只有顺应自然天道,才能获得最佳的发展。

二、形成基于发展的养地轮休制度

土地是农民的命根子,其深刻地反映了农耕时代人与土地的关系,因为植物生长于土地,没有土地就没有农业。很早以前,人类只知道土地能够生长植物,认为土地理所当然可以生长植物,而且永远都能够生长植物,不受任何限制地生长植物。但是,随着人类对于土地的充分利用,逐渐发现在相同的土地上,植物生长呈现逐渐衰弱现象,由此慢慢地理解土壤也会退化,需要养地轮休,以便土壤能够补充地力。

第一,养地轮休的缘起。土壤是独立的、复杂的、生物滋生的地球外壳,亦即土壤圈,它是岩石圈经过生物圈、大气圈和水圈长期和深刻的综合影响而形成的,因此,土壤是陆地生态系统的组成要素或子系统,土壤有三个重要的功能,即土壤肥力、土壤净化力和土壤自动调节能力。从农业生产的角度看,土壤的本质属性是具有肥力,即土壤从环境条件和营养条件两方面供应和协调植物生长发育的能力,土壤温度和空气以及土壤孔隙属于环境因素,土壤养分和水分属于营养因素,土壤的缓冲性、多孔性和吸收性是反映调节作用的主要特性。从环境科学的角度看,土壤是人类环境的一个重要组成要素,它具有同化和代谢外界环境进入土体的物质的能力,使许多有毒、有害的污染物质变成无毒物质,甚至化害为利,这就是所谓土壤净化力,所以土壤是保护环境的重要净化体。土壤还具有自动调节能力,其作为一个生态系统,能够维持本系统生态平衡,可以称为广义的土壤缓冲性能,它是土壤的综合协调作用的反映。以土壤为中心,由土壤与其环境条件组成的系统称为土壤生态系统,它有各种复杂多变的组成要素、特定的结构、功能和演变规律,它是相互联系、相互制约的多种因素有机结合的网络模式。在土壤生态系统中,物质和能量流不断地由外界环境向土壤输入,通过土体内的迁移转化,必然会引起土壤成分、结构、性质和功能的改变,从而推动土壤的发展与演变;物质和能量流从土壤向环境的输出,也必然会导致环境成分、结构和性质的改变,从而推动环境的不断发展。所以,土壤生态系统是一个为能量流和物质流所贯穿的开放系统,土壤肥力是土壤理化、生物特性的综合反映,它是一个动态的过程,可以变好,也可以变坏。人们要想从土壤中索取植物产品,就应该给土壤归还或补充从其中取走的成分,否则就是剥削土壤,最后必将受到惩罚。

从土壤肥力的角度来看,用地和养地是一个矛盾统一体,即用地是基础,养地是手段。它们是既相反又相成的,两者是不可分割的。从农业增产的角度来看,用地和养地都是农业增产的手段,因此,用地和养地两者都不能偏废。从土壤肥力的观点来看,用地是消耗土壤肥力的过程;而养地则是积累土壤肥力的过程。因为,农业土壤和自然土壤有所不同。自然土壤上的植被,就地生,就地死,这块土壤生长了这些植物,这些植物死了以后,又养了这块地,所以自然土壤只具有自然肥力。农业土壤则与自然土壤不同,农业土壤上种植的粮食作物或经济作物,其产品被人们拿走了,消费了。如果人们不想方设法把从土壤中取走的物质和能量归还土壤,那么,这种农业土壤的肥力就会降低,所以农业土壤的肥力是自然肥力和人工肥力的结合。这就是说,如果这个结合搞得好,也就是用地与养地结合得好,那么,农业土壤的肥力就会保持经久不衰,否则就会耗尽土壤肥力,使之失去种植作物的能力。

第二,养地轮休的实施。养地轮休就是一个用地养地的制度,在经历几千年的农业生产实践后,也一定是品尝了土壤肥力下降导致收成减产的苦果,甚至是土地沙漠化、荒漠化等土地无法利用的恶果后,才真正认识到土地也需要营养补充,于是由理念变成实践。从历史上看,在不同历史时期,养地轮休侧重点有所不同,形成了用地和养地的循环。

(1)西周至春秋时期,处于轮荒耕作制时期。由于生产力水平很低,只能采用耕种几年撂荒几年的轮荒耕作制,以便让土壤利用自然植被自发地恢复地力。西周的耕地分为蕾、新、畲三种类型(详见《尚书·大诰》《周易·无妄》及《诗经·小雅·采芑》等),一块田地为了休养地力,第一年休耕,叫作"蕾";第二年开耕,叫作"新";第三年继续耕,叫作"畲"。这种轮荒耕作制,也就是耕种(用地)和撂荒(养地)的循环。

(2)战国时期,轮荒耕作制向土地连种制转变。新荒地被大量开垦,撂荒地被充分利用。为了解决用地和养地的矛盾,在大力推广铁耕和牛耕的基础上,采取了"今兹美禾,来兹美麦"的作物轮作制,"深耕易耨"或"深耕疾㧯"的措施,以及"多粪肥田"等生物的、物理的和化学的措施,加强养地,从而使用地和养地的循环发生了从完全依靠自然力养地向依靠人力养地的转变。

(3)秦汉至隋唐时期,在土地连种制基础上,发展了轮作复种制。由于人口增长,土地利用率提高,人们不得不采取更多的养地措施加强养地,以便保持地力。在生物养地方面,采取了豆谷轮作和绿肥轮作相结合的办法;在土壤耕作上,采取了翻耕和免耕结合,以及免耕和耨耕结合的措施;在化学养地上,采取了增积粪肥和合理施肥的举措,从而使得用养循环进入一个新阶段。

(4)宋元至明清时期,南北方都在大力提高复种指数,土地利用率又大为提高,农业界中发生了有关"地力"问题的大论战。宋代《种艺必用》中就提出了"地久耕则耗"的问题;陈旉《农书》却提出了"地力常新"理论。在养地措施上也进入一个新阶段,如豆谷轮作和绿肥轮作都有新发展;土壤轮耕更加普及,增积粪肥和合理施肥方面的理论和技术都有新发展。宋元时期的陈旉《农书》和王祯《农书》都将"粪壤"列为专篇,对施肥理论和技术进行了深入总结,在广辟肥源、增积粪肥、积肥保肥等方面都有新的创造。明清时期的《农政全书》和《知本提纲》对"粪壤"理论又有新发展,提出了"瘠薄常无济,自然间岁易亩;补助肯叠施,何妨一岁数收"的理论,将中国的用养循环推进到一个更高的阶段。

第三,养地轮休的生态思想。人作为智慧生物,确实与众不同,能够运用自己的智慧把握自然秘诀,于是形成了养地轮休制度,并且不断完善。这个制度背后反映了相应的生态思想,那就是:资源有限,不能无度索取,予是为了取。土壤作为一个生态系统,具有良好的开放性,既有输出,也有输入,两者必须达到某种平衡,才能维持地力,才能确保种植收成。养地轮休表面上是一种无为,甚至是一个予,这种无为的结果却是有为,予的最终呈现是取,两者是达成辩证统一。人世间的事情也是这样,没有永远的取,也没有永远的付出,最终一定能够达成平衡。

三、总结基于丰产得时而种的经验

由于植物生长受到自然环境气候各个方面的影响,农作物既有自己的生长规律,也有自己最佳生长期。比如,水稻播种期主要决定于气候条件、品种特性和前后腾茬期等因素,气候条件与播种期的关系密切。首先应考虑水稻最佳抽穗扬花期,以达到避灾,充分利用光温资源,提高结实率,增加粒重的目的。其次根据播种至抽穗的天数向前推算,以确定最佳播种期,这就是安排播期的基本原则和应有的秩序。

早稻。当地表温度白天能持续 8 小时以上的 15℃ 时,即能满足稻谷出苗要求。江苏的南部地区约 4 月 6 日 – 10 日,里下河地区约 4 月 11 日 – 15 日,可以播种。因早春晴雨冷暖多变,还应抓住冷尾暖头,抢晴播种。

中籼稻。因为它属于基本营养生长型中等或强的品种,所以在江苏只能作单季稻栽培。如果过迟播种,生长天数和积温不能满足,就会延迟抽穗,尤其是杂交水稻等品种,低温比高温的危害性大,因此在前茬允许范围内应适当早播。江苏的南郊丘陵,一般宜在 5 月 10 日 – 15 日播种,里下河一般在 5 月 5 日 – 10 日播种,淮北地区露地一段秧子 5 月 15 日播种。

中粳稻(包括中糯)。江苏作单季稻栽培,对短日照反应比迟熟粳稻明显迟钝,感温性中等或偏强。淮北地区宜在 5 月 10 日左右播种,沿江沿海于 5 月下旬播种为宜。

晚粳稻。对光照反应比较敏感或敏感,作单季稻栽培,由于早播并不能显著提早成熟,故对于土质差、肥料少、容易早衰的田块,宜适期早播。太湖稻区一般宜在 5 月中旬前后播种。为了兼顾三麦适期播种,迟熟晚粳还应适期抢早,不宜过迟播种。作后作稻栽培,一般宜在 6 月 10 日 – 20 日左右播种。①

南方水稻如此,北京小麦则另有不同。种大田庄稼要"春争日、夏争时",种麦子也是一样。"白露早,寒露迟,秋分种麦正当时"。北京郊区"秋分节里种麦当然好,但是地多,哪能都在一天粘完,有些地要早粘,有些茬口可以晚粘,叫它大部分赶在秋分节里。比如,山地、盐碱地、缺肥地,就可以早下手,在白露尾,甚至过了白露就开粘。高肥地、晚茬地就可以在秋分尾粘。按照各地经验,九月二十日到十月五日粘麦长得最好,产量最高。最早不过九月十日,最迟不过十月十日,再早再晚就会严重地影响产量了"。②

以南北方主要农作物的水稻与小麦为例,就已经能够很好说明问题,不同的农作物的最佳生长期确实存在差异,即使同一作物种类,也会因为不同品种及不同地域,还会有所不同,如此看来,即使春播也不能一概而论。长期以来,聪明的劳动人民基于实践总结出得时而种的经验,并且形成大量农事谚语。例如:"清明前,去种棉。""清明前后,点瓜种豆。""清明去播种,早五天不早,晚五天不晚。"

---

① 凌启鸿.水稻叶龄模式的应用.南京:江苏科学技术出版社,1991:32.

② 宋秉彝.小麦播种.北京:北京出版社,1965:4.

"清明十天种高粱。""立夏栽茄子,立秋吃茄子。""立夏耩河弯。夏至不种高山
黍。""柳毛掉,乱撒稻。""小满高粱芒种谷,夏至糜黍不用说。""小暑收大麦,大暑
收小麦。""六月六见谷秀。""头伏萝卜,末伏菜,中伏撒荞麦。""入伏不点豆,点豆
收不够。""立秋见稻穗。""白露镰刀响,秋分砍高粱。""秋分不起葱,霜降必定
空。""处暑不出头,割下喂老牛。""寒露百草枯,霜降见麦茬。""霜降腌白菜,立冬
不使牛。""春雨漫了垅,麦子豌豆丢了种。""雨洒清明节,麦子豌豆满地结。"

　　这些农事谚语既是农业生产活动的经验总结,也是劳动人民反映人与自然及
生产关系的生态系统思想的表述,其目的在于引导人们依时而种,以期获得最好
的劳动收成。目的指向是获得好收成,影响收成的系统要素不是一个,而是几个,
每一个要素的变化都会引发系统的整体性质,而不是只影响单个要素本身,因此
必须具有整体的系统观。有机整体的系统观念不仅存在于天人合一的哲学层面,
其实也落地在日常农业生产活动过程,因此这是灌注中国人血液的理念,深刻地
影响着日常行为活动,影响着文化生活的各个层面。

第二节　山林狩猎:休养生息

　　农耕生产是主要面对植物开展的生产活动,对于自然环境气候条件具有强烈
的依赖性,因此必须顺天应时,可以包含明确的生态关系,形成具有农业特色的生
态意识。狩猎生产则是主要面向动物开展的生产活动,对于自然环境气候条件的
依赖性相对减弱,但是依然不能排除这种依赖性,因为动物属于异养生物,基本上
依赖植物生活,因此动物也必然直接间接地受制于自然环境条件,受制于植物的
生长状况,也必然能够反映自然的生态关系。只是这种生态关系不会等同于植物
的生态关系,自有其特点,因此也需要专门的认知与研究。

一、应时而猎给予繁殖时空

　　我们知道,植物通常是在春天开启生命的旅程,于此时复苏生长,春华秋实,
夏种冬藏,表现一年四季的生命周期性,具有相对统一性。动物生长则似乎没有
表现如此明确的一年四季的生命周期性,而且各种动物各有差异,狩猎似乎在任
何时候都可以,不必受到时间的限制,其实不然,虽然"各种动物的性周期不同,鱼
类、两栖类和爬行类和冬眠的哺乳类一般一年排卵一次,狗、猫、羊等一年两次,

大、小家鼠平均每五天一次,灵长类包括人是 28 天一次,猴的排卵是从月经第一天算起的 11～13 天"①,因此不能如同植物那样有着相对统一一个时间节点,但各种动物在一年之内也还是有着自己的生命周期性,狩猎也就不能随意而为,否则必定会破坏动物应有的生态系统。于是,动物狩猎也需要休养结合,应时而猎,确保动物生态系统能够保持动态平衡。

进行狩猎生产的时期叫狩猎期,狩猎对象的繁殖期、哺乳期、育雏期属于禁猎期,狩猎的基本原则还需要延伸至:在繁殖后保护雌鸟雌兽,在哺乳期和育雏期保护幼鸟幼兽,狩猎时打公不打母、打老不打幼,如此等等。具体狩猎之时,狩猎时机还需要根据经济价值来决定,就毛皮而言,应在其毛绒丰厚、针毛绒毛齐整、毛质柔软光润、毛皮质量好时猎取最为适当。大体的狩猎期,我国亚热带地区一般从立冬到立春进行较为恰当。在北方狩猎狍子定在 10 月至次年的 1 月为宜,黄羊定在 10 月至 12 月为宜,狩猎雁、鸭和雉,一般选择在非繁殖的秋冬季节。

其实,在应时而猎方面,我们的先人在很早以前,就已经有所认知,并且做出相关的规定。早在周朝时期,《逸周书·聚篇》就提出:"早春三月,山林不登斧,以成草木之长。夏三月,川泽不入网罟,以成鱼鳖之长。"《逸周书·文传解》中还记载:"山林非时,不升斤斧,以成草木之长。川泽非时,不入网罟,以成鱼鳖之长。不麛不卵,以成鸟兽之长。"证明当时已具有一套管理野生动物的制度。先秦《礼记·月令》就按月叙述了采伐、渔猎和保护野生动植物的项目。中华人民共和国国务院 1979 年 2 月颁布的《水产资源繁殖保护条例》中有禁渔期的规定,农牧渔业部渔政渔港监督管理局、各海区分局和各省(市、自治区)还进一步作了具体规定。如规定 5 月 1 日至翌年 1 月 31 日为青鱼(鲱)禁渔期,6 月 20 日至 8 月 20 日为毛蚶禁渔期,7 月 10 日至 9 月 10 日为黄海沿岸建网、坛网、闯网、袖网定制渔具禁渔期,4 月 15 日至 5 月 31 日为淡水湖区与水库禁渔期,海南岛临高县临高角至东方市八所港 20 米水深以内海域禁渔期为 3 月 1 日至 6 月 30 日等。

不仅在条例方面做出一些规定,而且还安排相关的机构与官员进行管理,以便确保动物能够拥有相对安全的繁殖时空。《周礼》中规定了许多管理野生动植物的官吏。以后历朝历代都设置管理山林的官吏,据《旧唐书》记载:虞部兼管郎中、员外郎之职,"掌京城街巷种植,山泽苑囿,草木薪炭供顿、田猎之事。凡采捕渔猎,必以其时。凡京兆、河南二都,其近为四郊,三百里皆不得戈猎采捕。殿中、

---

① 王有琪. 组织学. 北京:人民卫生出版社,1961:20.

太仆所管闲厩马,两都皆五百里内供其刍蒿。其关内、陇右、西使、南使诸牧监马牛驼羊,皆贮蒿及茭草。其才炭木橦进内及供百官番客,并于农隙纳之"。《魏书·世宗本纪》中载:"世宗永平二年冬十有一月甲申诏:禁屠杀含孕,以为永制。"北齐后主高纬天统五年(569 年)春二月下诏,严禁用网来捕捉鹰鹞及畜养笼放之物,表达了爱护鹰鹞之意。《北齐书·后主本纪》中载:"后主天统五年春二月乙丑诏:禁网捕鹰鹞及畜养笼放之物。"宋朝对野生动物的保护,重点施行于每年的春夏两季,因为这是鸟兽的繁殖季节,捕杀的破坏性最大,所以尤为重视。宋朝法律规定:畜有孕者不得杀,禽兽雏卵之类,仲春之月禁采捕。这些举措有力地说明,依照动物生长规律,维持生态平衡,不仅以道德的方式加以宣教,而且运用行政与法律的方式加以管束与惩戒,目的只有一个,既是保护物种本身,也是保护人类自己。

在禁猎方面,还有一些文学作品加以形象教育,例如白居易《鸟》:"谁道群生性命微?一般骨肉一般皮。劝君莫打枝头鸟,子在巢中望母归。"或者通过宗教加以宣教,清远法师就说过:"劝君莫食三月鲫,万千鱼仔在腹中。劝君莫打三春鸟,子在巢中待母归。劝君莫食三春蛙,百千生命在腹中。"总之,人们通过各种方式,首先是在思想上让民众认识不能在禁猎期狩猎,而且认同禁猎是一种必要的行为,不仅在于保护动物,也是服务于人类的行为。其次是在制度上做出一些规定,以道德、法规、条律等方式,让民众明白遵守狩猎原则不仅是一种道德行为,也是一种法律行为,必须遵守,不得违犯,否则就要付出相应的后果。再次是成立相关管理机构,设置相关管理官员,强化应时而猎的监管,确保相关措施能够落到实处。

二、择劣而猎保存物种繁殖力

在禁猎期自然不可狩猎,在合法的狩猎期也不能随意狩猎,必须有所选择,才能更好地引导物种向着优化方向发展。在猎物选择方面,一般需要坚持择劣而猎的原则,保留相对优势的种群个体,猎杀相对劣弱的个体,通过人为选择的方式,引导物种向着优化方向发展。所谓择劣而猎,此之劣者,即瘦弱者、老弱者、劣等者之谓也,这些属于应当狩猎范围,再扩而大之,包括稍许壮年雄性动物可以列入狩猎对象。反之,相对优者则不能猎杀,既包括处于壮年的雄性动物,也包括禁猎期的繁殖期、哺乳期、育雏期雌性动物,以及处于生长期的幼年动物,这些时期与年段的动物应当有效保护,因为它们关系种群的发展。

有选择地狩猎,先人很早也已经认知,并且做出相关规定。一是在季节方面有所限制,努力避开动物的繁殖期,即设立禁猎期,这里几乎所有的动物都不能猎杀。西周时期,周文王曾经告诫周武王畋猎要有季节限制,《逸周书·文传解》曾载:"畋猎以时。童不夭胎。马不驰骛。土不失宜。"二是在动物生长期年段方面有所限制,特别规定幼年禽兽和怀孕哺育雌性禽兽,不能随意猎杀。周文王自己就以身作则,《古微书》曾引《雒书》说:"姬昌……畋猎唯时。不杀童羊。不夭胎。童牛不服。童马不驰。不鹜泽。不行害……"《礼记注疏》中有"不麛不卵。不杀胎。不殀夭……"的记载。《周礼注疏》曾记载:"迹人掌邦田之地政。为之厉禁而守之。凡田猎者受令焉。禁麛卵者与其毒矢射者。""禁麛卵者与其毒矢射者",就是说禁止猎取幼兽和怀孕母兽,禁止攫取鸟卵、倾覆鸟巢和使用毒箭。《汉书·宣帝本纪》:"元康三年(公元前63年)夏六月诏曰:三辅毋得以春夏摘巢,探卵,弹射飞鸟。具为令。"

在东汉时期,曾经有吴郡包咸杖责探雀卵者的执法事迹。《汉旧仪》中载:"吴录包咸为吴郡主簿。太守黄君行春。咸留守其郡。郎君缘楼探雀卵。咸责之曰:'春月不宜破卵升危。非子道'。杖之二十。"不仅官府制定禁猎规章,受其影响,民间也制定相关的村规民约。据《昭平县志》:"解放前(即中华人民共和国成立前),一般以自然村寨为单位,农民自愿议订护林公约,名曰'禁山'。对违禁者处以罚金或酒席。现在庇江森冲这立着一块高83厘米、宽53厘米的清代道光五年(1925)的封山护林'禁约碑'。民国期间,北陀乐群村制订了保护该村周背山水源林村规民约。该村士绅徐星余媳妇到山砍柴犯禁,被村民半路拦截。徐照章行事,杀大猪一头让全村人饮吃一顿。从此,这一带群众都能自觉遵守禁约。"[①]违规者受罚,护爱者得到赞扬,《淮南子·道应训》有孔门弟子保护小动物的记载。孔子的弟子季子在直父(也称单父)为官三年,"巫马期絻衣短褐,易容貌,往观化焉。见得鱼释之,巫马期问焉,曰:'凡子所为鱼者,欲得也。今得而释之,何也?'渔者对曰:'季子不欲人取小鱼也,所得者小鱼,是以释之。'巫马期归,以报孔子曰:'季子之德至矣。'"季子不让人们取小鱼,即使捕捞到小鱼,也要放回水中,让其长大,从而被人称赞,并且与品德相称。

不是不分老幼大小的一网打尽,而是选择成年及瘦弱进行狩猎,可以有效地保存动物生存的比例,既满足人类的食物需要,又确保动物的繁殖发展,达成两者

---

① 昭平县志编纂委员会. 昭平县志. 南宁:广西人民出版社,1992:269-270.

的有效统一。任何动物自有其生命周期,年幼者不断成长,壮年开始繁殖,老年则必然走向生命尽头,因此遵循动物的生长规律,就是遵循动物的生态系统,体现人的生态意识。这种意识可以比附人类,但是人类又可以超越动物,因此形成"老吾老,以及人之老;幼吾幼,以及人之幼"的尊老爱幼思想,不是形成弃老的动物意识。

三、依量而猎确保可持续发展

在大自然的生态圈里,一个区域内的所有生物都有一个数量关系,只有维持这个关系,才能处于有效的动态平衡,由此确保各种生物之间都能够获得各自的有效生存与发展。引发动态平衡的因素,大体而言,可以区别为两类:一是自然状态之下生老病死的生物种群变化,二是人类干预之下猎杀围捕的生物种群变化。一般而言,自然状态下的生物种群变化不会导致种群之间的失衡,因为大自然有其自身的自平衡能力,人类介入生物种群生态,就有可能导致生物种群的失衡,因为人类处于食物链顶端,且具有不可思议的猎杀能力。

从植物层面看,它们似乎处于食物链的底端,因此可以不太在意其量的变化,其实不然。据资料显示:"亚太地区的森林面积每年减少 182.5 万公顷,印尼的森林面积平均每年减少 55 万公顷,亚马逊热带雨林每年减少 730 万至 2200 万公顷,中美洲每年森林面积减少 40 万公顷。由于森林的乱砍伐,全球每年差不多有爱尔兰那么大的面积正在荒漠化;同时因砍伐森林,每年有 750 亿吨的土壤被雨水冲掉,世界 80% 的耕地面临中度和重度的水土流失。森林的乱砍所带来的各种危害,使越来越多的人认识到,要保护水资源,要保护生物的多样性,要防止地球沙漠化,就必须制止森林的滥砍乱伐。"[①]其实,"造成动植物种类灭绝的原因,除生态环境污染外,人为捕猎和过度开发是最主要的因素,无论是非洲,还是美洲和亚洲,概莫能外。世界动物保护协会在 1997 年的报告中也说,目前世界上 8 个老虎品种已经消失 3 种。由于虎骨、虎皮走私活动猖獗,拥有世界 2/3 老虎的印度,再过 5 年,2500 只虎可能会荡然无存。到 2000 年西伯利亚虎有可能消失。同时非洲的大象、河马、犀牛,南美亚马逊河流域原始森林灵长类动物和珍禽也在急剧减少,印尼的巴里虎、爪哇虎之所以先后于 1940 年和 1970 年灭绝,皆因捕杀之结果。

---

① 王豪. 生态·环境知识读本——生态的恶化与环境治理. 北京:化学工业出版社,1999:25.

欧洲人对蛙腿的大量需求,使印度常见的牛蛙数量减少了一半"。① 这是已经变成现实的过度猎杀之恶果,必须引起我们高度重视。

但是,人类又不能不以自身之外的动植物为食,否则不能生存。在这个矛盾中必须取得平衡,于是形成依量而猎的思想。"对狩猎动物进行猎取的数量叫猎取量。猎取量是根据各种狩猎动物资源的数量、密度、消长情况、发展趋势及国家对该产品的需求程度等因素加以综合分析后提出的。要决定何种狩猎动物可猎,首先就应根据该种动物在单位面积上的蓄存基数,即根据最低蓄存量而定。如果在单位面积上的蓄存量达不到蓄存基数的标准,那么,这种动物就不能猎取。一般是体重在5kg以下的小型动物每$3hm^2$不到1只,体重在25kg以下的中型动物每$10hm^2$不到1只,体重在25kg以上的大型动物每$100hm^2$不到1只,就不能定为猎场的狩猎动物。猎取量应控制在年繁殖量的50%左右,对于繁殖力强、生长迅速的资源动物,如松鼠类、草兔、华南兔、雉类等,其猎取量适当可以提高,但仍以其不影响种群的总蓄存量为原则。对有害动物可以根据其危害程度制定猎取量,危害大、数量多的可以多猎,以其数量控制在不足以造成大的危害为宜。对于繁殖慢或遭受自然灾害、人为活动严重影响而经济价值高的鸟兽,其猎取量尽量压缩到较低的程度,在情况过分严重时,就应停止猎取。"②《论语·述而篇》中记载:"子钓而不纲,弋不射宿。"孔子钓鱼时,只用有一个鱼钩的钓竿,而不用那种将一根粗绳子拉在河的两岸、绳子上挂着一个个小钩子的纲;用带绳的箭射鸟时,只射飞鸟而不射在窝里栖息的鸟。后人就是遵循孔子关爱生命的理念,反对"竭泽而渔"地向自然索取。"钓而不纲,弋不射宿",这种做法不但有利于保护动物繁衍,更是仁爱的表现。奈斯也指出:"深层生态学的一个基本规范就是,从原则上讲,每一种生命形式都拥有生存和发展的权利。当然,正如现实所示,我们为了吃饭而不得不杀死其他生命,但是,深层生态学的一个基本直觉是:若无充足理由,我们没有任何权利毁灭其他生命。深层生态学的另一基本规范是:随着人们的成熟,他们将能够与其他生命同甘共苦。当我们的兄弟、一条狗、一只猫感到难过时,我们也会感到难过;不仅如此,当有生命的存在物(包括大地)被毁灭时,我们也将感到悲哀。"③

---

① 王豪. 生态·环境知识读本——生态的恶化与环境治理. 北京:化学工业出版社,1999:51.

② 朱曦. 森林鸟兽学. 杭州:浙江科学技术出版社,2005:265.

③ 杨通进. 环境伦理 全球话语 中国视野. 重庆:重庆出版社,2007:126.

四、均衡而猎关注物种生存网络

大自然是一个异常复杂且生物丰富的庞大系统,各个物种都占据一定的生态位,既在种群方面影响着生态系统,也在数量方面关系着生态的平衡,因此不仅需要应时而猎、择劣而猎与依量而猎,还需要考虑不同种群之间的均衡,需要采取均衡而猎的策略。有事例表明,一个物种的灭绝,或者其数量极度减少,还会引发其他生物的生存状况,甚至导致相关物种的灭绝,因此必须均衡捕猎。在由捕食者与猎物种群密度构成的坐标系中,捕食者与猎物种群常常围绕着一个平衡点按照一定的周期摆动。捕食者种群跟随猎物种群的变化而变化,但落后于猎物种群。当受到外界条件影响后,随机干扰可能会增加其摆动的幅度,甚至触及某个坐标轴,进而一个种群灭绝,或两个种群同时灭绝。例如松毛虫的大爆发使针叶林受到严重危害,原分布于美国东北沿海的松鸡灭绝和苍鹰大爆发有直接关系。不同的草食者采食植物的不同部位,有些是食叶性的,有些是食果性的,有些则是食幼苗性或食种子性的。在草食者和特定植物种之间长期以来所建立的动态平衡被打破之后,系统中某些物种有可能会变得十分脆弱,大量草食者的存在能够在短期内使一个物种的个体数量迅速减少,在接踵而来的各种外界干扰下,不能有效应变而有可能灭绝。由此可见,保持生物之间的均衡发展是多么重要。

生物之间必须取得均衡发展,这是一个必须经历事实教训才能认知的生态原理。在这个方面,我们祖先虽然没有明确的系统认知,但是基于感性的粗略把握依然散见在各类文献里面。例如《荀子·王制》指出:"圣王之制也,草木荣华滋硕之时,则斧斤不入山林,不夭其生,不绝其长也;春耕、夏耘、秋收、冬藏,四者不失时,故五谷不绝,而百姓有余食也;池渊沼川泽,谨其时禁,故鱼鳖尤多而百姓有余用也;斩伐养长不失其时,故山林不童而百姓有余材也。"为了满足百姓的基本用度,一是要应时而猎,给予山林充足的生长时间,如此动植物才能保持应有数量;二是要尽数生长,山林的构成非常丰富,不入山林,使得各个物种获得发展空间,可以保证山林内所有生物均获得各自生长,于是就会五谷不绝、鱼鳖尤多,显然其中包含均衡发展的理念。

第三节 房屋建筑:生态环境

大自然中不存在没有人类欲求的房屋,房屋是完全属于人类的创造物。既然自然界没有完全可以模仿的对象,房屋的建造就一定蕴含只有人类自身才有的建筑意识。房屋最为实用的功能是居住,因此建筑思想一定服务于这个功能,不会明知有碍居住,还会坚持那样建造。有感于此,房屋建筑一定包含自然生态环境理念,依据生活区域有意识地选择适宜的房屋建造模式,争取最为有利居住的形式。当自然生态环境理念成为一门学问的时候,其思想便会异常丰富,我们只就其中一些点进行讨论,这就是我们所言的生态环境。

一、房屋坐向讲究背风朝阳

所谓房屋就是由砖墙合围而成的闭合空间。当然,这个闭合空间并非完全密闭,而是开窗以采光,开门以进出,形成可以对外交流的通道。在确定房屋站位的时候,都是在主门为其正面,以正面所对方向为房屋方位,主门的正靠背一般不开门或开窗。这样一种房屋构造模式,就决定房屋应当选择适应当地地理特点的坐向,以达到房屋应有的适宜人类居住的心理欲求。

首先是避风。地球由于公转与自转的共同作用,一年包含四季变化,在这个变化过程中,风也就区分热风与冷风,这是影响人类生活的自然因素。人作为一种恒温动物,不同的风也对其形成不同的影响,一般而言,人类都会自然地避免冷风的直接吹拂,因为那样会降低人类体温。因此,人类在热风与冷风的选择方面,可以忍受热风的直面吹拂,总是倾向避免冷风的直接打击,于是房屋方位就会选择避风而建。由于冷风首先来自高纬度北方,因此在一般情况下,不会选择面北坐向建房,而是选择面南而建,因为那样可以避免呼啸的凛冽北风,在冬天尽可能保持适宜的温度。基于中国地势地貌,西部是深广内陆,西高东低,那里也是冬天寒风的重要生成地,因此西风也是人们考虑应该回避的寒风,房屋建造坐向也基本上不会选取西向。由此而言,传统的房屋建造,基本的坐向是东向或南向,这两个方向可以有效地避免来自冬天的寒风,可以取得较好地避寒效果。

其次是向阳。太阳是影响地球天气变化的主要因素,也是人类取暖的重要源头,因此人类都会像向日葵那样围绕太阳建房。太阳运行是由东到西,东出西落,这是太阳照射的基本方向。而要将太阳引进房屋,就只能通过房屋正向的大门引进,以便房间内能够获得尽可能多的阳光,从而达到冬天提高室内温度的效果。由此看来,房屋的坐向就会自然地选择东向或西向,一般不会选择北向,因为北向不能直接承接太阳的光辉。房屋坐向却可以选择南向,虽然太阳是东西运行,但是太阳在南北回归线之间直射,因此北回归线以上的高纬度地区,南面也可以得到太阳的照耀,形成迎光的效果,北面就是背光了。因此,从向阳角度看,房屋建造可以选择的坐向,除了北向,其他三个方向都符合趋阳的要求,成为房屋坐向可能选择。

再次是背风朝阳。依照背风朝阳的标准,在东南西北四个方向中,北向就不适宜成为房屋的坐向,因为北向既不避风,还迎风,迎接寒风,也不朝阳,还是典型的背光。西向虽然可以面向太阳,中午以后的西落太阳,但是并不避风,因为中国冬天的寒风相当部分来自西部高寒内陆的西风,因此房屋西向也不是理想的选择。东向与南向则符合既避风又朝阳的要求,可以有效回避冬天寒冷的北风或西北风,又可以承接东升的太阳与南面的照射,因此能够满足避寒就暖的人类生理需求。由于我们的地势为西高东低,处于西太平洋的季风气候,暖风从东南方向吹拂而来,又能够感受春风的温暖与夏天的凉爽,因此东向或南向就成为房屋建造的最佳选择。我们可以从现实的村落民居建筑中得到有效印证,钟山县民众"历来习惯群居,只有少数瑶胞单居独户。住宅讲究风水,选择依山傍水、背风朝阳,所谓'聚丁生财'之地作宅地。立寨造屋都有请地理先生勘查、选址、定位、择日动土的习俗。新中国成立前,本地人的住宅,习惯起封闭式的三合院,客家人喜欢起出檐排头屋,街道居民是直通铺房。房子有火砖瓦屋、木皮屋、茅舍之别,住房有东、西、上、下房之分。长者住东房,次者住西房,青年子女住厢房或楼房,这是自古以来的住房习俗。贫苦人家房屋窄小、破漏不堪,三代同堂难以分居的亦不少。新中国成立后(即中华人民共和国成立后),随着生活水平的提高,住宅条件不断改善。70年代期间,有些村寨集体规划,统一建房。房子整齐划一,讲究卫生、透光通气,人畜分居。80年代,集体分基地,人们自筹自建,有封闭式三合院、有燕窝式三合院、有五合一排连式,还有新式的钢筋水泥楼房。依长次住房的习俗逐渐改变,老年人多住厢房或次房,新婚夫妇住东房或西房。"①

①　钟山县志编纂委员会. 钟山县志. 南宁:广西人民出版社,1995:706.

二、生活区域自成宜居环境

作为一个农耕社会的村镇，不存在纯粹生活区域，因为如果生活区域与生产区域分离，将严重影响农业生产的正常开展。在传统社会，由于没有机械交通工具，基本上是依靠步行，因此限制了人类的活动区域。我们在谈及生活区域的时候，必定包含生产区域的基本要素，只有确保生产的基础上，才能落实生活区域。由此，生活区域要成为宜居环境，以下三个层面是村民普遍考虑的基本要素。

首先，必须拥有充足水源。水是生命之源，不管是纯粹居住，还是作为生产区域，不管是传统的农业生产，还是现代的工业生产，其实都不能忽略水源的考量。充足的水源是人们选择居住地的首要条件，也是宜居环境的必要条件。我们说生存条件恶劣的时候，很大程度上会指向水源缺乏，因此这是村镇聚落生成的必要条件。不仅人们日常生活需要充足水源，农业生产也不能缺少水源，虽然农作物可以区分旱作植物与喜水植物、水生植物，一些农作物对水的需求量相对较少，但是依然不能缺少对水的渴求，因此为了生产计，生活区域的选择也必须考虑充足水源。只有具备充足水源条件，才能成为宜居环境，既能够满足生活需要，又可以从事农业生产，确保生存必需的食物生产需求。

其次，必须拥有足够的可耕地。一个地方拥有充足水源，又有很好的可耕地，那就是一个具有良好生态系统的生存环境，于是也就会得到更多人的青睐。在这个情况下，村镇之间必须保持一定的间距，以此确保相邻村镇都可以拥有必要的可耕地。传统村镇重要表征在于小村落、广田地，聚落居所建筑面积大大低于所拥有的田地面积，表现为自然的宽广性。由于自然经济生产力水平相对低下，因此聚落的环境人口容量也相对不高，如果村镇之间没有一定的间距，没有相对广阔的田地面积，就不能实现聚落的自养。一旦建造定居的农耕村镇，其拥有的可耕地范围也就相对确定了，于是也就意味着构筑村镇自养型生产域和生活域的环境人口容量必须适时调整。这种容量关系，全国各地情况复杂，难以统一，试以广西贺州市为例说明之。贺县（今贺州市八步区全部与平桂区大部）境内山多地少，总面积 5147.20 平方公里，耕地面积 62 万亩，其中水田 42 万亩，旱地 20 万亩，以稻作经济为主。林地面积 303 万亩。下辖 15 个乡、6 个镇，277 个村委会，14 个街道居委会，3171 个自然村和街道（此数据笔者统计）。1984 年年末，全县总人口

677513 人，其中城镇人口 76036 人，占 11.23%，农业人口 601477 人，占 88.77%。① 平均每个自然村 189 人，耕地 195.5 亩（最小自然村之一黄田镇白土寨 1 户 5 人，最大自然村之一桂岭镇竹园寨 204 户 1390 人），人与田地之比为 1（人）：1.03（亩）。1934 年，贺县分四大区：黄田区、南岳区、桂岭区和公会区，总人口 229205 人②，"就赋额推算田主值三七五得二十一万四千余亩，加入佃户值六二五得三十五万七千余亩，合计已耕之田共五十七万余亩。又贺属地丁归纳于钱粮，约计已耕之地不下二十余万亩，就已耕之田地合并计算，实有七十七万余亩。"③，于是人与田地之比达 1（人）：3.36（亩）。从人与田地的关系考察，村镇聚落确实具有很好的间距，只是这种间距因时代、生产力和人口密度不同而有所变化。传统社会的农耕村镇的间距，还可以从村庄面积与田地面积的关系考察。贺州"全市（含八步区、钟山县、昭平县和富川瑶族自治县，引者注）总面积 11855 平方公里，……其中山地面积 4062 平方公里，平原面积 1420 平方公里，丘陵面积 6373 平方公里"。④ "2004 年，贺州有建制镇（不含市、县人民政府驻地镇，下同）45 个，集镇 14 个，村庄 6084 个。建制镇占地面积 2422 公顷，集镇占地 174 公顷，村庄占地 30766 公顷。"⑤ 每个村庄占地约 5.06 公顷。"2004 年全年完成粮食种植面积 284954 公顷（水稻），……全年完成经济作物种植面积 133922 公顷（蔬菜、马蹄、茶叶）。"⑥ 两项相加共 418876 公顷。如此推算，每个村庄拥有农田面积约 68.85 公顷，村庄与田地面积之比为 1（个）：13.63（公顷）。这些数据可以从一个侧面证明，传统社会的村镇，每个村镇都拥有足够的可耕地，确实可以定义为宜居环境。

再次，一般都建造风水林。在古代，人们极为尊崇风水林，认为草木是一地"生气"旺盛的表现，对风水林严加保护，严禁樵采。如《阳宅会心集》中所言："乡中有多年之乔木，与乡运有关，不可擅伐，或有高密之树，当位之不吉而应伐者，于随年岁宫交承之际，渐减去之，不可一旦伐清。盖树之位吉者，伐则除吉；位凶者，动亦招凶。"在古代村镇理想风水格局中，村镇聚落外围往往三面环山、一面临水，

---

① 贺县人民政府．贺县地名志．广西阳朔印刷厂印刷，1985：1-2.
② 黄成助．贺县志．台北：成文出版社，1967：87.
③ 黄成助．贺县志．台北：成文出版社，1967：246.
④ 贺州市志编纂委员会．贺州年鉴．南宁：广西人民出版社，2007：120.
⑤ 贺州市志编纂委员会．贺州年鉴．南宁：广西人民出版社，2007：360.
⑥ 贺州市志编纂委员会．贺州年鉴．南宁：广西人民出版社，2007：128.

后方是"主山",其山势向左右延伸,被称为"青龙、白虎",成左右肩臂环抱之势。村落前方要有月牙形的池塘或弯曲的水流,水流的缺口处有水口山,村落坐落在山水环抱的中央,地势平坦而具有一定的坡度,形成背山面水的基本风水格局。在这样的格局里,无论是在环绕村落的山脉上,还是村落前的流水(或池塘)旁,抑或是村落宅居旁,都要保持有茂密的植被,既可以是天然生长,也可以是人工栽植,而这些植被多样的分布形式就构成了中国村落风水林的基本格局。考察贺州市莲塘镇仁冲村围龙屋的地理生态,北向是低矮的狗耳山,南向是开阔的白龙峒,仁冲河从西侧静静流过,房屋坐向是背北朝南。狗耳山既是围龙屋的靠山,也是围龙屋的风水林,得到村民的极度尊重。贺州瑶族"风水林主要见于富川平地瑶村寨,是贺州瑶族地区不以建筑形式存在的天然宗教场地。富川县每个定居较久的平地瑶村旁均保留一山古树,称神林,也称风水林。山林的每株树均被认为是灵物,绝对禁止砍伐,也禁止破土动工搞建筑,尤其禁止随意大小便和在林子里讲亵渎神灵的话。林中还必定建有简单庙宇,供奉社王、盘王、土地或本境神祇。"[①]这些村落林木冠之以风水,赋予其神性,能够起到很好的保护作用。为何要如此煞费苦心地保护村庄聚落的山林,其实有着现实的功效,即是可以起到调节宜居环境小气候的作用。如果一个村庄聚落完全无遮挡地显露在自然之下,就不能有效地吸收太阳热量,也不能消化过量的水分,容易造成旱涝不均。如果拥有一定面积的山林,夏天可以提供阴凉,冬天可以阻挡寒风,雨天可以吸收雨水,旱季可以提供泉水,如此就能创造更好的生产生活环境,因此人们从现实体验中确立了建造与保护风水林的规则。

三、建筑形制体现因地制宜

现代建筑的外观轮廓呈现两种矛盾态势:一是大同小异的火柴盒模样,给人感觉就是千篇一律,不管北方,还是南方,其外观形制都一样,没有什么地域差别。二是独一无二的外观设计,具有强烈的个性化色彩,也不能区分南方北方,汉族少数民族,只是建筑师个人的作品。但是,传统社会则不同,首先是具有区域色彩,一个地域的民居建筑具有大体一致的外观形制,另外一个地方则有所不同,表现明显的地域特点。比如,在内蒙古地区,他们的传统房屋建筑就是蒙古包,外观形制是圆形。在黄土高原地区,这里的民众就选择建造窑洞,深入地下建造自己的

---

① 胡庆生,陶红云. 贺州瑶族:第2版. 广州:世界图书出版广东有限公司,2015:262-263.

房屋。在南方的山地森林,那里的百姓则是建造干栏式房屋,一层悬空,人居二层。在华北平原地区,人们则更多选择四合院式砖瓦房,整体布局是中规中矩。为何会有如此不同的建筑形制,用一句话简言之,就是因地制宜的选择结果。这个"地",既包含地理地貌、自然环境、天气气候等物理方面的因素,也包括社会风貌、审美取向、精神信仰等人文方面的因素,于是历史地选择适"宜"之制。由于其中内涵十分丰富,而本文重点不在这里,因此只是提出一个线索,不作深入的研究剖析。但是,我们确实可以看出,一个地区之所有大体选择相同或相似的建造形制,并非随意而为,而是因地制宜的结果。

在外观层面,屋顶也是具有区分不同建筑风格的重要外部标志。传统民居的屋顶造型丰富多彩,根据不同形态可以简要划分为庑殿顶、硬山顶、歇山顶、悬山顶、攒尖顶、卷棚顶、囤顶、围顶、平顶等,再把这些屋顶依照倾斜度不同又可以划分为两类,即人字顶和平顶,且绝大多数属于人字顶。传统平顶民居基本上集中在年平均降水量在 0 - 200 毫米的区域内,主要有藏族碉房、新疆"阿以旺"、云南哈尼族平顶房和彝族密梁平顶房等。密梁平顶式构架形式,"用通长的檩条和梁架作楼层和平顶屋面,荷载通过梁和檩条传到墙上。红河地区的土掌房也习惯用墙承重,为分散压力多在墙顶上加木卧梁。木梁上按不等间距放木楞,再铺上柴草,垫泥土拍打密实或用土坯填平再抹泥,寿命可达 30 - 40 年。但由于木梁抗弯强度有限,因此跨度较小,如土掌房的跨度一般约 3 米左右"。① 庑殿顶、硬山顶、歇山顶、悬山顶、攒尖顶、卷棚顶、囤顶、围顶等都属于人字顶,虽然坡度及具体造型有所不同,但都有如人字一般倾斜,以便利于导水防止房屋漏雨,传统民居绝大多数属于此类结构。也就是说,采用平顶或人字顶的决定性因素在于雨量,不在于审美需要或建筑材料,方便实用有益是基本考量因素。换句话说,屋顶的形制特点,不是任意而为的结果,而是因地制宜的选择。

第四节　人与自然:天人合一

生态是本于自然本原关系的网络,这种本原关系已经依照大自然的整体统一性安排了各自的生态位,依据这种生态位构筑了整个自然界的和谐生存状态。人

---

① 范雪峰. 云南地区传统民居屋顶体系构成及特征. 昆明理工大学硕士学位论文. 2005 - 09.

类只有按照自然本原的关系网络开展活动，即是遵循了自然的生态准则，也必然得到自然的护佑，从而获得人类与自然的和谐发展。如果人类破坏了自然历史生成的生态网络关系，不仅会危害自然生物，而且还会损害自然环境，进而危及人类自身的生存，这就是生态的应急反应。人类生于自然，也逐渐适应自然内在的生态关系，于是从不同的具体层面遵循着自然规律，也由此获得自然应有的回馈。这种生态认知上升到一种哲学思考就形成生态观，传统生态观的集中体现就是天人合一。这种理念博大精深，广泛透过到生活的各个层面，在此只有简要述之。

一、天人同构说明万物具有相类性

在我们这个世界，整个自然界组成一个庞大系统，但是万事万物也会各成系统，都会内含各个组成要素。这些要素不是简单无序的组合，而是依照该事物质的规定性进行要素的排列组合，不同的要素排列组合就构成不同类的事物，也由此形成大自然无限丰富的事物种类。这种要素的排列组合，使用系统论术语就是结构，自然界之所以有着各不相同的万事万物，追寻事物的组成就是结构不同。如果结构相同或相似，则该事物必定相同或相类，这是传统天人合一理念的逻辑起点。

马克思在《1844 年经济学哲学手稿》中指出："自然界，就它自身不是人的身体而言，是人的无机的身体。人靠自然界生活。这就是说，自然界是人为了不致死亡而必须与之处于持续不断的交互作用过程的、人的身体。所谓人的肉体生活和精神生活同自然界相联系，不外是说自然界同自身相联系，因为人是自然界的一部分。"①既然自然界是人的无机身体，那么人与自然就具有同构关系，人是自然界的一部分。对此，我们先人则是使用类比手法，更加形象地说明人与自然的同构关系。先人认为，人是天地阴阳相合的产物，不言而喻二者有着统一的本原和属性，而"天六地五"又是"数之常也"，那么人体脏腑数目与之相应相符便属天经地义。《春秋繁露·为人者天》言道："人之形体，化天数而成。"《春秋繁露·人副天数》也说："天地之符，阴阳之副，常设于身，身犹天也，数与之相参，故命与之相连也。天以终岁之数，成人之身，故小节三百六十五，副日数也；大节十二分，副月数也；内有五脏，副五行数也；外有四肢，副四时数也……"《白虎通·五行》则说得更为明白："人有五脏六腑，何法？法五行六合也。"《情性》又云："人本含六律

---

①　马克思恩格斯文集：第 1 卷．北京：人民出版社，2009：161.

五行气而生,故内有五脏六腑,此情性之所由出入也。"不但如此,还明确指出五脏六腑是什么,"五脏者何?谓肝、心、肺、肾、脾也。""六腑者,何谓也?谓大肠、小肠、胃、膀胱、三焦、胆也。"《淮南子》《精神训》云:"夫精神者,所受于天也;而形体者,所禀于地也。……故头之圆也象天,足之方也象地。天有四时、五行、九解,三百六十六日。人亦有四肢、五脏、九窍,三百六十六节。天有风雨寒暑,人亦有取予喜怒。故胆为云,肺为气,肝为风,肾为雨,脾为雷,以与天地相参也,而心为之主。是故耳目者,日月也;血气者,风雨也。"一句话,人化天数而成,其核心构造万不可不符天数,天人同构是也。

结构生成不同的事物,也决定事物的性质。金刚石与石墨的构成元素一样,但是其分子式结构不同,不仅形成不同的事物,也使之具有截然不同的性质,一个坚硬无比,一人柔软异常。这就从一个反例说明,结构具有决定事物之所以为该事物的特征。正面论述事物的同构关系者,"格式塔"心理学是重要的学派,他们提出了"异质同构"理论。阿恩海姆在论证艺术的表现性与象征性的过程中提出这一观点,其理论依据主要是威廉·詹姆斯(William James,1842—1910)对心理事实与物理现实之间的同一性的论述。詹姆斯曾经说过这样的话:"'必须指出,为这些作者们所极力强调的活动与情感之间的不等同,并不像乍一看上去那样绝对。在一般的情况下,我们不仅能从时间的连续中看到心理事实与物理现实之间的同一性,就是在它们的某些属性当中,比如它们的强度和响度、简单性和复杂性、流畅性和阻塞性、安静性和骚乱性中,同样也能看到它们之间的同一性。'很明显,按照詹姆斯的见解,虽然身与心是两种不同的媒质——一个是物质的,另一个是非物质的——但它们之间在结构上可以等同。"[①]譬如,我们在观看舞蹈时,会觉得那悲哀和欢乐的情绪看上去是直接存在于舞蹈动作之中,这主要是因为舞蹈动作的形式因素与其表现的情绪因素之间,在结构性质上是等同的。实验发现,当要求所有的受试演员分别以舞蹈的艺术形式来表现"悲哀"这一主题时,其动作都是缓慢的,幅度也不大,造型都呈曲线形式,展现出来的张力也都比较小。这说明"悲哀"这种心理情绪,其本身的结构式样在性质上与上述舞蹈动作的结构式样是相似的。一个心情十分悲哀的人,其心理过程也是十分缓慢的,其精神和行为状态也显得软弱无力,缺乏力度与决心。一棵垂柳之所以看上去是悲哀的,并不是因为它看上去像是一个悲哀的人,而是因为垂柳枝条的形状、方向和柔软性本

---

① 朱立元.西方审美教育经典论著选:下册.南京:江苏凤凰教育出版社,2015:252.

身就传递了一种被动下垂的表现性;或者说,是因为将那种垂柳的形式结构与悲哀的心理结构进行比较后所得出的感受。这种"异质同构"不仅可以当做一个审美观赏原理,而且还可以用作一种艺术创作原理,使人们注意从不同的事物之中寻找和表现它们的等同点。这种审美层面的心理体验,也可以从正面说明同构事物具有性质相似性。

二、天人气交表明生命具有相通性

天人同构、天人相应是天人相通的基础,因为不仅"同构"且一一"对应",相当于各自专司,各有对口交流"部门",因此为天人交通提供了极大便利。这个"交通"是互通信息的意思。怎样完成这个相通呢?王冰是通过"气交变"解决这个问题的。天人交通也就是天人气交。《素问·六微旨大论》提出"气交"的概念:"言天者求之本,言地者求之位,言人者求之气交。曰:何谓气交?曰:上下之位,气交之中,人之居也。"①求之本,求之位,求之气交,虽然各有不同指向,其实皆指求气之本,因为天地人具有同构相应关系。天地人三者实为一气,因其处于不同生态位,因此分布到不同领域,基于一个领域可以推知另外领域,因而可以认知和掌握。气交的产生是因为地之寒热与天之阴阳之节气相差三节。按理说,一年中冬至日为阴之极,应该气候最冷,夏至日为阳之极,应该气候最热,故天之太阳为夏至,天之太阴为冬至。但事实上大地有一个白天吸热、夜间散热的过程,所以冬至之后经小寒、大寒、立春三节气达到积寒的高峰,即地之最寒冷在冬至后三节气。立春一到,气候便开始温暖,此三节之差,张介宾十分重视,其《类经图翼》云:"然一岁之气始于子,四季之春始于寅者,何也?盖以建子之日,阳气虽始于黄钟,然犹潜伏地下,未见发生化之功及其自历丑转寅,三阳始备,于是和风至而万物生……故阳虽始于子而春必起于寅。"②即天之温起于子,而地之温却始于寅,天地之气相差三节。由于气交相差三节,便产生了天地之气的"升降沉浮""气交易位"等变化。所谓"气交易位"是指气候的太过和不及而导致气交的位置发生移动,由于阴阳之气与寒热之气相差三节,"时有定位,气无必至",即一年四季二十四节气有一定的次序和时位,温热寒凉的秩序是不会错的,但气有未至而至,至而

---

① 唐·王冰次注,宋·林亿等校正.黄帝内经素问:卷十九"六微旨大论篇"//永瑢,纪昀.钦定四库全书:子部,医家类.

② 明·张介宾.类经图翼:卷一"运气上·气数统论"//永瑢,纪昀.钦定四库全书:子部,医家类.

不至的现象却是经常发生的。① 自然之气交本源于地球运动,公转与自转同时运动,于是带动气候变化,也由此带来气之交动。交动之气,才能激活生命运动,于是造就无限丰富的宇宙生命世界。

"天枢之上,天气主之;天枢之下,地气主之;气交之分,人气从之,万物由之。"② 人与万物皆生于天地气交之中,人气从之则生长壮老已,万物从之则生长化收藏。人虽有自身特殊的运动方式,但其基本形式升降出入、阖辟往来,是与天地万物相同、相通的。人体是一个由热能冲起来的一个大气球体,展示出了皮肤与肌肉、肌肉与筋腱、血管与骨骼的空间,正如地球上的大气层一样给万物生长提供了空间。人体上各个穴位就是气之交换空间,这些空间也形成了众多完整独立的穴,各穴之间又形成了有规律的能量释放路线,此为"气道"。气道与穴道空间的能量不是来自人体大气球理论中的气能,而是来自于人体内、脏腑形成的能量并运行于人体各经络中。人体血液中的能量来自于肺内供氧,产生静电后再由肾脏加热提纯使血液细胞充满了能量,在穴位中脉的帮助下产生了完整的动脉与静脉的对应流的通道,此功能路线又称为"血道"。于是我们不难看出:如果人体内脏右侧的正极形成了一个统一能量磁性场,就会与左侧负极的统一能量场相生形成了一个能量平衡的关系。这种内脏能量场前后对应平衡关系为经脉,前面负能量路线为阴脉(即任脉),后面正能量路线为阳脉(即督脉),此为任督二脉(即小周天)。看似假设的排列组合,其实,人体内脏能量供给与释放所产生的对应平衡能量,正有如此的一个平衡能量系统。人体的任督二脉,它的形成不是有意的安排,而是由磁性能量的特性而产生供给、释放能够平衡的自然现象,正是任督二脉的磁流对应平衡关系而完成了人体中枢伸进的能量总供给,最终人体血液循环系统与气息能量供给系统在对应的经与脉的平衡系统下形成了一个整体的相互平衡完整循环。

人体结构以其与自然结构的同构,可以实现天人交气。自然宇宙有其气交的系统,人体也有自身的气交系统,因为人类是自然的产物,而且是自然最为高级的智慧生物,不仅可以被动地实现两个系统的交合,还可以实现主动的相互交合。人类总结与实现着养生理论,养生的核心理念就是追求人体小周天的循环,调整

---

① 程雅君. 中医哲学史:第2卷"魏晋－金元时期". 成都:巴蜀书社,2010:481.
② 唐·王冰次注,宋·林亿等校正. 黄帝内经素问:卷十九"六微旨大论篇" // 永瑢,纪昀. 钦定四库全书子部,医家类.

对应自然大周天的循环,希望达到共鸣共振的节律,以此提高人的生命质量与寿命。

三、天人同神阐明本质具有一致性

我们知道,自然是唯一的整体,任何事物都不可能脱离这个自然系统之外,自然这个绝对庞大的复杂系统,将一切事物都囊括其中,成为其中一个组成要素或子系统。自然界的事物都具有系统性,而自然界各种系统都呈现出整体性。因为系统是各种要素联系起来、组织起来的产物,是各种要素的综合体,而且有各要素所不具备的整体性。所以,系统的整体性主要表现在系统的性质功能和运动规律,只有从整体上才能显示出来,系统的整体性呈现了各个组成要素所没有的新特性。恩格斯指出:"我们所面对着的整个自然界形成一个体系,即各种物体相互联系的总体,而我们在这里所说的物体,是指所有的物质存在,从星球到原子,甚至直到以太粒子,如果我们承认以太粒子存在的话。这些物体是互相联系的,这就是说:它们是互相作用着的,并且正是这种相互作用构成了运动。"[1]"我们抓不住整体的联系,就会纠缠在一个接一个的矛盾之中。"[2]这种系统的整体性虽然超越各个子系统,但是系统的整体信息必然以某种方式全息到各个子系统内部,使之带有系统整体性的特征,并成为系统整体的有机组成部分。大自然是一个巨大的生命系统,包含无数的生命小系统,人类社会只是自然地球的一个子系统,必然也如同其他生命系统那样,以某种方式全息着地球生命系统的信息,因此两者之间具有生命的相通性。

确实,地球生命系统与人类社会生命有所不同,作为地球最为智慧的生命系统,人类拥有其他任何生命系统所没有的意识,形成人类独特的生命思想。但是,这并不能说,其他生命系统没有"思想",更不能说,地球生命系统没有"思想",其实,两者只是呈现的方式不同而已,都具有自身独特的"思想"体系。大自然依其自身规律运行,引导着自然界的所有事物都遵循其规律运作,这就是平静的生命系统的"思想"。老子认为:"天地不仁,以万物为刍狗。圣人不仁,以百姓为刍狗。"天地是无所谓"仁慈"的,它没有"仁爱",对待万事万物就像对待刍狗一样,其内的各个子系统或各个要素,只要在一个层级,都处于平等关系,大自然不会特

---

① 恩格斯. 自然辩证法. 北京:人民出版社,1971:54.
② 恩格斯. 自然辩证法. 北京:人民出版社,1971:146.

别偏爱哪个生命体系,而是任凭万物依照自身的规律延续生命。真正的圣人也应该是没有"仁爱"的,不应该偏爱某种群体,不应该将人区分三六九等,对待百姓也如同对待刍狗一般,平等对待每个群体和个体,任凭人们自作自息。由此而知,地球生命系统的"思想"与人类的生命"思想"具有一致性,只是一个不必使用语言加以描述,另一个则需要运用语言进行阐述。《庄子·知北游》云:"天地有大美而不言,四时有明法而不议,万物有成理而不说。圣人者,原天地之美而达万物之理。"天与人,在生命的本质上具有高度一致性,其实,本质也确实不能有效言说,至少到目前为止,人类虽然能够使用语言,但是并没有能够运用语言将"本质"说清楚,从这个意义上说,人类与大自然一样,都是无言的存在。

第二章

行为教育

现在语境下,教育一词在常人心里直接指向学校教育,甚至只有体制内的学校教育才是教育,至少是依托一定机构,诸如培训机构,开展的教学活动才是教育,这是我们老百姓的一般理念。不仅如此,政府机构甚至还将范围加以缩小,只包括体制内的学校教育,这可以从各级教育行政主管部门制定的教育发展规划就能够看出,这是现代社会行政推行的教育行为。如果从生存技能代际传播的视角看教育,那么现代语境的教育外延就过于狭小,必须延伸拓展至体制内学校教育以外的前教育,甚至于可以推及至动物界,因为几乎所有动物都具有生存技能的代际传播功能。当然,动物的所谓"教育"体现的是生存本能,基本上不具备自觉性,而人类的教育,即使是原始人,也与动物具有本质性区别,因为这是一种"人化""文化"的教育,生存技能本身已经不是纯粹动物性的本能,而是一种"人化""文化"的表现形式。在文字产生以前,人类都不存在现代语境的教育内涵,都是属于言传身教式的行为教育,通过身体行为的实践方式,在日常的生产生活社会实践中,与之融为一体的生活化教育,这是行为教育的基本内涵。这种行为教育并不随着文字出现而消失,不仅因为长期以来文字掌握在极少数人手中,广大民众没有接受体制内学校教育的权利,而且因为行为教育包含最为原初的"人化""文化"的教育内涵,因此必然是永远存在的一种教育方式。即使是高等教育大众化、义务教育普及化的今天,体制内的学校教育已经成为民众心目中"教育"的基本内涵,也不能忽视具有原初意义的行为教育的存在价值,也应当予以高度重视,这也是现代教育强调实践性的重要原因。

传统文化生态观博大精深,最为系统地记录于书面语言的文字系统里面,如要全面理解把握,其中最好的教育方式自然是基于文字教育的体制内学校教育的学习。但是,在传统社会里,占据人口数量最为广大的普通老百姓,却没有在体制内学校教育进行学习的机会,他们被剥夺了受教育的权力,几乎百分之百是文盲,因此学校教育与他们无缘。虽然如此,生态观的理念作为普通老百姓必须理解掌握,并于实践中运用,因为老百姓是直接从事社会生产劳动的人,于是只能承传人类最为古老的教育方式,以行为教育达到世代相传的教育功能,因此行为教育是传统文化生态观传承的首选教育方式。行为教育之适合生态观的传承,还在于生态观在本质上具有实践性,属于一种实践性教育。生态观思想不能停留在语言层面,也不能停留在思想场面,必须付诸实践,否则就没有意义。所谓行为教育的核心在于"行为"二字,用行为来思维,用行为来教育,用行为来建构,用行为来实践,化教育为日常生产生活,在世俗的社会生活中融入教育,做到生活与教育一体,行为与教育不分。行为教育就是一种借助身体行为的实践方式,正好与生态观所包含的教育理念相吻合,因此即便拥有体制内学校教育的学习方式,行为教育依然是不可或缺的教育方式。行为教育能够将理念化为实践,在实践中达到濡化的效果,这种具有濡化教育性质的教育方式,也是确保生态观落到实处,能够有效驳接地气的重要方式,因此我们很有必要考察这种教育方式在传统文化生态观传承中的作用。

第一节　愉悦:一种无压力的学习心态

在民间,行为教育永远是第一位的教育方式,不仅因为缺乏体制内的教育机构或方式,它们主要由国家行政部门组织完成,而且因为行为教育是一种无压力的愉悦教育方式,能够提供学习者一种轻松的学习心态,因此也乐于为普通民众所接受和采纳。这种轻松愉悦无压力的学习状态,只有在与体制内学校教育相比较的时候,才能更为真切地体验与感受。为此,我们将主要从知识教育、课堂教学和作息制度三个基本层面进行比较,应该也能够说明体制内学校教育具有巨大的学习压力,而行为教育却是轻松愉悦无压力。这种无压力的学习方式,虽然于其学习效果而言,可能存在两面性,但是对于传统文化生态观的传播应当具有一定的正面价值,这也是传统文化生态理念长期以来能够深入人心的重要因素吧。

一、行为教育消解知识教育挤压的心理压力

虽然这里标示知识教育,但是并不打算给予一个严谨的学术概念,只要感性

地知道那是以传授知识系统为基本目标,以学校教育为基本方式的一种教育形式即可。那么相对而言,行为教育属于一种碎片化教育,与知识教育构成一个对立面,其所传授的知识零散碎片不成体系,传播方式属于随机分散无计划性,因而也难以形成学习心理压力。

首先,行为教育切割知识的系统性消解知识系统在数量上巨大形成的挤压感。任何一门学科知识系统都是一个庞大体系,其量之大几乎难以被一个人从深度广度全面地掌握,普通的读书人都只能把握其中的冰山一角,于是知识系统就会给人在体量上形成巨大的挤压感,从而容易造成一种学习心理压力。康德在《判断力批判》"崇高的分析"中指出,崇高至少可以划分为两个类型:一是数学的崇高,二是力学的崇高。数学的崇高主要表现为对象的体量巨大,力学的崇高主要表现为对象的力量巨大,它们的共同特征在于能够对主体形成一种压迫感,进而生成一种心理的痛感与恐惧。虽然这种心理痛感与恐惧,最后都会转化变成人的本质力量确证,但是毕竟包含压迫感这个心理过程,因此一个知识体量极其巨大的学科知识系统,必定会在某种程度上造成学生的心理压力。

行为教育是碎片化教育,这种碎片化就是切割知识的系统性,使之以碎片的方式存在,于是也就消解了知识作为一个系统本来应该拥有的庞大体量,这种碎片的体量就变得极其微小,原本因为系统所具有的挤压感也由此消失,自然也就没有了学习层面的心理压力。其所以能够切割,就在于知识传播者与学习者并不追求建构一种知识系统,而是出于实用性目的,只要掌握与生产生活密切相关的片断性知识,能够满足自身工作要求,就不再追求作为学科知识的系统性,因此可以消解知识系统巨大体量的挤压感,由此获得一种学习心理层面的轻松感。作为一个传统农业大国,农业生产基本上属于靠天吃饭的生产状况,因此在与生产密切相关的生态思想里面,广大农民最为关心的自然环境条件为"天"和"地"两个方面。古人所谓"天"主要是指气候,由于气候变化表现为一定时序,所以又称为"天时"或"时"。古代农时意识之强烈世所罕见。《尚书·尧典》说"食哉唯时",表明人们很早就认识到把握农时对以食物生产为中心的农业具有头等重要的意义,逐渐形成中国特有的长期指导农业生产的二十四节气。《管子·巨乘马》依节气阐释农耕生产,如"日至六十日而阳冻释,七十日而阴冻释。阴冻释而执耜,百日不执耜,故春事二十五日之内耳也"。强调春季二十五天对于农耕的重要性,认为"春已失二十五日,而尚有起夏作,是春失其地,夏失其苗,秋起籴而无止,此之谓谷地数亡"。《吕氏春秋·任地》也说:"知贫富利器,皆时至而作,渴时而止,是以老弱之力而尽起,其用日半,其功可使倍。不知事者,时未至而逆之,时既往而慕之,当其时而薄之,使其民而郄之。"同时还讨论了禾、黍、稻、麻、菽、麦六种主要农作物的"先时""后时"和"得时"的利弊,指出"先时""后时"对作物生长、结实、收获等均为不利,只有"得时"才是最佳选择。"得时之黍,芒茎而微下,穗芒以长,抟米而薄糠,春之易,而食之不噎而香;如此者不饴。先时者,大本而华,茎杀而不遂,叶藁短穗。后时者,小茎而麻长,短穗而厚糠,小米钳而不香。"元代王祯《农书·授时》也认为农业生产应"顺天之时","四时各有其务,十二月各有其宜,先时而种,则失之太早而不生,后时而艺,则失之太晚而不成"。在论述农作物栽培管理中始终强调不误农时,分析"先时"和"后时"的不利,强调要"得时",否则必受其害。民间也流传许多有关重视农时的农谚,如"人误地一时,地误人一年""节令抓不好,一年白拉倒""春争日,夏争时,一年大事不能迟"等,都说明了天时在农业生产中的生态含义。很显然,这些关于农业生产的具体化生态知识完全可以切割,而且能够在具体从事农业生产的时候,以行为教育的方式潜移默化地年复一年地点对点地进行教育,自然就可以消解追求学科知识系统所带来的巨大心理挤压感。

贺州市钟山县动物、植物对一年 24 个节气温度的变化,产生了不同的候应,基本对应情况如下表:

候应表①

节气	日期		多年平均温度	候应	
	公历	农历		动物	植物
立春	4—5/2	正月上中旬	10.7℃	斑鸠鸣叫	油菜花开、梅开二度
雨水	18—19/2	正月中下旬	11.3℃	蛰虫蠕动	草木萌动、竹笋出土
惊蛰	5—6/3	二月上中旬	14.1℃	黄莺鸣	桃花盛开
春分	20—21/3	二月中下旬	16.0℃	燕子归来青蛙始叫	油桐始花

---

① 钟山县志编纂委员会.钟山县志.南宁:广西人民出版社,1995:99-100.

节气	日期		多年平均温度	候应	
	公历	农历		动物	植物
清明	4—5/4	三月上中旬	18.8℃	虫蛇出洞 蟋蟀初鸣	映山红怒放
谷雨	20—21/4	三月中下旬	22.0℃	喜鹊雏出 布谷鸟鸣	花生发芽、早糙植秧
立夏	5—6/5	四月上中旬	23.4℃	青蛙交配	梅子果熟、草木丛生
小满	20—21/5	四月中下旬	25.3℃	蚊虫滋生	李子果熟
芒种	5—6/6	五月上中旬	26.4℃	雏鹰出巢	石榴红透
夏至	21—22/6	五月中下旬	27.6℃	蝉虫始鸣	荷花盛开
小暑	7—8/7	六月上中旬	28.6℃	稻飞虱发	粟米熟、烤烟黄
大暑	22—23/7	六月中下旬	28.2℃	萤火虫生	稻谷成熟
立秋	7—8/8	七月上中旬	27.9℃	大雁南飞	小花生登场
处暑	23—24/8	七月中下旬	27.5℃	蝉虫蜕壳	稔子果甜
白露	7—8/9	八月上中旬	26.2℃	燕子搬家	黄麻开花
秋分	23—24/9	八月中下旬	24.2℃	蟋蟀终鸣	桂花飘香
寒露	8—9/10	九月上中旬	21.8℃	黄蜂筑巢	菊花开、野栗子开口
霜降	23—24/10	九月中下旬	19.2℃	鱼游水底	茶子成熟、草枯黄
立冬	7—8/11	十月上中旬	16.3℃	蛙蛇入洞	冬豆萌芽
小雪	22—23/11	十月中下旬	13.2℃	猫伏灶台	甘蔗甜到尾
大雪	7—8/12	十一月上中旬	11.8℃	禽兽生绒裘	油茶花开
冬至	21—22/12	十一月中下旬	9.3℃	蚯蚓结	茨菇出土
小寒	5—6/1	十二月中上旬	9.0℃	鹊始巢	莲藕熟
大寒	20—21/1	十二月中下旬	8.8℃	孵小鸡	梅花傲雪

　　从这个候应表中，我们可以看到：第一，充分反映了钟山县气候条件与当地动植物之间的某种对应关系。这种对应显然不是一时一事之间的对应，而是通过长期观摩且具有相对稳定性的对应关系，具有生态知识的意义内涵。这种生态候应现象具有地方性知识特征，例如茨菇、甘蔗、稔子果等都是产自南方的农作物，可见这是当地民众生产生活的经验总结，也是农业生产与自然环境的生态知识总

结。第二,充分说明了这些基于生产生活的生态知识可以有效切割,能够以碎片化的知识形态存在。一定的节气对应一定的事象,各个事象之间没有生物学上的逻辑关系,只有生态学上的相关逻辑,因此这些表达生态意义的事象,就可以相对独立存在,亦即以碎片化的方式表达生态知识。每个独立事象所携带的生态意义并不复杂,只是表明相应的节气时日,两者之间具有某种互证关系,旨在告知民众节气的更替和动植物的特征,因此要熟知这些生态意义并不困难,也就没有学习层面的心理压力。第三,充分表明了这些事象完全是熟知的地方动物和植物,因此并不存在认知方面的困难,自然不会形成学习层面的心理压力。由于这些事象都存在于地方,完全是一种生活化的事象,大家从小玩耍的时候就开始认知,在游戏中学习,在学习中游戏,这是快乐学习的最高境界,怎么还会有什么心理压力?这就是行为教育所具有的无压力的愉悦性学习心理状态。

其次,行为教育知识碎片化消解知识系统环环相扣造成知识链条断裂的紧张感。知识教育追求建构一门学科知识系统,从最为简单的角度论述,一个知识系统的构成包括知识要素、知识层次、知识板块小系统、学科知识大系统等几个最为基本的组成部分,各个要素、层次与小系统之间具有严密的逻辑关系,不能发生断裂现象或缺失,否则就不能完整形成一个学科知识大系统。在这些基本构成要素方面,内部又包含极其复杂的逻辑关系,一个环节不能有效衔接,就会影响整个系统的建构。例如,处于最为底层的知识要素,它们不仅要素众多,而且还不是处在一个逻辑平面上,而是呈现一种多层级的立体构架。作为一门学科逻辑起点的知识要素处在基础性地位,属于关键性的核心概念,于其之上还会有重要概念、一般概念和次要概念等,它们共同形成一门学科的基础性要素。只是从逻辑上列举一些概念类型,我们就知道作为一门学术层面的学科是多么严谨,任何一个环节的缺失必定影响学科建构的严谨性,因此也就要求每个环节都必须充分掌握,否则你就是一个跛脚的学者(或读书人),这无疑会带来某种程度的紧张感。这只是就知识要素一个基础层级而言,其上的层次、小系统及大系统,内部的复杂程度不知还要复杂多少倍,许多人一辈子都不能精通一门学科,因此任何一个致力于掌握学科知识系统的人,都会不同程度地存在着知识链条断裂的紧张感,应该说,这是完全正常的一种现象。

行为教育则与此不同,它并不追求建构系统化的学科知识体系,碎片化的知识掌握原本就是它的基本目标,因此也就无所谓知识链条断裂的担忧,不会形成由此而生的心理压力。在传统社会,行为教育的基本对象是不识字的广大劳苦大众,因此不可能有着学术层面的学科知识体系追求,只是基于实用性目的而要求掌握一些相关的生产生活技能,因此必定是一种碎片化的知识传授。这种传授一般只着眼于"知其然",不要求"知其所以然",因此原本就具有知识碎片化的传授特点,自然不会因为这个缘故也形成学习者的心理压力。比如,对于"人"的教育,在知识教育方面,则需要给予"人"的学术概念,这可能就是一个永远也不能精密回答的问题;在行为教育看来,只要能够在现实生活中正确辨认即可,不必将其放在生物学视野或社会学视野,以一种学术的严谨逻辑给予系统性考究。这就是两者的差异,从事学术研究容易产生一种不能有效解决问题的心理焦虑,其于实用的行为教育能够产生一种可以解决当下现实问题的心理愉悦,因此行为教育是一种无压力的学习方式。还是回到传统文化生态观的教育传承,对于农耕社会,最需要掌握的生态思想,依然是顺应天时种植农作物。顺应天时即是"得时",既不能"先时",也不能"后时",总之,不能"失时"。如此看来,顺应天时的学习,是否容易产生知识链条断裂的学习心理焦虑呢?其实不会。顺应天时的把握,其实是行为教育之下的一种习得行为,一个人自其还是小孩的时候起,就耳濡目染地感受一年四季的农耕行为,从来都不曾中断,因为农耕生产总是年复一年地进行着。传统社会基本上是一种聚落的居住形态,即便个别人忘记天时,一时存在"失时"的可能,也会得到及时纠正,因为聚落的旁人还会依照天时种植农作物,于是有样学样,也不会错过天时,不会形成一种学习层面的心理压力。

贺州市昭平县总结了植物方面的天时物候,它们不会带给我们生态知识链条断裂的紧张感。"正月桃李开花。二月种豆种瓜,早稻浸种育秧,油桐、苦楝发芽。三月杜鹃红烂漫,油桐树叶能包蛋(能包过鸡蛋),早稻插秧忙。四月育(红)薯秧,禾苗蓬蓬长。五月早稻扬花。六月早稻开镰,荷花别样艳。七月十四拔秧地(晚稻插秧结束),得空(闲)做餐糯米糍。八月桂花开。九月菊花黄。十月柑橙、松果次第黄。十月田峒空(晚稻收完),茶果满山红。十一月冬种大忙。十二月山桃花开。"①第一,这些物候植物属于碎片化的农耕生产生态知识,完全可以实现碎片化把握,不会造成知识链条断裂的心理压力。这个涉及一年四季的物候生物,总共包括15种植物,它们虽然可以划入一定的属科类别,但毕竟也还是属于不同的植物,因此可以相对独立地进行知识把握,不会因为不认识其中一种植物,就会影响到其他植物的认知。正因为如此,对于学习者个人而言,可以从任何一

---

① 昭平县志编纂委员会. 昭平县志. 南宁:广西人民出版社,1992:84.

个时段切入认知,也可以从任何一种植物切入认知,这其中没有任何障碍,因而不会带来一种必须从头到尾才能有效认知的学习心理压力。第二,形成一个以水稻种植为基本线索的农业生产生态物候,既体现一个生产流程的知识系统性,又可以避免系统性知识的挤压感。这个对应一年四季的物候生态知识表,可以明显看出稻作文化的线索,在十二个月中,只有水稻贯穿其中,反映了水稻两季的整个生产过程。从二月的早稻浸种育秧,到六月的早稻收割,再到七月的晚稻插秧,直到十月的晚稻收割,水稻生产对应的天时,明白无误地加以总结概括,并以此向后人系统性地传播水稻种植的生态知识。照理说,系统性的知识传播容易造成一种学习心理压力,但是,我们注意到,这些所谓系统性知识,并非学术概念的逻辑构架,而是一种现象的感性提示,并且还是一种典型化的生产事象提示,本身能够以碎片化的方式存在,因此并非学术性的系统知识,自然也就没有系统性知识应有的挤压感。第三,这是一种实践性的操作知识,操作技能之间并不具有逻辑关系,可以独立操作,即可以实现一种断裂式把握。这个物候民谚并不在于传播一种学术性知识,而是着眼于告知一种依据天时变化而开展的农业生产操作性知识。这些操作性知识,可以独立操作与断裂式把握,因为不同植物之间的种植技术可以完全不同,例如种豆种瓜就与种植水稻不一样,油桐苦楝也不同于桂花菊花,因此技能技术之间没有非此不可的逻辑必然性,完全可以独立学习,不存在所谓知识链条断裂的心理压力。

再次,行为教育的形象感性思维消解知识系统的逻辑抽象性带来深入理解把握的深奥感。知识教育不仅是学科知识系统的学习,还是学术研究成果的温习,具有培养学术精神的意味,因此必然需要运用逻辑抽象来把握学科系统。逻辑抽象是一种透过现象挖掘事物本质的思维方法,事物本质既存在于事物之中,又存在于事物本身之外,因此具有某种不可捉摸的深奥感,也就必然带给学习者一定的心理压力。在这个方面,如果没有受过专门的逻辑训练,而要做出符合逻辑规律的抽象推理,确实具有一定难度,也会因此造成某种学习层面的心理压力。如果再考虑到,我们国人长期以来形成一种擅长的思维方式,那就是形象的感性思维,对于抛弃自己优势长处,而使用自己劣势短处的做法,毫无疑问容易造成一种学习层面的心理障碍,特别是对于没有接受过任何正规教育的普通民众而言,更是如此,更容易形成心理压力。

行为教育采取相反的教育方式,不仅能够避免逻辑抽象性带来的深奥感,还能够以其自身的形象感性特点,带来一种学习的愉悦与轻松。行为教育不是基于学科知识系统建构的逻辑教育,而是运用形象思维的感性教育,其以形象作为教育的语言,而不是以概念作为教育的语言,于是也就具有了形象的可感性,并由此避免了逻辑抽象性。具体可感的意象是形象思维的语言,不是抽象思维的语言,因此不会造成类似逻辑抽象的深奥感,相反,由于它切合传统文化所擅长的形象思维,以形象的方式形成生态之间的关联,不是追求形象背后的概念关系,这就必然消解探寻本质意义的抽象性,获得形象意义的轻松愉悦。行为教育不仅以具体可感的事象作为思维的语言,而且作为主体的人,不管是施教者,还是受教者,都与事象一起作为当事者共同参与整个教育过程,而不是作为第三者外在于教育过程中,于是必定可以享受教育,并由此获得教育带来的心理愉悦。

在这个方面,我们还是通过具体的农业生产经验作为论据。通常而言,田间杂草都要清除干净,不管是过去使用人工除草,还是现在使用化学除草,这样才能保证农作物的生长。其实不能一概而论,有害杂草的防除还要讲究科学性,还应注意保持农作物生长小气候的生态平衡。例如,平卧茎瓜类(如西瓜、白瓜、甜瓜等)田中的杂草不能全部除光,因日晒高温会灼伤瓜蔓,适当留草可固着瓜蔓,不致被大风吹翻而影响开花结果,同时杂草覆盖地面又可保持水土。这样一种生态关系,在行为教育方面,就是着眼于"知其然",告知学习者如何做,不必追究这种做法背后的学理依据,即是"知其所以然",或许掌握这个经验的传播者,也不知为什么。这就是行为教育,他们只享受由于教育传播带来的丰收果实,并且基于这种教育成效带来的心理愉悦。如果从知识教育的系统建构把握这种现象背后的生态关系,那么必然需要走出平卧茎瓜类田间除草这个事象本身,说明对立植物之间的生长并非都是你死我活的生长模式,还具有相互依存又相互排斥的复杂关系,一方的完全灭绝会影响另外一方的有效生长;另外一方的适当存在,不仅不会影响自己一方的生长,还会促进自己一方的有效生长。类似的例子还有野狼与山羊的故事。美国的一个国家森林公园,里面的山羊经常遭受野狼的袭击,于是大量死亡。为了挽救日渐减少的山羊,于是管理者下令大量斩杀野狼,野狼被消灭之后,山羊得到大量繁殖,但是,之后开始大量死亡。究其原因,就是没有野狼之后,山羊由此饱食终日,缺乏从前野狼追赶的奔跑,体质开始下降,免疫力开始降低,于是导致疫病丛生,死亡也随之增加。这就是生物界相生相克的生态关系,它是经过逻辑抽象,从现象中加以分析,获取现象背后的本质意义,由此上升一般规律的生态思想,并且具有一般的普遍性意义。相对而言,这就比较深奥了,不像具体事象那样形象可感,可以真切地体验、感受与触摸,因此行为教育还是比较轻松愉悦的。

二、行为教育消解课堂教学圈住的心理压力

学校教育是体制内教育,也是一种规范教育,因此必然采用课堂教学制度,虽然班级授课制起源于16世纪的欧洲,理论建构于夸美纽斯的《大教学论》,但只要是官方举办的集中教育,我们都可以把它归入课堂教学之列,因为官府都会提供特定的房屋作为学习之所。只要采取课堂教育模式,就必然携带相应的副产品,一定会在某种程度上带给学生学习上的心理压力,因为教室的封闭性、师生角色定位和包含教学任务,它们共同作用就会带来有形无形的学习心理压力。虽然这种学习心理压力利弊共存,既非一味的好,也非绝对的坏,但这里只客观上呈现压力的存在,重点不在讨论压力的效用。相对而言,行为教育因为没有课堂教学的教育传播模式,而是一种完全开放式的教育传播模式,因此也就没有起于课堂教学的学习心理压力,表现为一种轻松愉悦的学习心态。传统文化语境下的行为教育,不是一种体制内的规范教育,而是表现为民间的非正式教育,也是一种非规范的教育,因此也就没有规范带来的学习心理压力。相对于体制内规范教育的课堂教学,行为教育是一种非课堂教学的模式,没有特定的教室,主要是农业生产的田间地头,没有特定的教师,主要是村庄聚落的长者,没有特定的教学任务,主要是基于生产生活需要的劳动技能,可以说,完全是一种"三无"教育。这样一种"三无"教育,怎么可能存在如同课堂教学那样的学习心理压力?一定是一种相对轻松愉悦的学习状态,属于一种无压力的学习方式。

首先,无稳定场所的传播模式消解教室封闭性带来的有形的心理压力。体制内教育的基本物化表征就是拥有固定的教育传播场所,不管这个房屋叫作教室,还是叫作学堂或别的什么名称,这是区别行为教育的最大外在特点。房屋是一种人工建筑,通过四面圈围和天面封盖,使之与外界隔绝起来,由此形成的一个封闭性空间就是房屋。归纳房屋的特点,其核心特征就是封闭,而且还是人类的主动封闭,把人与自然隔绝开来,自己建构一个闭锁的相对独立空间。这种封闭性必然带来某种心理副产品,那就是心理挤压感,使得原本开放无所约束的心理变得有所禁锢和限制,由一种有形有限的物理空间转化变成一种有形且约束的心理压力,形成具有封闭的心理趋向,容易导致一种固着心理,包括功能固着心理、信念固着心理、注意力固着心理、角色固着心理,如此等等,把自己变成自我的囚徒。战国时期,宋国有一家人,冬天漂布,手不生冻疮不开裂,凭着这个本领,世代做着

漂布生意。原来这是一个祖传秘方的功效。一个商人路过这里，听说了这个事情，就想方设法把秘方买了下来。然后到南方去游说吴王，并且做了吴国海军头目，替吴国练兵。到了冬天，和越国打仗，吴国的海军涂了这个药物，不怕冷，不生冻疮，大败越国，因之立了大功，裂地而封。庄子说，同样是不生冻疮的方子，有的人能够利用它封侯拜将，名留万古，有的人却只能世世代代替人家漂布，永做苦力。虽然宋国人的守旧固着心理，把自己变成了自我的囚徒，并不见得是由于历史性的房屋封闭性所积淀形成，但是也不能证明与房屋的封闭性历史影像无关，不管事实怎样，房屋能够对人的心理形成某种挤压感，却是一种真实存在。只要我们对比感受，宽敞高大的房子与低矮狭小的房子，一种给人心旷神怡的审美感受，一种给人压抑不能透气的感觉，这就现实地说明房屋确实能够给人一种压抑感。虽然现代建筑并不直接给人以明显的压抑感，这其实是一种惯常化思维的结果，长期以来我们已经对此习以为常，产生了审美疲劳，进入某种程度的麻木状态，但是并不能因此就认为压抑感不存在。这种习惯了的压抑感已经积淀变成潜意识，但是它的作用始终存在，这是一个客观事实，我们必须在理性层面加以重视，在事实面前也应该有所关注。

随着地理学和心理学的发展融合，已经诞生一门边缘学科，即地理心理学，该学科就是研究地理与心理之间的关系。事实上，我们已经能够从感性层面感受地理环境与人类心理思维的某种关联。日本人有一种比较强烈的末日情结，其产生的原因，应当与其作为一个狭小岛国，不仅限制他们有效生存空间，而且还面临海洋恶劣环境的生存困扰，再加上地震频繁，不仅死亡可能随时降临，而且还不能预知，于是时常处于一种死亡的恐惧状态，然后容易形成末日心理，这应当说与地理环境具有某种关联性。相反，中国人则没有末日情结，这应当也与广大的内陆环境紧密相关，西面是广袤的内陆沙漠，有昆仑山、念青唐古拉山、喀喇昆仑山、天山、阿尔泰山和帕米尔高原巨大山脉环绕，西南面是青藏高原、喜马拉雅山、冈底斯山、唐古拉山和横断山脉，南面有云贵高原、南岭、十万大山和六万大山等，北面是阴山和一望无际的蒙古草原，东北面是大兴安岭、小兴安岭和长白山，东面是广阔的太平洋。这样的地理环境不仅具有充分的内陆回旋空间，而且还是一个相对封闭的安全地理空间，因此传统的大陆文明把中国人束缚在土地上，五十亩地一头牛，老婆孩子热炕头，成为中国人的向往，也成就了中国人安于现状的思维模式。由此，我们也真实地感受了人类的生活环境，确实能够在某种程度上影响着人的心理状态，甚至积淀形成某种具有普遍性的性格。

　　行为教育是一种基于生产生活的技能教育,因此它的教育场所就是劳动场所,在哪里劳动,那里就是所谓的"教室",可以在房屋之内,也可以在村社凉亭,更可以在田间地脚,而且主要的教育场所就在大自然底下的天地之间。置于天地之间的田地,其物理空间是广袤无垠没有边界,不像房屋教室那样总是在砖墙阻隔着,于是人的心灵就不会受到任何阻隔,完全可以天马行空,并且与天地融为一体。没有边界,人的视觉范围就不会受到局限,可以达到人的目力所及,从理论上说,就可以达到无限级别。心理学显示,物象可以积淀心象,心象可以外化物象,两者具有互渗关系。于是,在这样的物理影像观照下,人就容易生成无限的心象,也就不容易形成一种狭隘心理,而是具有一种无比宽广的胸怀,自然也不会产生一种基于自然环境压迫之下的学习心理压力。不仅如此,作为教育传播之场所的劳动田地,从来都不是固定一处,而是随着劳动进程的推进,作为具体一个点的劳动场所也必然随之变换,呈现出教育场所不断变迁的更新态势,于是,每天都能够给人以新鲜感。这种新鲜感能够有效地消解始终在一个教室上课所带来的审美疲劳,当一个人处于审美疲劳状态,不仅容易造成思维迟滞,而且容易形成思维定势,不能保持有效的创新思维。不断转换场所得到的新鲜感,不仅可以保持认知的兴奋度,可以更加容易发现外界事物之美,而且能够有效拓展思维空间,可以通过外物新刺激形成联想思维,从而打破思维定势的惯性,生成一种无限宽广的思维心理,自然也就能够消解封闭性心理趋向。返回大自然的课堂教育传承模式,之所以能够获得无所企及的宽广胸怀,能够摆脱人造环境带来的封闭性心理,完全得益于大地母亲的恩赐,因为人就来自地母。天行健,君子以自强不息;地势坤,君子以厚德载物。这里提示了天地两个基本特性,一是生生不息,周而复始,永无止境;二是化生万物,包容万象,化万为一。人是地母的儿子,从脐带血中已经携带天地的基因,必定具有天地情怀的潜能。潜能只是一种潜能,并不能保证能够真正化为实际存在,因为人在成长过程中出现不断人化的现象,也即是不断远离大自然之母的过程,因而天地之情怀也在不断潜入潜意识,只是作为一种可能的存在。房屋的建造就是这样一个不断人化的过程,也是不断远离地母的过程,同样也是不断疏离天地情怀的过程。现在,以大自然为课堂,不仅是亲近大自然的过程,也是师法自然的过程,还是唤醒人类原有天地情怀的过程,因此以宽广无垠的田地作为教育传播场所,有利于生成一种宽广胸怀,自然也就能够消解学习带来的可能心理压力。

　　什么是生态?生态的核心是反映天地之间的自然关系,作为一个一体存在,既具有最为简单的天地两极关系,又具有基于天地衍生的庞大复杂无止境的多极关系。就地母而言,有生物与非生物的关系,生物之下有动物、植物和微生物的关系,植物之内存在属种科目的关系,如此不断往下细化就会形成以至于无穷无尽的生态关系。但是,其上溯至原初,也就是天地之间的自然关系,因此就是这样一个既简单又复杂的关系系统。对于这个系统的认知,那是永远在路上的过程,永远没有穷尽的一天,因此对于天地自然关系的生态认知,最佳的认知路径就是返回自然。因为所有的生态知识,以至于形成的生态理论,都是对于天地自然关系的认知总结,因此必须在天地自然中,才能真正获得自然关系的真实状态,也才有可能纠偏认知的差距。既然生态知识来自天地大自然,以大自然作为知识传播的教育场所,就能够有效地贴近对象本身,有利于更好地体悟知识产生的过程,更易于形成生态能力。特别是行为教育本身是一种实践性教育,其意旨在于造就运用生态知识,服务日常生产生活的能力,因此以贴近大自然的方式进行现场教育,不仅能够增强感性认知,而且可以参与实践活动,以一种亲身体验的方式将知识转化变成实践能力,从而达到行为教育应有的效果。

在长期的农业生产实践中,我们发现农作物之间具有相生相克的生态关系,那是指称两种或两种以上农作物种植在一起,双方分泌的杀菌素、生长素、有机酸、生物碱等化学物质直接或间接地影响对方的生长。促进双方正常生长的为"相生",反之,则为"相克"。例如,玉米和豆科作物、魔芋和玉米、向日葵等高秆作物,大蒜、韭菜与大白菜、包心菜等十字花科作物,大豆和蓖麻,洋芋和菜豆,洋葱和胡萝卜等农作物,它们具有相生的生态关系。而南瓜与马铃薯、葡萄与柏树、高粱与芝麻、核桃与苹果、葡萄与花椒等农作物,它们之间则是一种相克的生态关系。这些具体农作物之间相生相克关系的生态知识,不是凭空想象出来的关系,而是师法自然的结果,是前人长期以来生产实践的总结。这种总结不应该止于个人,而应当把它变成一种知识的存在形态,通过世代相传的方式传播生态知识,以便提高人类利用自然的能力。这些生态关系一旦变成了知识,自然可以在教室里传授,使得学生不必亲自实践便可获得相应的生态知识及理论。然而,由于那是书本知识的传授,就有可能封闭在掉书袋的层面,不能转化变成实际的生态能力,并且因为是基于记忆的知识,就可能受到记忆规律的影响,于是容易形成一种学习心理压力。以大自然作为教育传播场所,在从事这些农作物真实的生产劳动实践中进行相生相克的生态关系教育,就能够以感性的方式克服抽象知识记忆的不足,可以达到实践掌握的作用。因为是一种亲历的实践,并且是一种感性事象的方式进行传承教育,因此就不会存在基于理性抽象的深奥感,也不会形成相应的学习心理压力。同时,因为田野是一个开放式的教育场所,完全可以全身心与地母相交融,可以获取天地之信息与能量,因此也不会生成人造环境所影射的封闭心理,可以造就全开放的接纳心理,由此也提高传播的教育效果。

前面所举例子,其生态关系还是比较笼统,只是说明相互之间具有的相生相克关系,抽象记忆也可以较好地掌握相关的生态知识。但是,如果涉及更为详细的操作性技术,只靠死记硬背式的学习,那么即使完全记住,也只是掉书袋,没有真实的意义。这个时候,就必须通过实践,才能真正化为应用技能,于是也就要求回归自然状态进行操作性学习,在自然的广阔天地中开展教育传播工作。在"种西瓜、甜瓜时,可先种特种食虫植物猪笼草和食虫花。每667平方米种130株猪笼草,能吸食80%的害虫;每667平方米种500株食虫花,能有效粘食90%的害虫。猪笼草开花结实时,草籽气味能使西瓜、甜瓜受刺激后加速膨大,使瓜长得又甜又大。白菜、油菜、生菜地里先种大蒜和食虫花。大蒜幼苗能驱使鳞翅目害虫不敢在菜叶上轻易产卵,食虫花花开后,能有效地粘食各种吃叶类害虫,从而有效提升蔬菜无公害市场价值。"①这是相生的植物种植技术,不仅说明具体的农作物之间的相生关系,而且还提供了具体的技术数据,这就必须在师法自然的反复实践中摸索测试获得。而要准确掌握这些技术,就不能局限在课堂教学层面,只有在实践中,才能真切体验及把握内在的生态关系,因此作为劳动场所的田野是最好的场地。或许,还可以在不断实践与师法自然的过程中,冲破原有的技术范式,改进原有的种植技术,获得一种创新性的成果。这不是没有可能的,因为理论总是灰色的,自然之树常青,实践之树常绿,这就是自然赋予的神奇魅力和无限创造力。

相生植物可以通过实践种植的方式传播生态知识,相克的农作物一般都不会运用种植的方式说明它们不能间种或套种,通常是在传播相生植物生态知识的时候,以提醒的方式告知哪些农作物相克,因为农民不会以失败为代价传播生态知识,那样大家会觉得耗不起。例如,"芫荽、芹菜、芥苣、甘蓝属产生芥子气类植物,勿与西红柿、马铃薯、菜花混种。因前类植物所产生芥子气体和西红柿、马铃薯分泌气味相克,菜花开花受其味侵害菜盘会变小而减产。种有食用花类香味菜如桂花、茉莉、菜花、金针黄花的温室大棚中,不可栽种夹竹桃。因夹竹桃开花时挥发

---

① 王立业. 种植业依据相亲相克原理合理搭配. 农业新技术,2007(6):9.

水杨氰碱毒气,会使花菜基因受侵害,导致其外观再好看也不能食用"。① 这里有着更多实验室实验的味道,使用了一些植物学上的术语,说明植物之间的相克生态关系。但是对于普通农民而言,不需要了解其中的为什么,只要知道结果即可。这种具体农作物之间的相克关系,都是经历失败之后的生产劳动经验总结,因此具有较为深刻的印象,都会注意把这种失败的教训告知后人。在相生植物的正面教育下,辅之以反面的失败教训,虽然没有直接的种植实践,也能够给人强烈的感性印象,这就是田野教育的好处,可以消解课堂教学的死记硬背,从而获得真实有用的生态知识。植物之间存在相生相克关系,大道理容易懂,但是具体到个别农作物,往往需要在生产劳动实践中摸索,才能逐一把握。例如,苦瓜与丝瓜是否可以间种或套种,这就是区别在相间的距离,紧挨一起则丝瓜变成苦瓜,因为丝瓜会带上明显的苦瓜味道,相距较远距离,则基本上能够互不干扰,但是这个最佳距离则需要实践中摸索。因为它们与种植环境相关,包括地势、风向等,因此不能在理论上一刀切,也就是说不能局限于课堂教学,必须回到田野实践中去。只有如此,才能真实把握植物之间的生态关系。

其次,无固定教师的传播模式消解师生角色带来等级的人际压力。传统文化强调师道尊严,师生之间明显没有平等关系,教师位于学生之上,形成一种等级分明的人际关系,因而也会造成学生的人际紧张的心理压力。现代教育提倡师生人格平等,师生之间应该建立一种朋友关系,要求建构一个"以学生为本,以学生为主体"的新型教育关系,但是由于在行政管理方面师生之间处于管理与被管理、在课堂教学方面师生之间处于施教与受教、在思想品德教育方面要求教师言传身教、在年龄方面师生之间处于长辈与晚辈等各种现实关系,因此也不可能做到绝对意义的师生平等没有等级,依然存在角色不同所带来的人际压力。这种压力的存在,一定程度上会影响学习心理,也同样有可能造成学习压力。

可以说,行为教育基本上没有因为角色不同所带来等级的人际压力,这可以在三个方面得以说明:一是行为教育的施教与受教之间,没有明确的师生或师徒意识。传统文化都有一种拜师仪式,以便确立相互之间的师徒关系,这就说明相互之间具有明确的师徒意识,其师徒关系也因此得到民间公众的认可。在闽台地区,"一般的拜师程序如下:备好帖子和见面礼,托熟人或担保人带到师傅面前,引见人介绍学徒的家庭情况和灵巧程度,师傅提问面试,再决定收不收徒。接受见

---

① 王立业.种植业依据相亲相克原理合理搭配.农业新技术.2007(6):9.

面礼,表示师傅接受此人;否则,表示不接受。学徒若被接受,要磕头谢恩;师傅则以四色礼品敬祀行业祖师爷,并召集其他徒弟参加。先由师傅焚香向祖师祷告什么时辰又收了什么徒弟,然后令新学徒跪拜祖师神位,聆听师傅的教诲和训诫。学徒在祖师像前叩拜师傅和各位师兄之后,正式确定师徒关系。"①虽然各地的拜师仪式有所不同,但是都必须经过这个门槛,才能进入行业向师傅学习技艺,才有可能成为行业内的专家,这基本上是通例。凡是进行拜师仪式的双方,也就表明相互之间具有了明确的师徒意识,或者表明双方之间具有了技艺相授的权利与义务。但是,通常的行为教育都没有这个环节,相互之间都不认为存在师徒关系,因此当他们之间发生施教与受教关系的时候,就不会产生基于师徒身份的人际关系压力。二是行为教育没有建立明确的师徒关系,个人之间的身份处于随时变动状态。行为教育区别于行业拜师学艺的一个重要不同,就在于学习的随机性,没有明确的施教与受教关系,也没有明确的学习时间,一切都是随缘,表现为一种"见子打子"的学习方式。这种施教与受教的非一一对应关系,使之不可能真正建立稳定的师徒关系,只能是临时性的学习关系,因此不会造成身份角色不同所带来的人际压力。施教与受教还具有角色的不稳定性,即使是相同的一个人,既可以是此时的受教者,也可以是彼时的施教者,完全视其对于具体事物的生态关系情况把握程度而定,也视其当时的具体环境而定。既然施教与受教都是临时组合,就不会形成传统文化师徒关系的敬畏,相互之间就完全有可能处于平等的社会关系生态位,于是心理之间也处于无压力的人际关系状态。三是行为教育讲究在一个实践平台上劳动,相互之间只是在劳动中予以必要地点拨,没有专门特意的生态知识传授。在这样一个生产生活实践过程中,谁也没有义务必须传授生态知识,只是在恰当的时候,在看到对方明显违反生态知识,或者根本不能从事规范的实践之时,施教者出于好心好意,才自动地予以纠正并进行必要地点拨与传授,于是临时性形成一种施教与受教的关系。在这个学习活动中,不是一个以师傅身份出现,另外一个以徒弟身份出现,相互都是以劳动者的身份出现,于是完全可以处于平等的社会生态位,因此不会造成一种相互之间的人际压力。

再次,几乎无任务的传播模式消解教学任务带来无形的学习压力。作为体制内的学校教育必然规定有不同层面的教学任务,最大层面就是国家的教育方针,然后有各门科目的课程标准(教学大纲),在地方教育行政部门方面,依照管理权

---

① 刘芝凤. 闽台传统手工技艺文化遗产资源调查. 厦门:厦门大学出版社,2014:296.

限对学校德智体美劳等各项工作进行的考核检查,在具体学校方面,则科目的课程考核检测和及格率、优秀率和升学率等各项指标的考评,对于教师而言,需要完成教学计划,完成学校规定的考核指标,对于学生而言,需要完成学习任务,获得及格以上最好是优秀的成绩。可以说,体制内教育是从上到下,从学生到老师再到教育管理者,每个人每个层级都有任务和压力,真正是"教育任务人人挑,人人身上有指标",因此教育压力传导到每个人每个层级,普遍处于一种压力状态。

行为教育相对于体制内教育而言,它是属于体制外的民间教育,或者说属于私人化的个体教育,因此体制内学校教育基于教学任务的心理压力,基本上不存在。这主要是由三个方面决定的:一是没有确定的老师,因此谁都没有责任和义务向他人传授生态知识。在传统农耕社会,由于广大从事一线社会生产的劳动者,基本上没有受教育的学习机会,因此只能在实践中通过自我摸索和向他人学习,由此获得从事社会生产生活所必需的生态知识。基于此,从理论上讲,随着年龄的增长和社会实践的增多,其所获取和掌握的生态知识就越多,因此越是年长,就越有资格担任教师角色,所谓"走过的桥比你走过的路还多""吃过的盐比你吃过的米还多"就是这个意思。这只是一个必要条件,说明具备了向年轻人传授生态知识的基础条件,但不是充分条件,也就是说并非年长就必然承担教师的责任与义务。是否承担这个责任,不仅取决于年长者本人,也取决于年轻人本身,还取决于即时的环境条件,以及其他相关的影响条件,因此哪个人恰巧担任教师角色,确实具有某种机缘性,属于一种低概率事件。正因为行为教育的教师角色属于低概率事件,因此不仅面向所有可能的教师角色者,没有基于教学任务的心理压力,而且即使是偶然承担教师角色任务的施教者,因为是临时建立的一种师徒关系,也不会形成一种基于教学任务的心理压力,总之,大家都没有基于教学任务的心理压力。二是由于学习的随机性,受教者也没有一次性必须学会学懂的学习压力,同时,由于生态知识的学习是基于生产生活的需要,因此不仅没有被动学习的心理压力,反而有着主动学习的心理欲求,于是具有内在的学习心理愉悦。农耕社会是一个慢生活的社会,社会生产的创新性不强,或者说不是体现一种快节奏的生活状态。这样一种状态下的社会生产,其生态知识的积累速度也不快,可以说几十年甚至上百年都在重复着原有的知识,因此受教者不在乎一时半刻是否学会学懂,总是认为长长的人生肯定可以掌握基本的知识与技能。确实如此,因为农耕社会运用的生态知识,基本上直接体现在农业生产上,不仅一年四季周而复始,而且种植技术也没有什么变化,并且村庄聚落还是一个生产组织,因此只要有人掌握基本的农业生产生态知识，就可以依样画葫芦，有样学样，不必担心错过季节生态，因此没有一种学习的紧迫感。虽然没有赶时间学习的紧迫感，但由于是自己从事农业生产，而且还是一种私有制下的生产，农业收成的好坏直接影响到自己的生活质量，因此却有一种内在自发的学习主动性。希望通过掌握必要的农业生产生态知识，既可以做到不求人，也可能获取更好的收成，因此这种学习不是被动性的学习，而是具有主动学习的心理期待。现代教育心理学认为，凡是充满心理期待的主动学习，学习就不是一种无奈行为，而是一种享受与愉悦，因此必定没有基于学习的心理压力感。三是行为教育没有第三方的检查机制，教得对与错，质量如何，效果怎样，都不会受到追责，自然也就没有任何压力。行为教育因为是民间自发性的教育，因此没有特定机制加以约束，不存在任何第三方的检查督促机制，因此不管是施教者，还是受教者，都没有基于被检查的一种心理担忧，都是一种全放松状态的教与学。从某种意义上说，全放松心理状态的教学，正是我们今天体制内教育应该追求的目标。

三、行为教育消解作息制度控制的心理压力

时间，对于现代人来说，真的是太平常不过的事情了，一天到点该干吗干吗去，基本上没有想时间是怎么一回事，是从来都是如此。其实不然，古人与今人对于时间有着不同的概念、不同的体验。在计时工具尚未诞生之前，特别是精密的钟表尚未发明制造出来以前，古人的时间概念是连续性的整体存在，具有某种模糊的特性。自从时间被计时之后，连续性的整体时间不存在了，时间被分割变成一个一个的小片断，长度可以被计量，片断时间可以被分割使用，这就是现代人的时间概念，一种碎片化的时间概念。

时间碎片化的制度性安排，就是被制作成为作息时间表，使得原来可能是隐性的时间分割真正变成显性的碎片化时间，每个人都可以看懂的时间碎片。作为被制度化安排的时间碎片，就是从制度层面规定个人的时间使用，这个时间碎片是工作，那个时间碎片是吃饭，另外一个时间碎片是休息，总之，不是个人能够自由自主安排，而是被制度强迫性安排。作为作息制度，不是一天如此，不是一周如此，而是长年累月如此，于是不仅时间被碎片化，人也由此被碎片化，人不是时间的主人，而是变成了时间的奴隶，人就在时间碎片化中被异化，成为异化的人。变成了时间奴隶，而且还是被碎片化的异化人，其心理状态还能够回到过去那种浑然一体，与天地共生的美好状态吗？显然不能，一定会不同程度地存在心理碎片

化现象,不仅一个完整的人格难以存在,而且还会出现基于心理压力的身体亚健康状态,甚至出现心理扭曲、心理偏执、心理臆想等精神类疾病,造成生理与心理的不平衡。

体制内的学校教育都使用作息时间表,这也成为规范教育的一个标志,或者说,没有作息时间表的教育不可能是制度化的教育,因此作息时间表对于学校是必须的常态。如前所述,作息时间表就是把时间碎片化,碎片化的时间使得人变成时间的奴隶,也造成人的心理失衡,自然也必定对学生造成心理压力。那么,作息时间表对于学生的约束主要通过三个方面实现:行为控制、身体控制和心理控制,并由此形成一种学习心理压力。

所谓作,本义是开始,引申为振兴、劳作,即规定这是工作的时间;所谓息,本义是呼吸,引申为止息,即休息,即规定那是休息的时间,因此作息时间表能够对人的行为加以控制,规定特定时间学生必须做什么,不能做什么。这种作与息,既不是个人意识下的愿望,也不是人体生理的自然反应,而是外在要素的强制规定,是对个体行为的强制性要求。我们都说,放假的时候,睡觉可以睡到自然醒,这是遵从身体生理行为的自然反应,属于身体行为不受作息时间表控制的自然现象。反之,在上班工作期间,人的睡眠行为受到作息时间表的控制,到点则必须起床,必须及时进入作的时间,开始作的行为,可见身体受到作息时间表的控制。下面我们就列举从幼儿园到大学的一些个案作息时间表,看看作息时间表是如何控制学生个体行为的。

深圳市福田区机关第二幼儿园作息时间表

小班作息时间:

7:30 - 8:00

生活内容:幼儿入园晨检、晨运及早操

要求:教师热情接待幼儿及家长,组织鼓励幼儿准时来园及积极参与晨间活动,照顾个别幼儿的情绪并给予指导。幼儿早操时,鼓励幼儿积极愉快的参与。

8:00 - 8:30

生活内容:早餐

要求:观察幼儿进餐、为幼儿提供良好的进餐环境、养成良好的进餐习惯等。

8:30 - 9:45

生活内容:区域及上午学习活动

要求:老师结合小班孩子的特点,以游戏的形式开展有趣的学习活动,在区域自选活动中,结合孩子的年龄特点提供适宜的操作材料,材料卫生、环保、安全,照顾不同孩子的兴趣和需要(材料更多来自孩子的生活),为幼儿提供表现、探索的机会,充分调动孩子参与活动的积极性、主动性。通过探索活动,培养孩子良好的习惯,促进幼儿全面整体素质的提高。

9:50 – 10:10

生活内容:户外后的整理盥洗及吃水果

要求:加强小班幼儿生活自理能力等的培养。孩子在吃水果时进行相应内容的渗透教育,提醒孩子注意个人和班级的环境卫生。

10:15 – 11:10

生活内容:户外活动

要求:有目的、有计划地开展形式多样、生动有趣的体育游戏或户外活动,鼓励幼儿积极愉快的参与。

11:20 – 12:00

生活内容:幼儿午餐

要求:鼓励幼儿吃完自己的一份饭菜,为幼儿创设愉快进餐的氛围,养成幼儿良好的进餐习惯。

12:10 – 14:40

生活内容:幼儿午睡

要求:做好交接班工作,保育老师做好幼儿的看睡工作。

15:40 – 15:30

生活内容:起床及幼儿午点

要求:做好幼儿的配餐工作,养成良好的进餐习惯,加强幼儿良好生活卫生习惯的培养。

15:30 – 16:10

生活内容:户外活动

要求:有目的、有计划地开展形式多样、生动有趣的体育游戏或户外活动,鼓励幼儿积极愉快的参与。

16:10 - 16:25

生活内容:户外后的整理工作及喝牛奶

要求:结合我园提出的牛奶工程,每天下午让孩子都能喝上一杯牛奶,增强孩子身体的抵抗力等。

16:25 - 16:45

生活内容:下午学习活动

要求:老师结合小班孩子的特点,以游戏的形式开展有趣的学习活动。

16:45 - 17:00

生活内容:户外及离园前活动

要求:做好离园前的各项准备工作(整理书包、着装等),并与家长进行沟通交流。

中班作息时间:

7:30 - 8:00

生活内容:幼儿入园晨检、晨运及早操

要求:教师热情接待幼儿、家长,组织鼓励幼儿准时来园及积极参与晨间活动,照顾个别幼儿的情绪并给予指导。幼儿早操时,精神饱满,动作有力,愉快参与。

8:00 - 8:30

生活内容:早餐

要求:观察幼儿进餐、为幼儿提供良好的进餐环境、养成良好的进餐习惯(提醒幼儿餐前洗手等)

8:30 - 8:45

生活内容:餐后自由活动或各班根据需要进行谈话、半日活动安排或英语等活动

要求:组织幼儿进行餐后活动(如自选、谈话等),做好户外活动前的准备工作。

8:50 - 9:50

生活内容:户外活动

要求:有目的、有计划地开展形式多样、生动有趣的体育游戏或户外活动,鼓励幼儿积极、愉快地参与活动。促进幼儿健康成长。

9:50 - 10:05

生活内容:盥洗及吃水果

要求:让孩子在吃水果时进行相应内容的渗透教育,提醒孩子注意个人和班级的环境卫生。

10:10 - 11:15

生活内容:区域及上午学习活动(有小组、分两大组及集体等活动形式)

要求:老师有计划、有目的地组织孩子进行主题、艺术、语言、数学等探索活动,在区域中,给孩子提供丰富的操作材料,材料卫生、环保、安全,照顾不同孩子的兴趣和需要,为幼儿提供表现、探索的机会,充分调动孩子参与活动的积极性、主动性和创造性。通过探索活动,培养孩子良好的习惯,促进幼儿全面整体素质的提高,为幼儿的终身发展奠定扎实的基础。

11:15 - 11:30

生活内容:餐前语言、对半日活动的小结及餐前盥洗活动

要求:各班根据需要进行餐前语言训练或半日活动小结,有序地组织幼儿进行餐前的盥洗活动。

11:30 - 12:10

生活内容:进餐及餐后散步

要求:组织幼儿愉快的进餐,培养孩子良好的进餐及生活卫生习惯。提醒幼儿餐后不做剧烈运动。

12:10 - 14:30

生活内容:幼儿午睡

要求:做好交接班,保育老师做好幼儿的看睡工作。

14:30 - 15:00

生活内容:幼儿午点

要求:做好幼儿的配餐工作,加强幼儿良好生活卫生习惯的培养。

15:10 - 16:00

生活内容:艺术特色交流活动、个别教育活动或自选活动。

要求:我园是艺术特色教育活动,特色活动渗透在一日活动的各个环节中,孩子结合自己的兴趣、需要选择参与艺术特色活动,在艺术活动中陶冶孩子的性情,让孩子间有更多沟通交流的机会,提高孩子的整体素质。

16:00 - 16:10

生活内容:喝牛奶

要求:结合我园提出的牛奶工程,每天下午让孩子都能喝上一杯牛奶,增强孩子身体的抵抗力等。

16:10 - 16:45

生活内容:户外活动

要求:有目的、有计划地开展形式多样、生动有趣的体育游戏或户外活动,鼓励幼儿积极、愉快地参与活动。促进幼儿健康成长。

16:45 - 17:00

生活内容:户外及离园前活动

要求:做好离园前的各项准备工作(整理书包、着装等),并与家长进行沟通交流。

大班作息时间:

7:30 - 8:00

生活内容:幼儿入园晨检、晨运及早操

要求:教师热情接待幼儿及家长,组织鼓励幼儿准时来园及积极参与晨间活动,照顾个别幼儿的情绪并给予指导。幼儿早操时,鼓励幼儿积极愉快的参与。

8:00 - 8:30

生活内容:早餐

要求:观察幼儿进餐、为幼儿提供良好的进餐环境、养成良好的进餐习惯等。

8:30 - 9:45

生活内容:区域及上午学习活动

要求:老师结合大班孩子的特点,以游戏的形式开展有趣的学习活动,在区域自选活动中,结合孩子的年龄特点提供适宜的操作材料,材料卫生、环保、安全,照顾不同孩子的兴趣和需要(材料更多来自孩子的生活),为幼儿提供表现、探索的机会,充分调动孩子参与活动的积极性、主动性。通过探索活动,培养孩子良好的习惯,促进幼儿全面整体素质的提高。

9:50 - 10:10

生活内容:户外后的整理盥洗及吃水果

要求:加强大班幼儿生活自理能力等的培养。孩子在吃水果时进行相应内容的渗透教育,提醒孩子注意个人和班级的环境卫生。

10:15 - 11:10

生活内容:户外活动

要求:有目的、有计划地开展形式多样、生动有趣的体育游戏或户外活动,鼓励幼儿积极愉快的参与。

11:10－11:20

生活内容:餐前准备或餐前语言训练等

要求:各班根据需要进行餐前语言训练或半日活动小结评价,有序地组织幼儿进行餐前的盥洗活动。

11:20－12:00

生活内容:幼儿午餐

要求:鼓励幼儿吃完自己的一份饭菜,为幼儿创设愉快进餐的氛围,养成幼儿良好的进餐习惯。

12:00－12:10

生活内容:餐后散步

要求:提醒幼儿餐后不要做剧烈运动。

12:10－14:40

生活内容:幼儿午睡

要求:做好交接班工作,保育老师做好幼儿的看睡工作。

14:40－15:30

生活内容:起床及幼儿午点

要求:做好幼儿的配餐工作,养成良好的进餐习惯,加强幼儿良好生活卫生习惯的培养。

15:30－16:10

生活内容:户外活动

要求:有目的、有计划地开展形式多样、生动有趣的体育游戏或户外活动,鼓励幼儿积极愉快的参与。

16:10－16:25

生活内容:户外后的整理工作及喝牛奶

要求:结合我园提出的牛奶工程,每天下午让孩子都能喝上一杯牛奶,增强孩子身体的抵抗力等。

16:25－16:45

生活内容:下午学习活动

要求:老师结合大班孩子的特点,以游戏的形式开展有趣的学习活动。

16:45 – 17:00

生活内容:户外及离园前活动

要求:做好离园前的各项准备工作(整理书包、着装等),并与家长进行沟通交流。

2014 – 2015 学年厦门市小学作息时间表①

时段	内容	时间
上午	第一节	8:00—8:40
	第二节	8:50—9:30
	大课间体育活动	9:30—9:55
	第三节	10:05—10:45
	眼操	10:45—10:50
	第四节	11:00—11:40
下午	第一节	14:15—14:55
	眼操	14:55—15:00
	第二节	15:10—15:50
	活动时间	16:00—16:30
备注	1. 小学 1 – 2 年级下午只上 1 节课,当天无体育课的班级,应在眼操后组织学生进行 40 分钟的体育活动,当天有体育课的组织 40 分钟艺术、科技活动,下午 15:40 分放学;3 – 6 年级当天无体育课的班级,下午第二节后的活动时间应组织学生进行 30 分钟的体育锻炼;当天有体育课的班级可组织个别辅导(每班人数不多于 10 人)或艺术、科技活动,但辅导和活动时间不得超过 16:30;未参加辅导学生要求 15:50 放学离开教室。 2. 全面实行大课间体育活动制度,每天上午统一安排 25 – 30 分钟的大课间体育活动。 3. 每周一的第一节安排升旗仪式(8:00 开始),因升旗仪式占用的课时在当天下午增补一课时(周一 1 – 2 年级下午第 2 节时间为 15:10 – 15:50,放学时间为 16:30 分;3 – 6 年级下午第 3 节时间为 16:00 – 16:40,当天没有体育课的学生照常安排体育锻炼活动,放学时间为 17:00 分) 4. 10 月 1 日至次年 4 月 30 日下午上课时间为 14:15;5 月 1 日至 9 月 30 日下午上课时间为 14:45,作息时间顺延。

---

① 21 世纪教育. http://news.21cnjy.com/A/130/117/V78686.shtml

重庆南开中学(初中)作息时间表(夏时制)①

上午	
7:30——7:50	早自习
8:00——8:40	第一节课
8:40——9:00	课间操
9:00——9:40	第二节课
9:50——10:30	第三节课
10:40——11:20	第四节课
11:35——12:15	第五节课
下午	
14:30	预备
14:40——15:20	第六节课
15:35——16:15	第七节课
16:30——17:05	第八节课
晚上	
18:30——20:20	初一、二晚自习时间
18:30——22:00	初三晚自习时间
22:30	熄灯

衡水中学(高中)作息时间表②

5:30 起床

5:45 早操

6:00 – 6:30 早读

---

① aoshu 奥数网/中学库. http://school. aoshu. com/school/sxgl/114823/zxsj/

② 东湖社区 http://bbs. cnhubei. com/thread – 3097836 – 1 – 1. html

6:30 - 7:10 早饭

7:10 - 7:35 早预备

7:45 - 8:25 第一节

8:35 - 9:15 第二节

9:25 - 10:05 第三节

10:05 - 10:30 课间操

10:30 - 11:10 第四节

11:20 - 12:00 第五节

12:00 - 12:45 午饭

12:45 - 13:45 午休

13:45 起床

14:05 - 14:45 第六节

14:55 - 15:35 第七节

15:35:15:55 眼保健操

15:55 - 16:35 第八节

16:45 - 17:25 第九节

17:35 - 18:15 第十节

18:15 - 18:50 晚饭

18:50 - 19:10 看新闻

19:15 - 20:00 晚一

20:10 - 20:55 晚二

21:05 - 21:50 晚三

21:50 - 22:10 洗漱

22:20 寝室熄灯

南京师范大学作息时间表①

	上课节次	时　间
上午	第 1 节	8:00 – 8:40
	课间休息	8:40 – 8:45
	第 2 节	8:45 – 9:25
	课间休息	9:25 – 9:40
	第 3 节	9:40 – 10:20
	课间休息	10:20 – 10:35
	第 4 节	10:35 – 11:15
	课间休息	11:15 – 11:20
	第 5 节	11:20 – 12:00
	年间休息	12:00 – 13:30
下午	第 6 节	13:30 – 14:10
	课间休息	14:10 – 14:15
	第 7 节	14:15 – 14:55
	课间休息	14:55 – 15:10
	第 8 节	15:10 – 15:50
	课间休息	15:50 – 15:55
	第 9 节	15:55 – 16:35
	晚餐	17:00 – 18:30
下午	第 10 节	18:30 – 19:10
	课间休息	19:10 – 19:20
	第 11 节	19:20 – 20:00
	课间休息	20:00 – 20:10
	第 12 节	20:10 – 20:50

　　如果我们认真分析这四个学段的作息时间表,就可以发现几个问题:第一,作息时间表确实把一个完整的时间加以碎片化,将可以利用的时间尽可能地体制性占用,显示出强烈的控制性。这种控制不是一种模糊性的控制,而是一种精确的

---

　　①　南京师范大学. http://www.njnu.edu.cn/Link/timetable.html

控制,将时间单位切分精确到分钟,完全显现工业化机械性特征,还体现现代社会理性思维的精确性要求。在一天24小时里,作息时间表基本上完全控制了人的有效活动时间,除了人的身体生理需要必须睡眠的深夜时间外,其他时间都被划入作息时间表规定的范围以内,也就是说,几乎所有能够作的时间,都被有效地控制起来,个人基本上没有支配时间的自由与可能。这种因于时间的碎片化,本质上就是对于身体的切割,也是对于心理的切割,使得身体和心理都处于不完整状态,于是心理压力必然随之生成。第二,运用时间的碎片化,统一规定在校学生的做事行为,规定什么时间学习,什么时间休息,什么时间吃饭,什么时间睡觉,所有学生统一行动,个人没有行动的自由。从小学到大学,从作息时间表中,我们可以看出主要规定了上课、课间休息、体育活动与眼保健操等基本行为,同时隐含规定了吃饭和午休晚休的时间。幼儿园的作息时间表,其规定的幼儿行为更加具体,从晨运到散步,从区域学习活动到户外活动,从餐前谈话、午餐到午点,从午休到起床、盥洗,从喝牛奶到吃水果,从接园到离园,完全是一种生产线上的流水操作,完全细化了老师和学生的日常行为。幼儿已经不能像未上幼儿园之前那样,完全按照自己的生理需求进行吃喝拉撒睡,幼儿的行为开始受到作息时间表的约束。但是,从生物性层面看,没有哪一种动物表现得如此统一行动的吃喝拉撒睡,即使是群居生活的动物也不会具有如此统一性,而是遵从各自的身体生理反射条件,表现为各不相同的吃喝拉撒睡节奏,呈现完全多样化的生活特性。其实,作为动物的人,如果放任自然的生理反应,也必然表现不同的生活节奏,饿了就吃,渴了就喝,涨了就拉,困了就睡,每个人吃喝拉撒睡的时间节点都会各不相同,不可能所有人同时饿、同时渴、同时胀、同时困,于是在放假时期,我们就可以看到不同的早餐时间,这就是明证。这种遵从个体不同生理需求的生活节奏,最具有自然人性,因此也最没有心理压力,因为人不会被时间碎片所切割,不会产生切割引发的内心痛楚与紧张。把原本应该表现多样化的生理需求,通过作息时间表的规定,使得每一个体都采用相同的吃喝拉撒睡生活节律,饿了不能吃,需要等待规定的时间才能吃;胀了不能拉,需要等待规定的时间才能拉;困了不能睡,需要等待规定的时间才能睡,这不仅打乱生理节奏,也必然打乱心理节奏,于是就必然产生心理紧张与痛楚,这是违反自然生理节奏的必然代价。第三,作息时间表显示,随着学校层次的提高,学校体制对于学生时间的控制越来越深入,控制的时间越来越多,属于学生个人的时间越来越少,即个人行为越来越受到控制。相对而言,幼儿园和小学留给孩子的个人时间较多,他们年龄尚小,身体发育尚未成熟,保留着更多的动物性,因此需要给予他们更多与动物性相适应的自由空间。但是,因为他们毕竟生活在人类社会,需要逐步适应人类的社会性,需要逐步熟悉碎片化的强制性生活节律,因此也使用切割时间的作息时间表,依照规定时间安排在校或在园的学习生活。中学及大学的作息时间表与幼儿园及小学的作息时间表明显不同,中学及大学对于学生个人时间的控制更加严密,不仅涉及整个白天,而且还延续到晚上,这与学生住校学习不无关系,为了学生的安全,学校必须把全天的时间都加以管控。其实,随着年龄的增长,中学生开始步入青少年时期,这是走向社会的过渡时期,因此更应当以接近成人社会的时间表安排学习生活,以便能够更快地适应社会的需要。这个时候,也确实有部分学生辍学走向社会,开始进入社会打拼,因此这样的作息时间表是可以理解的。更为重要的原因,却是考试制度的结果,初中毕业需要中考,高中毕业需要高考,这些不仅为学生个人及家庭所极度关注,也为学校和教育行政部门所极度关注,因为这些考试关系到学生就读高一级学校的质量,因此必须尽可能地利用或榨取有效时间,虽然学生个人可能具有被动性,但是依然具有承受的心理趋向。这个时候,被动的时间切割和心理切割,在某种程度上,就开始内化变成学生的"主动"要求,人的异化变成一种熟视无睹的惯常化,甚至将其作为一种理所当然的常态。大学虽然没有了高中的考试压力,但是个人时间依然被排挤得所剩无几,因为这是走向社会的最后一次彩排,为了获取更好的就业前景,不管是学校还是学生,都不得不尽量利用在校学习的有限时间训练专业能力。如果比较 20 世纪 90 年代以前的高校作息时间表,可以明显发现如今的高校作息时间表严重剥夺了学习消化的时间,因为大学本科四年的学习任务被压缩到三年完成,第四学年变成了毕业实习和找工作,因此时间被严重碎片化,心理压力也不能随着高考结束而得到彻底释放,这大概也是如今大学生心理疾病多于过去的原因之一吧。

政府机关作息时间表一般只规定上班与下班时间,诸如上午为"8:30 - 11:30",下午为"14:30 - 17:30",至于上班期间做什么具体的事件,那是没有办法规定的。学校则不同,在确定基本作息时间表的上班与下班,规定工作与休息的基本时间之外,对于每个具体时段,还有着更加具体的规定,那就是课程表,于是学校较之其他单位的行为控制更为严格与细化。

请看不同学制学段的课程安排表:

2015 年上半年陆杨幼儿园总课程表①

班级＼星期		周一	周二	周三	周四	周五
小一班 吴剑虹 （双） 朱君 （单）	上午	集体教学活动				
		大型玩具	安全教育	教研课题	自行安排	自行安排
	下午	自主性游戏				
		专用室活动	区域活动	特色活动	区域活动	有规则游戏
小二班 王慧 （双） 臧圣芳 （单）	上午	集体教学活动				
		自行安排	大型玩具	安全教育	教研课题	自行安排
	下午	自主性游戏				
		有规则游戏	专用室活动	区域活动	特色活动	区域活动
小三班 周陈静 （双） 张庆祝 （单）	上午	集体教学活动				
		自行安排	教研课题	大型玩具	安全教育	自行安排
	下午	自主性游戏				
		特色活动	区域活动	专用室活动	有规则游戏	区域活动
中一班 许佳 （双） 魏清 （单）	上午	集体教学活动				
		集体教学活动	集体教学活动	安全教育	自行安排	教研课题
	下午	四节自主性游戏、一节区域活动				
		有规则游戏	区域活动	有规则游戏	专用室活动	特色活动
中二班 徐凤英 （双） 李菁 （单）	上午	集体教学活动				
		集体教学活动	安全教育	集体教学活动	教研课题	自行安排
	下午	四节自主性游戏、一节区域活动				
		有规则游戏	有规则游戏	区域活动	特色活动	专用室活动

---

① 昆山市陆杨中心校幼儿园. http://lyzxyey.ksedu.cn/Item/1625.aspx

续表

班级＼星期		周一	周二	周三	周四	周五
中三班 李彰岚 （双） 王永琴 （单）	上午	集体教学活动				
		自行安排	教研课题	集体教学活动	安全教育	集体教学活动
	下午	四节自主性游戏、一节区域活动				
		专用室活动	有规则游戏	有规则游戏	特色活动	区域活动
大一班 盛丽娟 （双） 陶红（单）	上午	集体教学活动				
		集体教学活动	安全教育	教研课题	集体教学活动	集体教学活动
	下午	三节自主性游戏、一节区域活动、一节自行安排				
		区域活动	专用室活动	有规则游戏	有规则游戏	特色活动
大二班 陶逸怡 （双） 查月琴 （单）	上午	集体教学活动				
		集体教学活动	集体教学活动	集体教学活动	安全教育	教研课题
	下午	三节自主性游戏、一节区域活动、一节自行安排				
		有规则游戏	特色活动	专用室活动	区域活动	有规则游戏
大三班 王秀英 （双） 严紫娟 （单）	上午	集体教学活动				
		集体教学活动	教研课题	安全教育	集体教学活动	集体教学活动
	下午	三节自主性游戏、一节区域活动、一节自行安排				
		有规则游戏	区域活动	特色活动	专用室活动	有规则游戏
备注		每周参考节次：小班教学活动5节/周；中班教学活动6-7节；大班教学活动8-9节。 大型玩具：周二：中一班；周三：中二班；周四：中三班；时间：上午8:15—8:45； 周一：大一班；周二：大二班；周三：大三班；时间：下午14:30—15:00； 社区活动每月不少于2次。				

贺州市平桂区鹅塘镇明梅小学(暗冲教学点)2006年秋季学期课程表①

星期	一			二			三			四			五		
年级	一	二	三	一	二	三	一	二	三	一	二	三	一	二	三
早(9:50－10:10)	早　　　　读														
1(10:20－11:00)	数	语	语	语	数	数	数	语	语	语	数	数	数	语	语
2(11:10－11:50)	数	语	语	语	数	数	数	语	语	语	数	数	数	语	语
3(12:00－12:40)	语	数	数	数	语	语	语	数	数	数	语	语	语	数	数
午　　休(12:50－1:50)															
4(2:00－2:40)	语	数	数	数	语	语	音乐			数	语	语	体育		
5(2:50－3:30)	卫生			思想品德			美术			写字			班会		
6(3:40－3:50)	课外活动														

苏州中学伟长班初一课程表②

苏州中学2013伟长实验(2)班

作息时间	星期　课程	一	二	三	四	五
7:20－7:30	到校	数学	语文	ENGLISH	ENGLISH	数学
7:40－8:20	1					
8:30－9:10	2	自习	语文	数学	ENGLISH	ENGLING
9:10－9:40	大课间	语文	ENGLISH	数学	地理	外教课
9:40－10:20	3					
10:30－11:10	4	物理	数学	语文	数学	语文
11:20－12:00	5	ENGLISH	品德	体育	语文	地理
12:00　午餐；　12:50——13:20　自习、午休						
13:20－14:00	6	生物	历史	地理	品德	研究

① 韦祖庆．瑶族文化之教育传承．北京:中国文史出版社,2015:178.
② 苏州中学伟长班课程表,一睹神秘伟长班.奥数网. http://su.aoshu.com/e/20140404/533e69aacf61e.shtml

续表

作息时间	星期 课程	一	二	三	四	五
14:10－14:50	7	体育	生物	信息	音乐	研究
14:50－14:55	音乐欣赏					
15:05－15:45	8	美术	自习	历史	自习	体育
15:55－16:35	9	选校	劳技	自习	生物	班会
17:00	离校					

2016 年春季学期贺州学院 15 小教(定向)1 班①

节次		星期一	星期二	星期三	星期四	星期五
上午	第一 二节	小学英语课程标准解读与教材分析	小学数学课程标准解读与教材分析	小学教育统计与评价	中国现当代文学	儿童文学
	第三 四节	小学教育学	小学数学研究	马克思主义基本原理	计算机应用基础	公共体育Ⅱ
下午	第五 六节	小学语文课程标准解读与教材分析	乐理与视唱练耳	手工	自然科学基础	教师资格证考试课程
	第七 八节	舞蹈基础		手工	小学体育基础	

高中课程表②

淄博市特殊教育中心 2012—2013 学年第一学期(聋部高中)课程表

年级 节数		星期一			星期二			星期三			星期四			星期五		
		高一	高二	高三	高一	高二	高三	高一	高二	高三	高一	高二	高三	高一	高二	高三
1		班会	班会	班会	英语	语文	语文	语文	英语	数学	语文	语文	语文	英语	作文	数学
2		语文	语文	语文	英语	语文	语文	美术	项语	数学	语文	英语	语文	英语	作文	数学

---

① 笔者担任贺州学院教师教育学院 2015 级小学教育专业免费师范生(定向)1 班班主任,两年制专科班。

② http://image.baidu.com/search/detail? ct

年级 节数 \ 星期	星期一			星期二			星期三			星期四			星期五		
	高一	高二	高三	高一	高二	高三	高一	高二	高三	高一	高二	高三	高一	高二	高三
3	数学	英语	语文	英语	数学	英语	美术	语文	语文	数学	英语	思想政治	体育	数学	英语
4	数学	英语	语文	数学	数学	英语	美术	数学	英语	数学	体育	英语	语文	数学	英语
午休															
5	语文	数学	数学	语文	体育	数学	数学	语文	阅读	英语	数学	体育	语文	语文	语文
6	语文	美术	数学	美术	英语	工艺美术	数学	美术	工艺美术	美术	工艺美术	美术	语文	语文	语文
7	英语	美术	英语	美术	信息技术	工艺美术	思想政治	美术	工艺美术	美术	工艺美术	美术			
课外活动															

课程表对于行为的控制主要表现在三个方面:一是规定每个时段学习的具体科目,个体完全是受制于科目的学习。学生在体制内教学单位学习,就要依照全面发展原则,按照学科知识体系要求,从德智体美劳几个方面接受系统的学习与教育,于是就需要设置不同的科目,以满足人才培养的要求。因为不只一门课程,有属于自然科学的课程,也有属于社会科学的课程,还有属于人文科学的课程,为了更好地提高学习效率,就需要遵循学习心理规律,于是必须将不同的课程加以错开学习,这就形成了不同时段学习不同课程的课程表。这种规定虽然照顾了学科学习的特点,也符合学习心理的要求,但是从行为控制方面看,课程表较之一般作息时间表的控制力度得到进一步增强。也就是规定学生在不同的时段内,必须统一学习相同的课程,不能任凭个人的学习兴趣进行选择性学习,也不能满足不同个体同一课程学习进度的时间差异,必须统一转移到下一节课的学习上来。这种行为控制极其严格,不容随意破坏,老师不能随意更改,学生更不能随意变动,因此从某种意义上说,老师和学生的行为都具有一种被控制的被动性。从这个意义上说,不是人在学习科目,而是科目在学习人,科目在强制人必须学习它,人处于被动服从的地位。于是,作为一个具有自由基因的人,在课程表的控制下,处于一种非自由状态。二是规定每个科目学习的时间长度,个人没有基于兴趣的学习自由。按照一般的标准,幼儿园每个活动时间控制在 20 分钟,小学的课堂学习时间控制在 40 分钟,中学的课堂学习时间控制在 45 分钟,大学的课堂学习时间控

制在 50 分钟,或者安排连堂课为 90 - 100 分钟。这个学习时长的安排,显然具有一定的科学性,体现不同年龄阶段的心理状态,似乎是一种对于人的自由的尊重。其实,在同样一个学段内,课程表就是对这个学段学生的时间控制,在这个时间内,整个班级的所有学生都必须做到相同的事情,而且行为的时长也必须整齐划一。这就意味着一门课程一个课时的学习时间只能是规定的时长,完全可以不管课程的不同性质,更不必考虑不同个体的学习差别,都必须按照统一的时长开展课堂教学活动,无疑这是对人之行为的一种控制,也是对于学习的一种限制。虽然考虑到不同学科的差异,在整个课程表中所占的时间总量各有不同,似乎遵从学科的差异性,因而对于学科的学习时长控制表现一种减弱现象。其实不然,这种差异,本质上并不是基于学科的差异性,而是根据学科在教育行政部门的考核体系中所占比例不同而设计,需要考试检测的科目就安排多些课时,否则所占课时就少些,于是通过课程表的方式实现对老师和学生的学习时长进行控制,使之不能脱离体制性要求而随意行动。三是所做的事情,以星期为单位,具有周而复始性。课程表的重要特征是具有周而复始性,规定这个时段学习什么课程,那个时段学习什么课程,一旦确定下来之后,每周都是如此的课程科目学习,不会轻易改变,直至一个学期结束。在规定的时间内,周而复始地做着规定的事情,这就具有了机械运动的特征,人就是这个运动链条上的物件,很显然,人在这里表现一种物化性。人异化为物,物就是没有主观能动性的存在,也是一种没有主体精神的存在,由此看来,课程表对于人的控制那是不言而喻的了。

作息时间不仅可以控制人的行为,还能够控制人的身体,形成一种身体控制。身体控制与行为控制确实存在逻辑上的交错现象,因为行为是人身体的行为,身体也需要以某种行为方式显示自己的存在,因此不能截然分开。但是,我们还是加以区分,只是为了能够更好地说明人被时间控制的程度,行为控制侧重做什么,身体控制侧重在哪里,这是我们使用这个术语的区别点。学校的作息时间表在身体层面的控制,主要表现在三个方面:一为是否在学校,二为是否在教室,三为是否在座位。首先,规定学生在校与离校的时间。在规定的时间内必须到校,如此确保学生能够开展学校安排的系统性学习。没有按时到校,就是迟到,提前离校,就是早退,没有到校,就是旷课,这些都是不允许的行为,凡是触犯,都要受到不同程度的批评教育和纪律处分,于是在身体方面管住了学习。关于这一点,一些农村家长非常明白这个作用,也充分利用这个功能,他们知道自己的孩子不可能学到什么高深的学问,也不追求在学业上有什么大的发展,基本的愿望就是把孩子交给学校,希望学校和老师完成的基本任务,就是帮他们管住孩子,免得在家无所事事,还要惹事生非。这是老百姓都懂得的道理,学校的作息时间表能够控制学生的身体。其次,规定学生必须进入特定的教室。凡是上课时间,学生必须回到教室学习,除非是室外的活动课程,否则不得擅自走出教室。对此,学校还会安排纪律管理人员进行巡察,只要发现在上课期间还在校园游荡的学生,必定进行批评教育,询查原因,即使不想学习,也要训导学生必须回到教室,从而在身体层面进入学习的秩序。在众多教室中,也不能随意进入不属于自己班级的教室,即使是平行班级,所学课程一样,也是不允许的,这就在身体层面控制学生选择老师。再次,规定学生必须在特定座位就座。教室规定了每个学生应占的位置,一般还不是学生自由选择,而是由老师安排规定,即使是学生自主选择,也必须就座一段时间,期间不能随意变动,这就更是在一个点上控制了学生的身体。这种以点的方式加以控制,较之在一个活动区域范围内的控制,诸如规定在教室或校园或者校外,学生还是有着一定自由的活动空间,还可以实现控制与自由的互动转换。到了一个点的时候,可以说,基本上取消了身体行动的可能,身体稍为有些大点的动作,就会遭来老师制止的目光,于是学生立刻调整坐姿。我们可以经常听到小学老师矫正小学生坐姿的口令:"请坐好!"学生回答:"我坐好。"于是稍微松懈的坐姿,又笔挺地坐着,达到了有效控制学生身体的目的。这就是点控制的威力,身体的一抬手一投足,都必须按照学校和老师的要求放好,不能随着身体的自然生理舒适而摆放,身体变成了零件,只能依照规定的位置摆放,真正成为了一颗螺丝钉。

作息时间表不仅能够对人的身体实施控制,还能够有效地控制人的心理,实现心理控制。作息时间表很重要的特征就是切割时间,规定各个时间节点应该做什么,错过这个时间节点,就会受到相应的处罚。正是这种时间节点的限制,以及相应的惩处措施,并且还把遵守时间节点作为一个文明人的基本标志,于是就由外在约束向内心转化,变成一种自觉性的自我要求。虽然作息时间表已经成为现代社会的文明表征,在人的不断文明化过程中,遵守时间节点已经内化成为一种文明标志,毕竟是由于外在约束挤压而成,因此依然还是不同程度地形成某种心理压力。首先是守时压力。体制内单位都会制定作息时间表,至少规定两个时间节点,即上班节点和下班节点,上班属于工作时间,归属单位管理不属于个人自由时间,下班才是个人时间,归属个人把控。由于上班时间不是私有时间,单位对这个时段的时间具有支配权,凡是在单位上班的人都变成单位人,基于个体本原的自由属性必定受到某种程度的约束与控制,个人在上班时段丧失对时间的自由支配,就是必须付出的代价或必须接受的控制。因为上班时间已经不是个人时间,它已经属于单位所有,作为单位人就要受制于单位,必须遵守单位制定的上班时间,因此就会产生必须守时的心理压力。只要出现不守时的行为,就会受到单位的惩处,或者批评教育,或者经济处罚,或者党纪政纪处分,甚至影响未来的发展前途,如此等等,这就在现实的否定评价方面形成巨大的实际压力,由此也就必然转化变成心理压力。为了遵守上班时间规定的时间节点,避免迟到现象的发生,许多人都设置闹钟提醒,警示自己必须按时起床准点上班,很显然这就不是自然状态下身体生理运动的自然规律,否则就不会有人非常向往睡到自然醒的状态,甚至把它当做一种令人羡慕的奢望。可见,作息时间表之守时压力是多么巨大,同时反衬自然状态下时间自由的可贵。如果说,一般单位的作息时间表基本上只区分上班和下班两个时间段,那么学校的作息时间表则在此基础上更加细化,不仅有到校和离校较大跨度的时间段,更有上课和下课一个小时内的时间段细分,把在校的时间进行再次切割,形成若干个时间节点,于是学校对于时间的控制更加严密,进一步形成更加细化的守时压力,也由此进一步细化了守时的心理压力。从这个角度看,作息时间表给予学生的心理压力,远甚于其他单位的工作人员。

其次是作业压力。表面看,作业并不在作息时间表里面,但是隐藏其中,因为这是学习时间内的常规任务,只要是体制内的学校,就一定安排作业,作业形式可以有所不同,然而绝对不会没有作业。只要有作业,就必须规定完成期限,因此就具有时间表的性质,也就包含时间表相应的心理压力。这个时间表甚至延伸到上课时间之外,涉及到本属于个人的时间段,也就是说,既有课内作业,也有课外作业(或家庭作业),归属单位管理的时间实现一种非理性的扩张,单位的控制权力得到进一步膨胀,个人的自由时间受到极度的挤压。这种向时间延伸的作业,每个小学生家长都有着亲身感受,晚上家长还要陪着孩子做作业,做到晚上 9 点钟是常态现象,有的甚至还需要做到 10 点钟,因为第二天早上作业必须上交,这就是守时带来的压力。如果不能按时完成作业,学生就会被要求说明情况,也会在同学面前形成不良印象,因此就会造成心理压力,不管怎样,都要求自己必须在规定的时间内完成作业。再次是考试压力。考试也是作息时间表隐含的内容,以学期为阶段的学习安排,其工作安排表中必定包含考试工作,这也是学校教育的一个常规工作。考试已经形成一种普遍能够感受的压力,不仅学生本人能够感受,家长也能够体验,社会也能够感受,以至于考试压力变成一个社会话题,曾经引起社会的广泛关注与讨论。一些特别重要的考试,甚至社会力量也参与其中,每年的中考和高考,诸如交通等政府相关部门,以及出租车行业等社会力量,都不能程度地介入考试工作。虽然显现一种部门联动合作的团结,体现社会各个方面对于学生的关爱,但是也从另外一个方面造成学生巨大的心理压力,大家的目光都紧盯着你,你就不能有失误,就不能辜负大家对你的期望,于是形成考试综合征。这种考试综合征不仅来自学生本人,来自老师,还来自家庭,来自学校,来自社会,因此不是依靠学生个人就能够消解,只要社会氛围存在,这种压力将永远存在。

通过简要地剖析,我们已经知道体制内的学校教育都要制定作息时间表,并且形成对学生的行为控制、身体控制和心理控制,使之处于一种心理压力状态下开展学习活动,因此在某种程度上说,学校教育不可能是一种完全愉悦的教育。但是,行为教育则不同,这是一种完全没有作息时间表的教育,因此也就没有作息时间表设定节点时间的紧迫感,也就没有相应生成的行为控制、身体控制和心理控制,使得行为教育能够获得比较轻松的学习氛围,因而也是一种愉悦的教育。首先,学习时间可以自定。从理论上说,行为教育受教者是时间的主人,什么时候学习不是由组织机构决定,而是由学习者自行设定,遵从学习者内心需要而定。这就意味着不可能确定一个周而复始的固定学习时间,因为那是违背自然规律的,不仅违背生理规律,也违背心理规律,因而在时间方面体现一种自然天性,也就没有违背天性的心理压力。其次,学习时长可以随意。在现实中,我们可以看到行为教育的学习时长极具个性,每次学习的时长都各不相同,基本上没有学习时长相等的现象发生,因为每次学习内容不同,环境不一样,接收效果也有差异,各种因素叠加,这就导致了学习时长因人而异、因时而异,真正体现个性化因材施教的特点。学习时长随着具体情况而异的特点,不仅可以消解学习者的心理压力,也同样消解施教者的心理压力,老师没有必须在规定时间内完成教学任务、教会学生的心理负担,师生双方在没有心理压力的情况下进行互动教育,彼此都处于一种教育的愉悦状态,学习的效果可能会更佳。再次,学习内容可以自选。行为教育从来都没有固定的施教者,虽然可以圈定某个范围,诸如家庭内部的长辈,或者村庄聚落的叔伯兄弟,但是都不会具体落实到某个对象上面,而是具有极大的随机性。这种施教者的随机性,也就注定不可能安排统一一贯的学习内容,不管是源于施教者的安排,还是源于受教者的安排,都只能是一种随机性的学习内容,或者说,特定环境决定学习内容,因此表现为一种顺应天性的自然性。其实,这种顺应自然的学习方式,在人的层面而言,其选择权更多地被赋予受教者,而不是施教者,受教者在特定的环境下有疑问,这才请教在场的智者,于是临时性地形成师生关系。这种学习内容的自选性质,源于学习者的主动学习要求,避免了被安排学习内容的被动性,自然也就可以消解由于学习内容带来的心理压力。这种情形的学习,不仅不是一种负担,反而成为受教者的一种学习享受,确实是一种愉悦性的学习。

第二节 示范:一种可复制的学习方式

行为教育是一种看得见摸得着的教育,其传授的知识、技能,乃至道德修养品质,并非一种理论建构,而是具有可效法操作性的实践活动。这种实践活动不仅是教育行为,而且更是日常生活行为,因此也是应该掌握的生存技能。既是如此,这种具有教育性质的实践活动,不可能是一次性的行为,必然是反复出现的重复性行为,于是不仅具有示范性,而且还具有可复制性,能够被后来者在生活中习得。这种示范与学校教育的示范具有质的不同,学校教育的示范是在教学计划之下的示范,具有一种完全理性色彩,行为教育的示范是一种随机性示范,包含明显的感性色彩,具有跟着感觉走的倾向。正是跟着感觉走,似乎没有计划性,却在这种无计划中显现实践的灵活性,可以更加有效地激发实践的意趣指向,提高习得的效果。

一、无言之教传承本能习得模式

动物总能代代相传,第一是基于生理的身体基因相传,第二是基于习得的生存技能相传,既确保了身体的物理存在,又保证生命的优化延续,这是动物生存的基本法则。习得是在自然环境中,在某种无意识状态下,依靠动物生存本能,通过模仿成年动物日常生活行为,在反复训练过程中,获得生存技能的学习能力。这是任何动物都具有的本能学习模式,也是最为基本的学习模式,或者说,那是不可逾越的学习模式。人类虽然是高级动物,毕竟也是动物,一定遵循动物生存的基本原则,因此人也必定有着基于本能的行为习得模式。

首先,不言之教的习得本领是动物生存本能。每个物种之代代相传,其遗传给后代的是什么?就其生理层面而言,就是生理结构。不同物种有着不同的生理结构,苍蝇不同于老虎,麻雀不同于草鱼,于是不同生理结构就决定其属于不同动物。动物作为一个种群生存,之所以历经千百年依然还是该动物,生理结构遗传是基础。种群动物的个体可以存在差异,也必须有所差异,否则就不可能出现不同个体,也不可能有着种群的发展。但是,这种差异显然不是本质的差异,只是基于共性基础上必须具有的个体特殊性,目的在于发展种群数量,扩大种群的生存空间。虽然个体具有自身的独特性,但是它们还是属于一个种群,具有种群共有的共性特征,这就说明共性特征具有内在的遗传性,正是这种遗传确保了该动物还是本动物,并不变成其他动物。相反,个体独特性就不具备内在必然的遗传性,否则就会因为遗传的关系而变成另外一种动物,而且这种动物将只能生存一代,因为每次遗传都变成另外的动物,那么自然生物界将不会出现种群的生物现象。实际上,自然界还是以种群的方式延续着生命的存在,这就意味着共性的生理结构遗传具有决定性作用,它规定着该动物还是本动物,这是该动物存在的基础。

生理结构可以遗传,它规定着该事物只能是该事物,正如石墨与金刚石的区别就在于分子结构一样,于是形成自然界丰富多彩的生物圈。生理结构不仅决定着该动物的身体,而且还规定了该动物的行为方式,于是行为方式也具有遗传性。"家鸡和环锦雉是不同属的鸟类,其雄鸟的鸣啼姿势(本能行为)不同。将两者进行杂交,所得到的杂种雄性后代的鸣啼姿势介乎两个亲本之间。又如文鸟科的梅花雀有很多种,其中有一种在饮水时将喙全部伸入水中,另有一种则只将喙的前端浸入水面,它们之间的杂种后代在饮水时喙部浸入水中的深度也介于两个亲本之间。上述两种结果和遗传学规律基本相符,即两个亲本的行为方式如果只是量的差别而无质的不同,则杂种的行为通常介于亲本之间。"①这是通过不同物种杂交,以此证明动物的行为方式具有遗传性,因为这些杂种动物的行为不是任何一个亲本行为,而且两个亲本行为的综合,或者说介于两个亲本之间。其实,不需要任何科学实验,普通人也可以确认动物行为方式具有遗传性,比如蛇的行为方式截然不同于狗的行为方式。如果动物行为方式没有遗传性,那么每一尾蛇都可能呈现不同的行为方式,每一只狗也都可以呈现不同的行为方式,于是在足够多蛇与狗的个体数量基础上,蛇的行为方式与狗的行为方式,就有可能出现重合现象,也就是它们极少数个体的行为方式,依照概率理论完全有可能趋向一致。事实上,蛇的行为方式与狗的行为方式,至今没有发现趋近现象,还是截然不同的行为方式,这也就证明动物的行为方式确实具有遗传性。"目前认为,除人类以外高级

---

① 季达明,徐长晨. 动物行为学. 沈阳:辽宁教育出版社,1989:76.

生命个体的社会环境行为,主要由本性意识支配。分析、了解动物的行为方式,可以了解本性意识的结构。本性意识体系由基因传递和社会传承两个方面的因素构成。天生的本能除了生命的'目的意识'以外,还有天生的行为意识。行为意识是生命体的行为能力;动物经过几亿年的生存进化,产生了神经系统,并积累完善了肢体的各种行为能力,如吸吮、抓握、眨眼、吞咽、奔跑、跳高、撕咬、打闹等肢体动作。肢体的行为能力在'目的意识'的支配下,形成生命的天生本性意识行为,如:出壳后的小海龟迅速爬向大海;角马生下来一两个小时内就能站立、奔跑;才40天大的袋鼠胚胎,能从子宫爬向育儿袋等等。天生的本能赋予动物诞生后生存所需的基本能力;在没有特殊情况下,这种能力要能保证新生命的存活。新生命的生存保证,由基因遗传的目的意识和行为意识共同提供;新的生命不但需要有行为的能力,还要有目的意识的引导。"[1]这也更从科学层面验证了,动物行为方式的遗传具有基因学与遗传学基础,不是主观想象的行为。

当然,基于动物基因或生理结构的行为方式遗传,只是一个基础,还需要后天的行为习得,才能真正转化变成种群类的行为方式,也就是说一定要有一个"社会传承"的亲本行为示范,子本在这个模仿习得过程中转化变成自己的行为方式,也同时是种群类的行为方式。这种基于"社会传承"的亲本示范行为,对于行为方式最终成为种群类的行为方式还必须习得,这可以从反例中得到确证。狼孩的发现就是一个极好的例子。1920年10月17日,一个名叫 J. A. L. 辛格的传教士,在印度山区打死一只凶猛的母狼之后,在狼窝中发现了两个孩子! 这些"狼孩们不能直立,更谈不上行走,她们只会像狼一样用四肢走路,但是奔跑速度极快;她们匍匐着身体喝水,趴在地上用嘴巴去吸;她们只吃生肉和生牛奶,抓住鸡鸭就可以生吞活剥;她们怕火、怕光,白天喜欢待在黑暗的角落,一到半夜就精神大振;她们的嗅觉很灵敏,能闻到60米以外的肉香,听觉也异常敏感,在黑暗中的视觉更是超乎想象;她们对冷热没有感觉,讨厌穿衣服,冬天拒绝盖毯子,夏天一滴汗也不流……一切的一切,都说明在母狼的养育之下,人类的孩子获得了动物的本能,但丧失了人类的一些能力。她们没有喜怒哀乐,难以学会语言,甚至学不会直立走路,就算站起来也做不了动作,还需要四肢着地才能行走奔跑。自从发现了狼孩,人类惊讶地看到了自身进化的可能,看到了后天养育的重要性。"[2]狼孩确实已经

---

① 顾坤明. 生命与意识的起源. 北京:九州出版社,2014:77.
② 李思博. 人类未解之谜. 北京:北京联合出版公司,2015:126.

遗传人类的生理结构,也具备了人的生物基因,因此也就意味着遗传了人类的行为方式,但这只是基础,只是一个必要条件。从狼孩的反例我们可以知道,如果要将潜在的基础条件,转化变成现实的行为方式,还需要基于"社会传承"的亲本行为示范,子代在不断的习得过程中,才能真正转化变成自己的具有种群类的行为方式。对于这种情况,既可以从狼孩的反例中得到确证,也可以从具有同属类的动物行为方式差异性或熟练程度中得到正面回应。小学课本中选编了一个寓言故事,名字叫《两只小狮子》:"狮子妈妈生下了两只小狮子。一只小狮子整天练习滚、扑、撕、咬,非常刻苦。另一只却懒洋洋地晒太阳,什么也不干。一棵小树问懒狮子:'你怎么不学点儿本领啊?'懒狮子抬起头来,慢吞吞地说:'我才不去吃那苦头呢!'小树说:'那你以后怎样生活呢?'懒狮子说:'我爸爸和妈妈是林中的大王,凭着他们的地位,我会生活得很好!'这话被狮子妈妈听到了,她对懒狮子说:'孩子,将来我们老了,不在了,你靠谁呢?你也应该学会生活的本领,做一只真正的狮子!'"这则寓言故事大体能够说明动物本能行为方式的习得。第一,小狮子与狮子妈妈的捕食方式具有一致性,这种现象说明,同一种群动物的行为方式具有同一性,也证明行为方式具有遗传性。第二,小狮子与狮子妈妈的捕食技能存在差异,狮子妈妈本领远高于小狮子,造成这种差异的原因是狮子妈妈经历更多的实战挑战与习得训练。这种现象说明,习得是动物行为方式转化的必要形式,也是真正融入种群类生活的必要条件。第三,两只小狮子采取不同的习得行为,将会导致不同的结果,将会影响获得本属动物行为方式的成效。这种现象说明,虽然动物拥有行为方式的生理结构基础,但是如要转化变成自己的种群类的行为方式,必须经过习得过程,需要不断练习才能真正掌握。

总之,种群类的行为方式的掌握与获得,体现三个基本逻辑层次:一是具备必要的生理结构,二是能够遗传潜在的行为方式,三是现实生活中的行为习得训练,如此才能使之真正具备种群类的行为,真正成为该属种动物。既然人也是动物,作为最基本的行为习得模式,人类不可能跨越,也一定遵循这个规律。只是这种行为习得方式,在人类文明不断发展的过程中,其分量在不断减少,更多地渗入人类社会特有的行为获得模式,使之更加远离基础的动物性,从而获得人化的文明性。

其次,生活身教的榜样示范是行为教育基础。人既是动物,又不是一般动物,而是建立严密组织的社会动物,因此既具有习得的动物本能,又不限于本能,而是具有意识介入的社会行为。即使这种行为处于一种无意识状态,其实也是意识沉淀的结果,同样包含意识层面的内涵。人类社会的无言之教,就不等同动物的本能习得,其之无言只是表明并非体制内系统有计划的教育,这是一种具有明确意识的发声教育,民间之无言只是表述一种无系统教育的状态,并非指向不说话。民间的无言贯穿在日常生活中,通过有意无意、有声无声的身教示范,既有动物本能行为习得的信息,又表现一种超越与提升,形成人类社会特有的基于榜样示范的行为教育范式。

民间的生活身教自有其特点,既不同于动物的行为习得,也不同于官方的学校教育,它有着三个基本特征,即生活教育、全盘教育与无为教育。生活教育这个术语已经非常熟悉,杜威提出"教育即生活"的理论,陶行知先生将其改造为"生活即教育",但是我们这里所言的生活教育与陶行知推介的生活教育在本质上有所不同。陶行知生活教育的前提是学校教育,在学校教育的基础上提出回归生活,实施生活教育。基于民间生活身教的生活教育,其前提条件是没有学校教育的情况下,生活本身就是教育,教育也是生活,两者融为一体不可分割。这种生活与教育一体化的教育,没有通常学校教育的基本常规,既没有校园,与生产生活场所融为一体,也没有教材,表现完全的随机性,更没有专职教师,所有人都可以是教师,也同时可以是学生,教育完全淹没在生产生活情境中。在这个情境里面,没有学校教育通常的理论讲授,完全是基于行动的教育,即使讲述一些技巧,也是在行动中讲授,并且一定包含着示范,不会出现纯粹的讲授现象。在绝大多数情形下,行动本身并没有明示教育行为,行动就是行动,而且是各自的行动,学习者就是在这样一种行为活动中获得无意的学习机会,也是在这样一种无意的习得中成长。因此,如果把这种情形也归入教育行列,那么它就是一种完全自然状态的教育。这种自然教育的内核是顺其自然,完全遵循人的动物属性,充分利用动物行为方式的本能习得规律,从而具有最本原的学习动因。这种动因出自本能,并非外在强加,因此具有较好的内生动力,可以更好地化入学习行为,形成一种行动的自觉。学习的最高境界就是内生的本能需求,完全排除外在的压迫,学习不仅成为一种自觉,而且就是生活本身,一切都是在自然状态下实施,因此没有任何额外的负担。

全盘教育是全面的教育,只要生产生活中涉及的一切都是教育的范围,既包括自然界,也包括人类社会,既包括已知的世界,也包括未知的世界,总之,包罗万象。从现代学科角度看,这种教育具有全科性质,属于真正意义的全科教育。现代学校教育一定是分科教育,基础教育阶段区分语文、数学、英语、物理、化学、生物、美术、音乐、体育等不同课程，进入大学之后，更是细化到专业教育，学历层次越高，层级划分更加细致，甚至只是涉及学科领域的某种细小方向，总之，学习范围呈现不断缩小的趋向，分科教育越来越明显。但是，由于无言之教是与生活一体化的民间教育，其核心是一体，不仅与生产生活一体，而且将知识技能混成一体，沿袭知识生成的混成原初状态，因而不可能是分科教育。你可曾见过乡村邻里包含教育的一言一行，他在明示你，这是语言教育，那是数学教育，那是农学教育？没有吧，肯定没有。也就是说，这种教育方式是全科教育，德智体美劳不分家，政治、历史、数理化不分科，一个行为教育可以跨越人文社科自然三大领域的学科知识，真正体现人的全面发展的根本要求。从某种意义上说，这是最本真的教育，因为在没有学校教育之前，人类几百万年的历史就是依靠这种教育方式传承着社会文化，在进入工业化社会之前，人类教育也没有如今细化的分科教学，也就是说，全科教育具有本原特性。这种特性不仅化入生产生活的所有层面，而且贯穿事物发展的整个过程，从来就没有上课与下课之别，具有真正意义的全程教育性质。任何学校教育都要制定作息时间表，具体规定上课时间，而且要求师生依照时间表开展教学活动。但是，民间的无言之教完全打破这种程序化的时间安排，任何一个时间点，只要存在两人以上的场景，就一定包含教育行为，因为生产生活的一切都是教育。从这个角度看，这种教育方式的边界无限宽广，没有任何的时间限制，只要包含人的互动，那么每时每刻都是教育。从一天时间来看，不仅包括白天，还可以包含晚上，除了睡觉的时候，可以说都在全程的时间范围内。从个体看，从出生的那一刻起，人的一生都在接受教育，从不间断，属于最彻底的终身教育。从人类视角看，从纯粹动物时代开始基于本能的行为习得，到人与动物分离进入人类社会的知识探索，再由口传知识到文字传承，这种教育贯穿人类始终，直至不可能的人类灭亡，实现最完全意义的全程教育。由此看来，这种基于全程教育的全盘教育，同时也必然具有无差别教育的特征。因为是全程，所以一个不落，这就意味着每个人都是教育者，每个人同时又是受教者，于是在身份上没有差别。虽然，从理论上讲，年长者具备更多知识，通常成为年幼者的教育者，但是，因为身份并不确定，因此可以视为无差异。此外，教育祖师爷孔子就说过："三人行，必有我师。"韩愈也主张："生乎吾前，其闻道也固先乎吾，吾从而师之；生乎吾后，其闻道也亦先乎吾，吾从而师之。吾师道也，夫庸知其年之先后生于吾乎？是故无贵无贱，无长无少，道之所存，师之所存也。"这种良好的学习风尚，也在理论上支持无差别教育，特别是这种无教育的教育，更是如此。

　　无为教育也是无言之教的重要特征,明显区别于学校教育,甚至可以称之为民间行为教育的本质特性。无为是指不要把个人意志强加于事物之上,而要依顺天命,遵从自然,确保事物能够依照自身发展规律生长。无为教育就是顺从人的内心自我需求,遵从人的本能习得规律,在没有外力强制要求的前提下,于自然状态的生产生活情境中发自内心的学习行为。教是拿着棍子鞭笞小孩从善,育是养子使作善,教育的本质就是教人从善,学会做人。由此看来,无为与教育具有内在的反向性,一个是强调不要把自身的价值观强加在对象身上,一个是通过一定手段引导对象达到所预设的价值观。如此矛盾的两个概念叠加在一起,那是因为无法走出语言内在的悖论,其旨在无为,其形是教育。从字义剖析可以知道,大凡学校教育都具有明确的教育目的、设定成文的教学目标,也由此成为衡量教育成效的基本考量标准。但是,基于民间的无为教育,其无言之教从来就没有成文的教育目标,一切处于自然状态,呈现一种无目的性的教育特征。因为没有明晰的成文教育目标,也没有如同学校教育那样基于具体课程的课程标准,因此具体教育行为的目标指向性不明,或者说,施教者心中没有一个教育目标的标尺,受教者也没有一个达成目标的心理预期,两者没有一个共同的教育成效尺度,因此不能有效度量,于是也就表现无目的性。其实,这个无目的性还表现在施教者与受教者均处于流动状态,不像学校教育那样具有稳定的教师与学生,因而即使有心制定教育目标,恐怕也很难具体实践,因为目标具有稳定性,施教与受教随时处于流动状态,那就无法具体落实到个人。没有具体承接对象的教育目标,目标也就有所依存,因而这种教育形态必然表现为无目的性。即使施教者与受教者相对固定一个群体,诸如一个乡村聚落的左邻右舍,但是教学内容也是非固定的,没有真正意义的课程教学,也没有教学内容的内在逻辑性,一切都零散碎片化,没有形成任何意义的系统性学科知识体系。这种的一种教学方式,在现代教育体系理论看,不可能具有目的性特征,只能是无目的性的存在。因为没有事先的规划,因而也就没有明显的目标指向,学校教育通常必须的课前准备环节,诸如教材研读、学情分析,形成有针对性的教学设计,在这里统统没有,只有完全的随机性,因此也就不可能拥有事前指向的目的性。既然施教之前没有任何的教学准备,那就是典型的无目的性教学,从这点看,也是属于无为教育。然而,只要深层次思考,民间的这种无言之教,真的没有任何目的性吗?真的不是这样,它们还是具有一定目的性。可以说,民间所有的行为教育,最终还是指向引导与培养受教者成为符合社会规范的人,因而是一种无目的的合目的性教育,可以归入教育的最高境界,即无为而无不为的教育。如果再从师生角度考察无为教育,那么对于施教者与受教者而言,都是可做可不做的教育,因为它是无为,没有任何法律条文规定,一个人必须是施教者,一个人必须是受教者,任何施教与受教之行为的发生,都是在无意地自然状态下生成。进入我们现代文明社会,是否接受教育已经不是个人行为,或者说个人没有选择不受教育的自由,《义务教育法》明确规定,适龄儿童必须接受九年义务教育,政府有权利要求儿童接受教育,家长有义务敦促儿童接受教育,否则政府与家长都涉嫌违法。但是,即使在这样一个社会环境下,基于民间行为教育的无为教育也依然拥有施教与受教的自由,谁也不能在日常生产生活的自然状态下强迫一个人必须施教,另外一个人必须接受教育,还是需要遵从对方的本心意愿,体现在非外力作用下无所作为的顺其自然,从而实现无为教育的本义。这个无为还可以体现在教育成效检验方式上,学校教育一定安排考核环节,不管考核的方式发生怎样的变化,或者做出怎样的规定,考核的实际内涵始终不可能取消,因为考核是一种检验,没有检验就不能确定目标的达成度。但是,无为教育则不仅没有考核的形式,同样也没有考核的内涵,也就是没有外力强加的检验,完全只在乎过程。不仅施教者没有考核的概念,受教者也没有考核的意识,如果一定要说检测,就是个体在环境中的自然成长,不断内在本能地建构自我的知识系统。这种建构没有任何外在压力强制,也没有必须通过的考核平台,一切依存本心的需求,因此也完全是个性化的成长,没有考核所拥有的一致性标准。正因为如此,无为教育是一种自由的教育,一种可以促进人的全面发展的教育。

第三,宗祠神台的祖先形象是君子人品基石。现实世界的活人可以行无言之教,以自身的言行传承和谐社会所需要的知识技能与行为规范,彼岸世界的祖先也同样能够行无言之教,以其存留人类世界的影像影响着后世的人们为人处事的取向。祖先并不因其仙逝而无影无踪,依然通过民间信仰发挥作用,依托民间祭祀显示其存在价值,因此传统乡村社会的每家每户都向往宗祠神台,并且在自家的厅堂摆放一台祖宗神龛以供日常祭拜,可以说,祖宗崇拜是在现实彼岸建构一个理想标杆。人是理性动物,不会只着眼于眼前,总是不时思考身后,于是总会在现实的彼岸建构一个理想世界,以求安顿心灵。中国人并不习惯于把自己的精神归所建构在宗教世界,而是倾向于依托祖宗进行建构,于是形成强烈的祖宗崇拜。祖宗作为一个宗族的起源,完全是一个真实的存在,可以说,看得见摸得着,因此将其作为精神归所能够给人踏实的感觉。这种对于历史的真实感觉或追求有着历史的认知渊源,“原始人类往往分不清现实与梦境的区别——仿佛一个儿童。

就此而言,现实生活的内容与梦境中的片断,常常会发生奇异的交融:人们在现实生活中的经历,能够在睡梦中得以重现;梦境中的情景,有时却竟是后来生活场景的'预演'。即使在人们成年以后,梦中的印象和感受也会不自觉地悄悄渗入人们对现实问题的观点和看法,对其思想和行为发生潜在的移易作用。这,为神秘意识提供了切实的基础。原始人的心理状况与儿童仿佛——在他们的意识中,神话、传说和历史是混沌一片、毫无区别的,而对现代人的意识,这三者则呈现出彼此互相影响、互相渗透的关系。人类的文化史和个人的心理史的这一相似性,表现在原始时代,也表现在理性已高度发达的文明时代:神话与历史的界限仍是模糊的。古代意识和古代文献中便常常发生这三者的混同现象"。① 因为这种认知源自原始人类,而在历史发展过程中,中国人更偏向于将神话传说历史化,形成自身独特的历史观,因此非常注重历史的真实感。这种历史感不仅强调了过去的一切都是历史,而且形成了一种独特的心理期待,没有化入历史的东西都是虚幻,虚幻就是不真实不诚实不踏实,因此其人品必然不佳。祖先是真实的存在,祖先到了彼岸世界也不可能是一种虚幻,也一定有其另外的真实生活,因此以祖先所在作为精神归所,就可以获得有效的落脚点,不会变成没有居所的孤魂野鬼,因此必然崇拜祖宗。这种崇拜还在于能够强化血脉,形成不断线的人文传承,能够在现实世界回答"我是谁""我从哪里来""我将到哪里去"这些看似哲学的问题,其实也是社会伦理与社会结构的问题,能够实现普通民众所能接受的心安理得。在现实生活里,一个家庭至少可以做到三代同堂,在过去则比较普遍的是四世同堂,由此每个人都能够感受与体会传宗接代的种群繁衍,可以真切理解血脉的传承。在这个种群传承过程中,人们对于种群繁衍的认识自然不会止于现实认知,一定还会推衍前辈祖先,因为每年清明节的祭扫活动就是对祖先的纪念,他们是爷爷的爷爷,于是非常感性地理解了种群繁衍关系。正因为有了远古的祖先,才有了后世的子孙,为了不忘远祖给予的生命,于是后世子孙必须每年都要祭奠感恩祖先。祖祖辈辈子子孙孙随着时间的延续,种群个体也在不断增加,并且向着各地扩散,于是需要一个文字符号加以联结,那就是我们非常熟悉的姓氏。相同姓氏就意味着大家拥有共同的祖先,即使现今分居各地互不相识,也不妨碍大家心灵的交融与沟通,形成"自家人"的心理认同。这种基于血脉深处的心理认同,可以指向共同追求的精神家园,这就是最为深厚的人文传承,也唯有如此,才能形成一个稳定

---

① 谢选骏. 神话与民族精神——几个文化圈的比较. 济南:山东文艺出版社,1986:333.

的族群关系,才能构筑和谐的社会生态关系。在小的方面,我们可以看到,不同文化背景的夫妻往往容易形成生活矛盾,而其矛盾的引发点一般都是无关大雅的生活小事,最后导致矛盾激化,甚至离婚。为何如此? 就是心理认同不能完全重合,两人之间基于文化背景的心理认知是一种交叉关系,对于各自不能重合部分形成本能的排异反应。再从大的层面看,反观现实世界的国家矛盾或民族战争,究其根源不能排除文化认同差异性的原因,因为没有共同的文化认同,因此在认知层面不能达成共识,并且在心理层面不能相融,于是容易导致相互排斥,最终诉诸武力。由此看来,祖先崇拜是一剂文化黏合剂,可以有效地确保文化传承。正因为祖先具有如此强大的魅力,于是也就在其后代面前高大起来,并且获得崇高的形象,不仅让人感觉不可跨越,而且还迫使子孙于心理层面认可自己的渺小,从而在身心层面都向祖先臣服,形成真正意义的祖宗崇拜,而不只是美学意义的崇高情感。这种身心臣服首先是身体的臣服,大凡在祭拜的时候,必须行以小侍长、以下侍上、以弱侍强之礼,行使揖手礼、鞠躬礼或跪拜礼,以表达感恩与尊敬之义。其次是心理的臣服,承认自己的弱点,祈祷祖先福佑,因此都要向祖宗神祷告,寄托自己的心愿,希望祖先能够帮助自己实现愿望。在中国古代的祭祖礼中,祭祀者(后代的子孙们)与被祭祀者(祖宗)之间,其实只是一种较为松弛的、没有强烈现实感的非实在关系,而要想维系和稳固这种个人与祖宗神的关系,就必须格外强调个人对祖宗神的崇敬和信从,特别要突出祭祀时应具有一种诚敬坦实的心灵和思想,要把祖宗神的形象感应在自己恭敬虔诚的心怀之中。所以,作为后人与祖先之间感应和交流途径的祭祀,"非物自外至者也,自中出生于心。心怵而奉之以礼,是故唯贤者能尽祭之义"。① 身心的完全臣服不仅使得祖先崇高起来,而且赋予了祖先号召后世的权力,虽然具有抑制后人的副作用,但是也可以有效地整合宗族的人心,能够更好地团结分散各地居住的族人,实现人文精神的有效传承。远去的祖先在后人心中拥有如此高大的形象,具有如此摄人心魄的力量,从而成为彼岸世界的理想标杆。现实世界的人不会只沉浸在眼前的现实,一定对未来有所思考,因此必定要构筑一个目标,才能有效地引导现实的行动。祖宗崇拜就是具有全民性的目标指引,已经仙逝的祖先虽然肉体已经逝去,但是精神仍然活着,仍然能够在彼岸世界引导着后人的思想与行动,引导着后人向着这个美好世界前进。人神关系的根本在于"敬齐之色",依赖着后人的诚敬而维系着这一关系。从

---

① 孙希旦. 礼记集解. 北京:中华书局,1989.

孝子贤孙祭祀祖神的诚敬心情中,洋溢着世俗氏族血缘意味,而享祀受祭的祖宗神灵,也无一不呈现着人伦情感之常理,它不要求人们厌弃现实世界,反而要执着于氏族伦理,进一步涵养诚敬的道德。后人则通过祖先的形象引领不断趋向目标,不断向着祖宗设定的光辉形象靠拢,也不断与祖宗形象合体,使得自己也在现实的努力过程中不断崇高起来,成为更后人们景仰的对象。

只要是人,就不可能十全十美,祖先也是人,也一定存在缺点与不足,但是因为有着祖宗崇拜,祖先已经被神化,依照偶像崇拜观念与内心期待,祖宗都不应该有缺点与不足,于是美化祖宗就是一个必然的历史过程。美化祖宗既是为贤者隐恶,也是今人理想的投射。崇拜的对象一定是正面形象,没有哪个人或哪个族群将公认的反面形象作为崇拜对象,果真如此,那就是公然站在公共道德的对立面。有一对联很能够说明问题,即是一个秦氏状元来到岳飞坟墓面前,看到秦桧夫妇跪在岳飞像前,并且被人吐着唾沫,于是手书"人自宋后羞言桧,我到坟前愧姓秦"。这就是祖宗崇拜的道德力量,因此后人一定遴选正面人物作为自己的祖宗形象代表。祖宗一定是个好人,最好还是英雄人物,一个顶天立地的男子汉。这种观念之源初是对我族与他族的区分,我族是好人,他族是异类是坏人,这并非空穴来风的推测,依据现存的习惯还能够找到它的踪迹。"壮族的婴儿一降生,就马上在门头挂一柚子枝条或一把刀,禁止外人进家或借东西。认为别人进了家就会踩断奶水,婴儿就没有奶吃;外人来借东西,是不吉利的。傣族生育后,要在竹楼楼梯的木柱上挂上竹篾编制的,形同星星的'达了',标志此家已生育,外寨人要回避,本寨人一般也不进这家的屋子。傈僳族孩子出生后,在家门口做一个标志,如在屋檐下插一刺条,凡有这种标志的家,除帮忙的至亲外,其他人一律不能进屋,也不能到产妇家借火或索回产妇生产前借去的东西。佤族生育后,忌生人来家,怕生人将不洁不祥之物带到家里,影响孩子健康成长。若外人不知而闯进来了,则要给孩子'拴线',即用线把魂系住,不让它离开人的身体。这些事例都说明,在人的早期存在一种意识:本血缘群体的人就是好的、善的,这个群体之外的人就是有危险的、恶的。这就是人类最早存在的,以是'自己的'还是'别人的'('外人的')来作为善恶评价标准的现象。"①这是在与外人比对情形下,以我族是好人,他族是坏人。而在我族自身比较过程中,并非人人都是贤者,还是有些顽劣之人,那么谁必须是贤者呢? 一定是祖先,因为这是宗族的崇拜对象,必须是正面形象。

---

① 雷昀,雷希. 道德的起源. 昆明:云南人民出版社,1999:76 - 77.

古代祖宗祭礼原理有一个重要原则:报功修先。即通过美化祖宗,圣化先辈,使自己作为后人而为祖先的盛德伟功心悦诚服,感到光荣和自豪。"凡祭祀之义有二:一曰报功,二曰修先。报功以勉力,修先以崇恩。"①列入祖宗之列而受后人祭享的人,肯定都是有着不凡的品德和超人的能力、功业的。"夫圣王之制祭祀也,法施于民则祀之,以死勤事则祀之,以劳定国则祀之,能御大灾则祀之,能捍大患则祀之。"②王充列举了这类英雄圣贤式的先祖事迹,并以此证明了祭祀祖宗之本在于"报功""报恩"的理由:"帝喾能序星辰以著众,尧能赏均刑法以义终,舜勤民事而野死,鲧勤洪水而殛死,禹能修鲧之功。黄帝正名百物以明民共财,颛顼能修之。契为司徒而民成,冥勤其官而水死,汤以宽治民而除其虐。文王以文治,武王以武功去民之灾。凡此功业,施布于民,民赖其力,故祭报之。宗庙先祖,己之亲也,生时有养亲之道,死亡义不可背,故修祭祀,示如生存。推人事鬼神,缘生事死。人有赏恩供养之道。故有报恩祀祖之义。"③如此崇高的圣德,如此伟大的功业,后人怎能不服膺崇拜、五体投地呢? 美化祖宗是否只有这一个功能呢? 我们认为显然不只这个功能,还有着隐含美化自我、完善自我的功能。祖先是自己的祖先,祖先伟大,后人也不可能差到哪里,因为"龙生龙,凤生凤,老鼠生儿会打洞"。虽然这种血统论并非必然科学,但也不是毫无道理,因为文化是可以传承的,环境也是可以造就人的。因此这种美化祖宗的做法,其实也是后人在美化自我、完善自我,因为境由心生,大凡具有怎样的理想追求,就会反映到相应的外化事物之中。于是,在考察外在事物的时候,只要这是人化之物,就必定蕴含其内在追求,通过深究剖析沉淀人的本质力量对象化之物,一定能够挖掘人的思想情感,也意味着人必定向着这个形象前进。

　　祖宗不仅是本族的生命之本,还是人间道德、力量、事业、功绩的至高至善的代表与象征,运用祖宗符号可以凝聚人类善行、聚集人心,这才换来中国的后人们在祖宗祭祀时所具有的那种热烈、持久、专一、深刻、崇敬、恭顺的情感,自始至终,从未绝止。学者中的有识之士也得出类似的见解:"礼仪可以相异,诚敬之情却是尽同。既然是人未有无亲者,中国人就必然要在自己人生的每时每刻惦恋着自己的祖宗,想到自己竭尽敬诚的心灵可与祖灵沟通,想到自己人生所有的一切无一

---

① 王充. 论衡·祭意篇. 上海:上海人民出版社,1974.
② 孙希旦. 礼记集解. 北京:中华书局,1989.
③ 王充. 论衡·祭意篇. 上海:上海人民出版社,1974:393.

不是祖恩所致。于是,其尊祖敬宗的报功修先的人生价值理想终于成了千百年来不可、不能悖离的伦理模式了,中国宗教也因此获得了既超出于伦理却更立足于伦理的中国文化特征。"①人是文化符号的动物,祖宗这个文化符号植根于人类的血缘,深入人类的文化基因,在传统文化祖宗崇拜的氛围下,具有最强的文化号召能力,能够有效地团结与聚合人心。在世界四大文明历史发展进程中,依然能够延续历史触摸祖宗血缘的民族,目前就剩下中华文明之种族,可以说,这既是一个奇迹,也是一个历史必然,因为中华文明崇尚祖宗崇拜。其他三大文明古国,其后发展基于彼岸的宗教,强调与现实的隔离,贴近上帝而远离父母。于是,其家庭族群情感相对比较淡漠,缺乏中华文明强烈依存的祖宗观念,现实世界的人情关系相对疏离,就会造成族群内部的联结相对松散,只是依靠法律关系进行维系。法律关系只是规定个体之间的权利与义务,个体之间缺乏基于血缘的深层次情感,因此其联结只是一种外在的强力联结,没有发自内心的情感联结,其牢固性就相对较差。当遭到外在强力冲击的时候,基于法律的联结也因为法律的改变而导致个体的离散,而构成族群的个体与族群之间也是一种相对松散的关系,这就容易导致土崩瓦解,最终致使曾经辉煌的文明古国在历史冲刷下消失殆尽。中华文明形成血缘伦理,形成植根心灵的祖宗崇拜,而且这个祖宗崇拜既有姓氏的祖宗崇拜,也是族群的祖宗崇拜,还有文明起源的原始始祖的祖宗崇拜,于是,由小而大就可以将整个中华文明各个族群部落各个民族凝聚在一起,形成不可离散的心理文化圈。虽然传统历史政权基本上由汉族政权主导,但也有少数民族政权主导的现象,不管哪个民族或族群主导国家政权,都没有毁灭这个文明古国,更没有毁灭中华文明,这与最终认同共同的人文祖先不无关系。祖先已经仙逝,可能离去几百年,可能离去几千年,甚至离去几万年,后人根本无缘目睹祖宗的尊容,但是并不妨碍祖先发挥示范作用。祖先是那放风筝的人,风筝即使风飘到天际看不见,其广度与高度远非初期所能想象,但是并不妨碍其为一体,并非妨碍心灵指向一处,这就是祖宗无言之教的魅力。

既然我们崇拜祖宗、美化祖宗,也利用祖宗聚合人心,那么我们必然顺理成章地效法祖宗,效法祖宗既是个人自我完善的过程,也是社会和谐进步的一种力量。这种效法可以从三个层面得以实现:一是祖宗牵引心向化为行动。祖宗是核爆炸的磁力源,祖先虽然已经远离我们而去,但是其力量并未减弱,而且随着时候的推

---

①　李向平. 祖宗的神灵. 南宁:广西人民出版社,1989:118.

移,力量却在不断增加。这种现象似乎与物理现象不符,现实世界的两个物体之间,距离越近磁力越强,距离越远磁力越弱,但是心理现象却可以与之相反,一个人进入老年之后,近事容易遗忘,远事却越来越清晰,也就是说,对于过去的事情,如果记忆越来越清晰,说明年纪越来越大。因此,祖宗离开我们越久,我们对于祖宗的景仰记忆反而变得越来越清晰,其影响力反而越大,对于后人的牵引力量越强。由于祖宗的强力牵引,后人由崇拜的心向,必然化为行动,以祖先英雄事迹与崇高人格为榜样,不断内化于心外化于形,效法祖宗就能够从内心的向往,变成真实的行动。二是善行引导努力靠拢祖宗形象。人之初,无所谓美恶,都是符合生存法则的动物行为。作为人类社会之所以能够与动物分离,就是不断去动物性,不断向着文明化前进,于是文明化就是作为人的内在必然要求。这个要求不仅是社会发展的必然结果,也是个体人化的内在需求,具有不可抗拒的历史潮流性质。于是,人之初从无所谓善恶,就变成"人之初,性本善",每个人内心都包含善行,并且不断引导自我完善品行,在不断修行的过程中提升自我完善自我,努力向着祖宗的光辉形象靠拢,虽然永远也无法与理想的形象重合,但是努力永远在路上。三是崇拜氛围推动裹挟众人不断修炼。祖宗崇拜已经不是个体行为,也不是单个族群的独立行为,而是整个中华文明共同的行为,已经成为中华文明的必要组成部分。崇高是因为客体对象伟大,不管在形体上,还是在精神上,都占据绝对优势,客体对象以完全压倒性力量压迫主体,迫使主体感受并接受自身的渺小,于是主体产生一种崇高感,形成对客体对象的顶礼膜拜。这样一种阵势化为一种群体性行为的时候,可以进一步强化崇高感,达到相互强化的效果,客体对象的崇高得到进一步强化,主体自我也得到有效矮化,主体的崇拜心理得到有效强化。这可以在现实生活中得到印证,人民解放军原本就已经具备崇高品质,广大民众早已有了崇敬心情,在大阅兵的时候,威武雄壮的阅兵方阵迈着整齐的步伐,高喊着嘹亮的口号迎面走来之时,那种崇敬心情倍增,这就是崇拜氛围下特有的心理体验。在这种心理体验下,人人都想成为人民解放军,都想成为万众瞩目的焦点、万人景仰的对象,于是形成特有的从军潮。祖宗崇拜之理与此相同,不管是男人还是女人,不管是老人还是小孩,不管是乡村还是城市,不管是百姓还是干部,不管是汉族还是少数民族,万民都在祭奠祖宗,难道你还能够置身事外熟视无睹漠不关心?即使因为特殊原因不能现场祭奠,即使因为纪律关系不能外在祭奠,难道内心就一点没有慎终追远之念?就不想想自己的父母,自己逝去的长辈?恐怕不符合人之常情与传统天伦。崇高感不仅给人心灵震撼,而且更重要的是能够给人振奋,引导人们奋发图强,化心理感动为实际行动,于行动层面追赶崇拜对象,努力使得自己也成为他人所崇拜之人。而且在崇拜氛围之下,这种向着崇高品格修炼的效果应该更佳,因为这也是一种心理现象,即社会助长或称社会促进,这是个体在完成某种活动时,由于他人在场或与他人一起活动而造成行为效率提高的一种特有现象。之所以会出现社会助长现象,是因为人是有惰性的。当单独一个人时,就无所谓输赢好坏,没有人看见,没有人和你比较,你就觉得怎样都可以。当出现第二个、第三个人,甚至更多人,你的感觉就大不相同,会感到有人在看着你,便情不自禁地想要在他人面前表现,于是就会在不知不觉中鼓足干劲,把事情做得又快又好。这也是从众心理的积极效应。

二、反复实践逐渐提高生存技能

孔子曰:学而时习之,不亦悦乎。人类的学习,不管是理论学习,还是实践性学习,都需要反复不断地学习,才能有效地掌握相关理论与技能。相对而言,生存技能更需要突出反复实践性,比如木匠的生产技能,使用木锯锯板材,不经过反复实践练习,根本不可能锯得平整,因此生存技能的掌握必须依托反复实践。或者说,强调反复实践练习不仅是技能本身的需要,也是生存能力的必须,只有反复实践,才能推动生存质量的提高。

第一,实践是一级生存技能的台阶。生物可以区分自养生物和异养生物,自养生物可以依赖自身生成食物而存活,异养生物则需要依赖其他生物提供食物,才能有效生存,因此捕捉食物的实践活动,是这类生物生存的必要条件。由是如此,大凡丧失获取食物能力的生物个体,就会被活活饿死,许多受伤的动物就这样丧命,因此基于获取食物的实践技能非常重要,它是生物生存的必要条件。不仅如此,获取食物的实践技能水平高低,还决定着生物的生存质量,在诸如狒狒群体里面,身体最为强健、能力最为高强的狒狒头领,其生存状况最佳。这也说明:实践能力的高低,确实也是生存质量的台阶,能够有效地引导动物走向更好地生存境界。在动物世界里面,应该说,每一个生物体都拥有与生俱来的觅食本领,这是最为原始的实践活动,确保初生的生命体能够有效地存活。有的动物,诸如鸟类的幼雏,雏鸟本身还不能自主觅食,需要亲代成年鸟喂食,其被动性实践活动处于生存技能的最低台阶。但是,小鸟本身还是遗传动物本能的觅食基因,于是在其获得最初能力之后,就可以自主飞翔且自主觅食,由被动性实践活动转变而为主动性实践活动,其生存能力由此提升一级。有的动物就不必经过雏鸟的喂食阶段,在出生的几个小时之内,就可以获得行动能力,诸如牛马羊之类,在妈妈的陪伴下参与觅食活动,初步具备自主觅食能力,这在其种群动物之内而言,也是处于生存技能的最低台阶。如果一个动物个体,只是停留在这个阶段,或者只是具备这样水平的觅食能力,其生存概率非常有限,不仅因为与其他动物种群有着弱肉强食的关系,而且有着同一种群内部的竞争关系,许多动物在幼崽长大之后,就逼其另立门户,形成互不侵犯的生存领地,这就使动物的生存技能不断娴熟与提高,否则真的难以有效生存。动物基于生存本能的不断习得行为,就是反复实践练习生存技能,使之由陌生到娴熟,能够根据实际情况灵活运用这些技能,确保能够有效地捕捉食物,如此就可以提高独立生存的本领与生存质量。动物如此,人类其实也一样,或者说,要求更高。人不仅具备动物基于生存的本能技能,可以通过一般性的习得方式获得这些技能本领,而且还发展了人类特有的人化社会实践活动能力,从而开创人化生活。这些人化的生产生活技能,不同于基于生存本能且带有动物遗传性的行为,完全是人类在生产生活实践中依据具体情况创造出来的新技能,因此必须通过反复实践才能掌握。考察不同国度与族群,就可以理解为何存在不同的生产生活技能,而不是全球统一的社会化实践技能,就是因为不同的具体情况创生不同的社会化实践技能,因此必须强调在具体的环境中实践练习。这种实践还需要克服本能性思维,强调应该基于意识状态下的目的性实践,只有这样,才能获得最优化的学习效果。这种人类专属的社会实践化技能有效地提升了人类生活品质,确保其能够摆脱动物性的本能生活,由此进入人化生活,成为生存技能的高级台阶。

第二,示范是一门技艺传承的必需。只要是技术性的能力,一般都需要示范,不管是基于动物本能的习得,这是一种无意识的示范,还是人类特有的生产生活技能,这是一种有意识的示范,因为技能不可能经过一次学习,就可以掌握,它是需要反复实践练习才能掌握的技术。技艺更是如此,因为技艺是具有艺术性的技术,也是人类创造出来的生产生活技术,并非先天遗传的能力,因此需要后天传承学习。技艺不存在于自然界,没有天然的实体对象,只存在于人类个体本身,而且还是一种内在的能力,也不是以外显方式显现出来的实体对象,因此从某种意义上说,不具备具体可感性。当然,技艺还是可以外显的,技艺附着于个人,而且只在展现行为的过程中显示出来,也就是说,技艺与实施过程并存,从这个意义上说,所有技艺都是具体可感的,没有不能感受的技艺。因为技艺既不能具体感受,又具有具体可感性,它是有无的辩证统一,于是必须示范,否则空洞的理论讲解,不能让人充分感受技艺本身,也不能让人将技艺转化变成能力。不仅如此,一种技艺创造出来之后,应该予以有效传承,不能每一代人,甚至每个人都重复创造。果真如此,既浪费智力,也浪费财力,还延缓社会进步。技艺一旦创造成功,就必须传承,通过不断积累人类的创造,社会才能不断进步,后人胜于前人。技艺传承的有效方式就是示范,因为示范着眼于"示",让人看得见摸得着,利于学习;"范"则强调标准性与典范性,可以"依样画葫芦",能够有效地确保传承不走样,不会变成"画虎不成反类犬"。这是人类文明能够不断发展进步的基础,因为有了传承,文明就处于不断线状态,可以代代相传。虽然创新是人类进步的不竭动力,但是任何创新都是在继承的基础上创新,没有继承,创新就是低层次低水平的创新,也许就是重复性的所谓"创新",即是反复"创造"原有的技艺。这显然不是人类传承技艺的本义,通过示范性的传承,不仅可以保证传承有序,而且能够缩短掌握技艺的时间,由此提高传承效率。如果只是简单讲解,或者只是一次性示范,都会延长学习者掌握技艺的时间,降低传承效率。因此,这种示范应当反复进行,学习者在反复观摩实践中,才能更好地掌握技艺的精髓,才能把技艺转化变成自己的能力。

第三,反复是一个主动实践的行为。重复与反复有所区别,重复强调简单的行为模仿,大体可以界定为无意识的行为,大多指向一种毛病,反复则是强调一种行为或现象的再次出现,旨在强化这种行为或现象,因此反复的一种有意识的行为,也是一种具有艺术性的修辞。之所以反复实践,不是重复无效劳动,而是强化技艺的精确掌握,旨在把外在的技能内化变成自己的能力。由于技艺不是简单的一种技术,而是携带艺术性的技能,因此必须强调基于技艺的产品具有良好的审美特性。这种内在的审美期待,不仅存在于创造者本人,更存在于使用者他人,两者共同作用,也引导且迫使人们必须追求精益求精。这种精益求精不仅包含其实用价值,还包括其审美价值,而审美价值追求总是永远止境,于是需要反复不间断的实践,才有可能无限接近人们的审美期待。反复实践不是简单的重复劳动,它是带有创造性的劳动,因为反复本身具有意识性,而且这个实践是一种包含艺术性的技能实操,艺术本身又具有独一无二性,因此这是一种主动实践行为。这种主体性在于主体有意识地将人的本质力量对象化到对象里面,通过技艺展现自我的存在,于是对象已经不是纯粹的对象,而是包括主体精神的对象,影印着主体的影子,有效地生成的合体存在。

三、师徒共学确保技艺有序传播

技艺传承的经典形式就是师傅带徒弟,不管是国家学府,还是个人私塾,都没有专门传授技艺的教育机构。造成这种现象的原因很多,不管是官方,还是民间,在一个农本国度,农业生产是首位,得到有效尊崇,工商是末流,居于贬抑地位,传统文化轻视工匠技术。在这样一种文化氛围下,教育机构都是致力于培养官场统治者,重文不重理不重工,但是工匠技艺又是社会生产生活所必需,不能处于断层状态,于是技艺传承就只能是师徒相授。

师徒相授,传承技艺。人类创造的文明,依其内在发展规律而言,一定会有所传承,这样才符合人类社会文明发展进程要求。技艺也是人类文明构成不可缺少的部分,也会遵循文明传承的规律,必定以某种方式传承自己的文明成果。既然不能在正规的教育机构争取传承的地位,那就以民间的方式进行传承,在比较过程中技艺选择了自己的传承方式,那就是师徒相授。人类社会构成是多层次的,虽然传统社会确定农本地位,其他行业依然不可或缺,同样也能够找到自己的社会生态位,并且在自己的内部系统中得到有效生存。由于工商处于社会末流,并不得到社会有效尊重,因此也相对较少民众选择该职业,因此其生产生活圈子都是有限的,不会像农业生产那样宽广。如此这般的社会氛围,就引导着技艺传承的范围也必定不会很广,只是在小范围内传承,于是倾向于家族内部传承方式。这种传承方式就导致了技艺的封闭性传授,只在一个小范围内循环传承,直至范围小到以个位数的徒弟相授,甚至是技艺单传。为何如此,大体因为工匠之家存在世袭现象,官家自然不可能加入工匠序列,从事农业生产的农民也不屑转行工商,于是只能内部自体循环,由此形成所谓师徒往往还是父子关系,其范围小到如此。考察历史上的技艺传承,属于家族内部的技艺传承,应该是绝大多数,这是一种典型的传承方式。当然,技艺传承也并非完全限于家族内部,还是存在超越家族或家庭的传承方式,由家庭而家族,由自家而外家,由我族而他族,这也是技艺传承的历史现象。引发外传的具体原因各不相同,这也不是我们讨论的话题,只是需要明白存在这种现象。在技艺不得不外传的时候,传统社会有言:教会徒弟,饿死师傅。其义在于技艺是一门谋生工具,而且谋生的领域与范围都十分有限,于是为了保存自己的生存空间,师傅不得不对技艺有所保留。这就是在传统文化语境下,师徒相授的传承方式导致每个师傅都会在徒弟面前保留关键技术不予传授,由此形成衰减传授、技艺弱化现象。技艺原本具有完整性,只有完全的技艺呈现,才能获得需要的满意结果,缺乏关键技术,徒弟基于这个技艺就不可能获得满意的产品,于是需要请教师傅,师傅由此可以有效地控制徒弟。如果师傅因为各种原因,直至最后也没有把关键技术传授给徒弟,徒弟就不可能完全掌握该技艺,于是这种技艺就存在衰减现象,即是技艺越来越差,直至消亡。确实,依照这样一种发展态势,每个师傅都保留一点,一代一代下去,这项技艺将失去其本来面目,这也是古代许多技艺失传的原因之一吧。

教学相长,改进技艺。师徒相授的技艺传承模式,既可能造成技艺的消亡,也并不必然如此,还会出现教学相长现象,原有技艺得到有效改进,进而得以不断发扬光大。这就是现实辩证法,否则真的只有衰减规律,没有相长规律,社会就不会进步与发展了,现在的技艺也不会如此繁多丰富,并不断发展壮大。师徒相授之师徒,如果是家庭或家族内部传承,因为属于直系亲属或同姓亲人,因此相互之间师徒保守的可能性就会相对降低,相反会有一种自然开放倾向。如果师徒之间是父子叔侄,就一定了为家庭或家族的繁荣昌盛,父辈不仅毫无保留,还会敦促子辈强化学习,于是可以原本延续技艺。作为技艺传承世家,必定经过更多的应用情况,由此比较容易发现该技艺存在的不足之处,这种缺陷往往会影响技艺的声誉,因为缺陷也容易导致经济收入的降低,于是就会滋生改进的念头,最终促进技艺的完善。由于完善的技艺能够产生更好的产品,口碑声誉也会因此提高,这就有效地激发改进技艺的积极性,技艺自然在代代相传过程中得以发扬光大。如果师徒之间不是亲人关系,而是他族的外人,也具有内在教学相长的基因。这种师徒关系往往不会像家人一样倾向于开放相授,而是倾向于保守相授,师傅对于徒弟都要保留一手。这既限制了徒弟的原样学习,却也开拓了徒弟另辟蹊径的可能,因为其中总会包含徒弟试错的学习模式。师傅没有把完整技艺教给徒弟,如果师傅不在,而工作又必须推进,徒弟只好凭借直觉试着做工,这时就会出现错误现象,这就是试错。随着试错工作的不断积累,就越有可能接近正确的技艺做法,徒弟就在这样的试错过程中逐渐掌握完整的技艺。这是趋近原有技艺的一种结果,还有另外一种结果,那就是"无心插柳柳成荫"。在试错过程中,因为使用不同的技艺方法,出现优于原有技艺的结果,这就可能促使技艺的改进。由此看来,师傅的技艺封锁,虽然阻碍了技艺的有效传承,却也有可能促成技艺的改进,这也是生活辩证法。

博采众长,提高技艺。传统社会的技艺传承属于一种封闭式传授,虽然可能导向技艺改进,但是总体趋势为限制技艺的发展创新。尽管理论上是如此,但是现实答案却有所不同,博采众长的传承方式依然具有内在生命力,而且引导着技艺不断丰富与发展。人类社会不是一个封闭性社会,更不是一个单个人生活的社会,人作为社会动物,总是与社会其他人发生社会交往,于是必然包含博采众长的性质,因为古人早就说过,"三人行,必有我师"。每个人都有自己的特长,也有自己的不足,而追求进步向往美好是人的天性,无言之教也会促使个体进入学习状态,吸纳他人之长,确保自我完善。正因为追求完美是人的天性,而每一种技艺都不太可能独此一家,总会还有相近的技艺,这时竞争就不可避免。这种外部逼迫的竞争,不可能像师徒内部的竞争那样,师傅掌握着绝对权力,可以通过保留一手来确保优势,大家相互之间只有通过效果来竞争,由第三方使用者评判。这样一种终端评判机制,就倒逼相近技艺不断改进技术,提高产品质量,才能赢得第三方使用者的认可,最终达到改进技艺、创新技艺、生成新技艺的良性循环。这是第三方使用者的功劳,因为他们代表的社会需求不断变化,为了应对这种变化,技艺也必须不断创新,才能适应社会的发展需要。

第三节　亲缘:一种温情的学习氛围

　　一所学校就犹如一个社区,其着眼于行政性管理,构成人员也是来自五湖四海,相互之间依靠制度联结与管理。一个村庄聚落却是一个熟人社会,其着眼于宗族管理,看重相互之间的人情关系,因为典型的村庄聚落基本上同一姓氏族人,因此具有内在的血缘关系。社区因为是一个行政构成,因此相互之间依照制度办事,缺少人情关系。村庄聚落则不同,因为这是一个熟人社会,即使不是一个姓氏,也是抬头不见低头见,还是包括或远或近的亲缘关系,因此整个村庄聚落一定充满温情,这是一个温情小社会。在这个温情社会里,不管开展什么活动,都携带温情信息,完全抛弃温情,只讲条条框框的制度,将无法在村庄聚落内部行事。教育活动更是如此,因为教育不仅传授知识与技能,而且还需要大家都会为人处事,这是教育的核心,先做人,后做事。只有充分顺应人情关系,有效利用人情关系,才能把村庄聚落的事情办好,否则将寸步难行。

一、亲缘关系消除紧张心理

　　作为父母,我们都有这样一种经历,小孩初上幼儿园的时候,甚至初上小学的时候,大都表现一种不适应的情绪,哭闹、黏着父母、吵着回家、不愿入园上学,这是典型的上学恐惧征。为何会产生如此情感,简单来说,就是小孩离开熟悉的环境、熟悉的人,独自进入一个陌生的环境,与陌生的人相处,内心产生心理紧张,乃至于内心恐惧,于是产生一种排斥行为。这种陌生环境恐惧症不仅在初入园上学的小孩身上表现出来,在一些成年人身上也同样表现出来,这是因为担心安全而不敢身临险境的行为,是人类自我保护的反应机制。按照马斯洛需要层次理论,人的需要大体可以划分五个层次,即生理需要、安全需要、情感和归属需要、尊重需要、自我实现需要,它们是一个逐渐递升的关系,也是一个不断发展的关系。在人类产生意识的最初时候,生理需要与安全需要最为迫切与现实,应该也是最为本初的需要与最先发生的需要。生理需要集中体现在食物的需求方面,这是所有动物的共性需求,既具有意识性,也具有无意识性,人则更多趋向意识性的需求,即表现为一种主动获取食物的行为。安全需要则是规避危险的一种行为,既有基于本能的被动规避,也有基于意识的主动规避,人类最初的意识必定产生危险意识,于是能够预知危险的存在,并产生基于危险的恐惧心理。在意识的作用下,原始人已经知道,大凡熟悉的环境,其危险系数不高,因为熟悉环境且知道危险的具体所在,于是有所防范,这就变得不那么危险了。面对陌生不熟悉的环境,哪里安全,哪里危险,全然不知晓,于是就会想象成为都存在危险,其内在的危险系数极大,内心的恐惧感油然而生。这就是为什么小孩不愿在陌生的环境——幼儿园或学校里面学习生活的心理缘由,因为他不知道危险的具体所在,也不知道危险系数大小,更不知道如何应对可能的危险,于是为了自身的安全起见,拒绝到陌生的环境学习生活,就是一种自我防范行为。这就是说,初次面对学校这个陌生的学习环境,小孩都有一种内心的紧张心理,都想逃避学校而回到自己熟悉的家庭环境,还原内心的平和与安全,这是我们需要正视的现实。虽然历经这个紧张心理的时长各有不同,表现形式也是各有其异,甚至没有明显的外在表征,但是,依照人类集体无意识的心理积淀情形看,每个人都会在潜意识深处保存这种心理,因此我们不能视而不见,还是需要正视其存在。如果出现明显表征的小孩,我们就不会束手无策,而是能够有效应对,以便减轻其心理紧张情绪,缩短学校生活的过渡时间,促其尽快适应学校的学习状态,使之由陌生环境变成熟悉环境,最终克服心理障碍。

基于民间的行为教育则没有这种心理障碍,因为他们的行为教育基本上都是在自己的村庄聚落内完成,这是一个小范围的熟人社会。人是社会性动物,早在原始社会时期就组成了氏族部落的社会组织,它们依据血缘关系组建而成,聚族而居、共同面对生活,这是最早的村庄聚落。我国的传统政体又是采用家国一体制度,家是最小国,国是最大家,在组成结构方面具有内在一致性,于是有效地强化了村庄聚落的家族特征。考察我国的村庄聚落,绝大多数是同姓一村,明确地指示村庄聚落内部具有血缘关系,属于同一祖先之下的成员。一些包含多个姓氏的村庄聚落,各个姓氏之间并不陌生,同样存在亲缘关系,或者是结拜的异姓兄弟,或者是姻亲关系,或者是受恩关系,总之,一定具有某种内在的利益关系,不可能完全不相干。不管是同姓村庄聚落,还是异姓村庄聚落,内部成员之间一定相互熟悉,大家知根知底。在这样一个熟人社会的环境下学习,实际上学习者并没有离开自己日常生活的环境,生活环境也是学习环境,因此也就没有学习环境的转换过程,自然也就没有生活心理向学习心理转换的必要,两者是一体存在。

很显然,亲缘关系塑造了一个温情的学习氛围。我们知道,一所学校非常重视校风建设,不同的校风会形成不同的学习氛围,也会形成不同的人格塑造指向。比如北京大学,著名教育家蔡元培出任北京大学校长时,提出"循思想自由原则,取兼容并包主义"的治校理念,可以说形成了"兼容并包,思想自由"的校训,成为五四运动的发源地,其学校擅长文科,学生思想活跃。清华大学则秉持"自强不息、厚德载物"的校训和"行胜于言"的校风,侧重于理工科,学生做事严谨,具有良好的科学精神。由此看来,人文环境有利于塑造学生品格,而做人应该是教育的根本,因为我们知道德才兼备是优等品,有才无德是危险品,因此教育必须秉持"先成人,再成才"的培养理念。温情的学习氛围,以情覆盖学习的整个环境,贯穿整个学习过程,浸润学生的心灵,如此将有利于培养富含情感的人。情是联结人类个体的有效黏合剂,也是社会和谐的有效黏合剂。情起于内心,虽然植根于非理性,但也包含理性因素,因此能够有效地滋润人格。非理性之情能够感动内心,可以迅速聚合人心,形成一种基于群体的心理氛围,从众心理由此而来,这是不能回避的心理现象。这种情感源于直觉,起于内心,因此具有最为深厚的群众基础,这是动员群众最为直接有效的手段。由此可以理解,为何一些电视节目时常运用煽情手法,就是利用群众非理性之情,从而达到希望获取的人气效果。当然,非理性之情引导不当会导致非理性的行为,那样就有可能造成非理性的破坏性后果,因此需要理性之情介入。理性之情的重点在于理性,而运作手段在于情,理性是源于制度,基于逻辑,讲究合法性,以法理规范情,引导情感顺着法理的轨道运行,使之中规中矩。这是现代社会所极力提倡的理性之情,因为只有冷冰冰的法规,没有情感的介入,不能动人心弦,就不能形成真正的一体,如果只有热情四射的情感,没有理性的规范,即如黄河决堤,也不能形成真正一体,因此既要充分激发情感,又要有效约束情感,才能造就健康人格,培养社会有用之人。

二、邻里相亲生成容错氛围

我们知道,基于民间的行为教育,其教育场所是村庄聚落,而这又是一个熟人社会,相互之间叔伯兄弟,就是异姓兄弟,总之,大家都有亲缘关系。传统的村庄聚落不仅是一个熟人社会,而且面积还不大,村头一声叫唤,村尾听得清清楚楚,邻里之间相亲相爱。其实,要想不相亲相爱都难,因为依照传统建筑原则,同宗族都要居住在一起,而且房屋之间相互贯通,形成一个完整的大屋,不用出门都可以走家串户。有些大屋之间虽然具有独立关系,但是也会运用廊道联结,使之成为一体,或者通过小巷相连,共同组成一个完整的防御体系。这就在房屋建筑方面确保了邻里之间相亲相爱。如果从血缘方面看,则必然是相亲相爱的,因为共处一幢大屋者拥有一个共同祖先,大家之间原本就是叔伯兄弟,现在发展了若干支系,也同样拥有血缘关系,因此邻里原本就是一家人,自然相亲相爱。这种良好的人际关系是生成容错氛围的基础,因为传统文化之下,往往区分我族与他族,对于我族成员之错往往能够有效容忍,对于他族之错往往会吹毛求疵。虽然这种基于情感的非理性行为应该批判,或者需要依据具体情况加以分析,但是从生成容错氛围来说,这种心理对于容忍同村人犯错,给予必要的改正机会,还是具有一定积极意义,因此需要正确看待其正反意义。

古人言,人非圣贤,孰能无过。其实从逻辑看,即使圣贤,也有过错,一个人从出生到死亡,必然犯错,因此犯错是人生的常态。西方有谚语:"小孩子犯错,上帝也会原谅的。"如此看来,犯错并不可怕,因为"知错能改,善莫大焉"。问题在于必须给予犯错者以改正的机会与空间,这样才能促其从内心角度加以改正,使之今后犯错的机会越来越小,内心善良的基因越来越多,于是不断向善。每个人都在这样一种容错氛围中改正错误,就会塑造一个向善的良好环境,不仅个人不断向着圣贤方向前进,而且社会也是向着和谐美好的目标前进,整个社会必然能够不断进步。从这个角度看,容错氛围非常重要,不仅关乎个人成长,而且在于社会进步,因此这是一个基础性工程,属于上层建筑的基础工程。首先要在思想方面明确认识,一个人不可能一辈子正确,总会出现或多或少或这或那的错误,这是一种常态现象,因此需要以平常心看待个体所犯错误。因为人人都有可能犯错,因此对于犯错者应当采取宽容包容的态度,给予犯错者充分的时间改正错误。其次不要简单地否定犯错者所做的一切,不只是一分为二,而是一分为三地全面辩证地分析犯错的事实,不要一棍子打死人,也不要一棍子打死整个事情。就人而言,只要不是主观故意犯错,而是认识不足或能力不够,其犯错之事实就具有非主观故意性,这是人类认识事物的道路上必然付出的代价,应当予以肯定或支持,肯定其大胆的创新行为,可以为后来的实践提供借鉴。于是,从某种意义上讲,这应当予以必然的表扬,如果没有这样的探索,人类就不可能进步,就会停滞不前。就事而论,事情本身从总体看,可能是错了,但是并不表明其构成的每个要素都错了,从系统构成角度看,系统质大于要素之和,如果要素构成关系稍加改变,则可能形成完全不同的系统质,例如金刚石与石墨,其要素完全一样,所不同的只是要素排列组合的结构,因此不能轻易否定单个要素。即使整个事情犯错,也并不表明事情本身没有价值,一者可以为今后类似的情形提供失败的范本,二者可能只是表明事情出现的时空不对,也就是正确的事情出现在错误的时空,于是它也错了。只有形成了这样一种容错氛围,既不因为犯错而否定整个人,也不因为犯错而否定整个事情,那么对人对事都是一个良好的氛围,都能够形成一个良性的发展平台。

其实,任何教育都有容错机制或容错氛围,因为那是教育孩子由无知到有知,这是一个不断进步的过程,在这个过程中必然包含犯错,如果不给予犯错的改正空间,就不可能获得所需要的教育效果。只是不同的教育组织,其容错机制或容错氛围会有所差异,学校教育形成了有效的容错机制,运用校纪校规对于犯错的学生既予以必要的惩戒,又给予充分的时间改正错误,运用撤销处分的方式,给予改正错误重新做人的机会。学校容错机制的核心是纪律约束,培养学生形成规矩意识,凡是破坏纪律规矩的,都要受到惩罚,只要认识错误并改正错误,就可以撤销处分,还其原本的清白之身。因此学校的容错机制强调客观性,要求依据事实说话,虽然也讲究情感,运用以情动人的方式教育孩子,希望从内心深入促其认识错误并改正错误,但毕竟是辅助手段,主要办法还是刚性条规。基于村庄聚落的行为教育,其容错氛围与学校教育有所不同,虽然也有村规民约,但是更多的时候是通过情感来容错并纠错,而不是刚性条规。在这样一个熟人社会,相互之间都是叔伯兄弟,对待一个犯错的孩子,不看僧面也得看佛面吧,因此不会动辄采取惩罚的方式,而是动之以情晓之以理,更多采取情感教育的方式,因此其容错氛围不同于学校教育。这种基于情感的容错氛围,因为直击人的内心世界,运用情感这种最易于表现非理性的一体方式,可以迅速形成你我一体的一家人意识,就可以消解你我对立的可能性,因此更易于为对方所接纳并及时改正错误。当然,也不是不运用条规,因为村庄聚落还是有着显性或隐性的村规民约,如果明显违反其中的条规,还是需要运用条规进行必要的惩戒,但这不是容错氛围的主体部分,它只起着辅助作用。由此可见,虽然不同的教育组织,其容错机制或容错氛围有所侧重,但是必然包含条规与情感两个方面,不能只运用一个层面,而忽略另外一个层面,如果那样,必然影响教育效果,一定是两者兼顾,从而达到最佳的教育效果。

亲缘之下的容错机制或容错氛围,总体而言,应该较之学校教育更加宽松,也更加人性化,其中的核心因由就是亲缘二字。对于家庭而言,每个父母长辈都保存望子成龙的思想,虽然其要求可能严苛,但骨子里还是以关爱为主,总会给予充分的试错空间。望子成龙是目标,路径则是通过教育学习获得发展,但是因为历史的原因,其龙的理解与达官贵人的理解不同,他们的龙是博取功名,而普通百姓的龙,更多是做个好人,多行善事,现世积德,然后福佑后人,因此其龙非常容易实现。换句话说,普通民众对于孩子的愿望就是学会做人,至于知识则并不十分重要,因为他们也没有进入系统知识学习的机会。做人是要通过点滴的言行举止体现出来,这些言行举止也不可能出现原则性的错误,大抵只是一些行为不当,因此可以表现更为宽容的心态,也就为孩子提供了更加优良的成长空间。这也是乡村社会的民众普遍比较善良的原因吧。

三、众人相帮避免恶性竞争

我们知道,应试教育必然存在竞争,高考制度更是把这种竞争推到极端,形成了非常严重的恶性竞争态势,因为之后基本上决定着人生的归宿与道路。虽然现在高考录取率不断提高,从1977年恢复高考的5%,到1999年首次超过50%达到56%,再提高到2016年的75%,实现适龄青年毛入学率40%,已经达到了高等教育大众化水平,但是无论从哪个数字看,都依然存在竞争关系。这种竞争可以从学校教育的角度引导,那是希望一种良性竞争,相互之间互相比拼,然后提高学校的录取率,也由此提高学校声誉。这其实是一个良好的愿望,一者因为总有一部分同学不能进入高等学校学习,其未来的就业与收入往往会打折扣,于是大家都会竞争上学指标;二者因为在基本上能够确保进入高等学校学习的同学当中,还有一本、二本、三本之别,不同高校对于学生未来的发展也影响巨大,因此在相近的学习成绩面前,其竞争态势更加激烈,往往由普通竞争发展到恶性竞争。这是不可回避的现实,只要有应试教育,再加上录取率与毛入学率不能达到百分之百,就会出现竞争现象,如果教育资源不均衡,在高等教育层面,永远不可能均衡,因为我们必须鼓励高精尖大学冲刺世界一流大学,努力占据世界大学发展的一流方阵,由此才能确保我国在科学技术方面领先世界水平。由此看来,教育领域的学习竞争那是一个永恒的主题,只是我们在基础教育阶段,尽可能把恶性竞争转为良性竞争,促进大家的共同成长。

以村庄聚落为教育场所的行为教育,不仅因为有着亲缘关系的温情学习氛围,以及一种无压力的愉悦学习心态,而且本质上因为这是一种没有任何学校教育的考试形式,并不对学习者进行任何形式的有形测试,因此消解了产生恶性竞争的基础条件,自然不会出现恶性竞争现象,倒是表现为一种温情的学习氛围。良性竞争在任何社会都是需要的,因为只有竞争,才能有效激发人的潜能,才能把精神层面的思想转化变成现实层面的物质,才能推动社会的发展。如果一定要说行为教育也有竞争的话,那么它应当是良性竞争,因为它并不现实排名,也没有利益的关联,只是一种定性的模糊评价,这个表现比较好,那个表现比较差,如此而已。因为这样的评价并没有现实约束力,因此大家也不会特别在意,自然不会出现恶性竞争现象。当然,作为一个村庄聚落的长者或族佬,应该有意识地引导小孩形成竞争意识,通过树立榜样的方式向典型看齐,努力营造正能量的社会氛围,避免一些人向邪路发展,由此形成一个和谐的村庄聚落。

其实,凡是有人的地方,就会存在竞争,区别只是良性竞争,还是恶性竞争,是显性竞争,还是隐性竞争,是弱竞争,还是强竞争,因此不必回避竞争的存在。基于村庄聚落的行为教育,如果讨论竞争的话,它们应当属于良性竞争、隐性竞争和弱竞争,或者说,可以对竞争忽略不计,因为它基本上属于正面性质。相反,倒是可以讨论与竞争相对的相助问题,因为这在传统村庄聚落中,应该是一种普遍存在的现象。传统技艺的传承大抵属于封闭性传承,只在家庭内部或家族内部传承,这种传承虽然也存在衰减可能,但更多时候是一种递增效应,在传承过程中力争改进技艺与提高技艺,因为他们是以一个整体的方式应对生活,因此不仅需要相互学习,也需要相互帮衬,以便达到共同提高的效果。学习者都是叔伯兄弟,这个学得快些,那个学得慢些,这个学得精些,那个学得糙些,都是无所谓的心态,因为大家是家族的叔伯兄弟,具有一体性,都是统一对外谋生,并不存在严酷的生存竞争关系。于是,这样一种包含亲缘的温情学习氛围,能够有效地提高学习效率,心情好,学习就会认真;心态好,效果就会明显;氛围好,工作质量就会提高。学校教育既要发扬自己的优势,也要汲取乡村教育的长处,充分利用竞争的手段,努力克服其不足,弘扬其优势,为着优化教育环境而努力。

第四节 习惯:一种生活化的学习状态

习惯是一种长期形成的思维方式、处世态度,是由一再重复的思想行为形成的,具有很强的历史惯性。人们往往会不由自主地启用自己的习惯,不论是好习惯还是坏习惯,都是如此,可见习惯的力量——不经意会影响人的一生。美国心理学巨匠威廉·詹姆斯对习惯有一个经典注释:"种下一个行动,收获一种行为;种下一种行为,收获一种习惯;种下一种习惯,收获一种性格;种下一种性格,收获一种命运。"①一般来说,习惯可以在有目的、有计划的训练中形成,也可以在无意识状态中形成。良好的习惯必定在有意识的训练中形成,不允许也不可能在无意识中自发的形成,这是好习惯与不良习惯的根本区别。相对于其他习惯而言,不良习惯形成以后,要改变它是十分困难的,俗话说:"江山易改,本性难移。"从根本上说,任何一个好习惯的养成都不是轻而易举的。

一、生活习惯属于生活习得结果

有调查表明,人们日常活动的90%源自习惯和惯性。小到我们几点钟起床、洗澡、刷牙、穿衣、读报、吃早餐、驾车上班、握笔姿势以及双臂交叉等微不足道的事,大至我们的工作步骤、与人如何相处、喜欢哪些书籍,我们的健康、性格等,都与自身习惯分不开。可以说,我们大多数的日常活动都只是习惯而已,一天之内上演着几百种习惯。生活习惯是人们在日常生活中反复出现或练习而逐渐形成且巩固下来,成为满足生活需要的自主性行动方式。生活习惯的形成取决于特定的情景刺激和某些有关动作在大脑皮层形成巩固的暂时神经联系系统,是动力定型的表现。当人们身体内外条件刺激按一定顺序不变地反复进行后,大脑皮层的兴奋和抑制在空间和时间上的关系也按一定的排列顺序固定下来,这样就形成了大脑皮层的动力定型。这时,神经通路变得更通畅,自觉排除内外因素的干扰,使之条件反射的出现越来越恒定和精确,而且时间本身和前面的一种活动都成为条件刺激,使神经细胞能以最小的消耗而收到最大的工作效果。大脑皮层的动力定

---

① 汪建民. 受益一生的北大管理课. 北京:北京工业大学出版社,2015:28.

型,在行为上就表现为"习惯",习惯就是定势化的行为模式。如喜欢在早晨锻炼的人,若在其大脑皮层上形成动力定型,就会在行为上表现为早晨锻炼的习惯,并且几乎在同一时间起床,在同一地点、以同一方式来进行锻炼,所谓的"习惯成自然"就是这个道理。

生活习惯是人们生活方式的一种表现形式,其产生及形成必然要受到所处的社会与文化环境的影响,不同时代、不同文化背景、不同地理环境等都会产生和形成不同的生活习惯,因此生活习惯与生活本身融为一体,不可分割。

下面是瑶族《挖地歌的由来》,就有力地说明生产习惯与生活一体:

瑶人原来住在富饶美丽的千家峒,后来官府派兵打进去,烧杀掳掠,弄得瑶人妻离子散,家破人亡。剩下十二户人家,漂洋过海来到广西山区。有个叫冯顺来的青年,带着年老的父亲来到无坪山开荒谋生。这是一片古老的森林,纵横数十里,土地肥沃,毒蛇猛兽特别多,人们都不敢在这里居住。冯顺来父子俩为生活所迫,冒着生命危险在这里住下,他们砍木头做柱子,割下茅草当瓦盖,砍下竹子围篱笆,盖起了一个简易的房子。春天,他们砍下一片片荒山,放火一烧,种上杂粮,指望秋后获得丰收。不料,临到收获季节,顺来的父亲被猛兽吃了,红薯、苞米、芋头、岭禾也被野兽吃了大半。顺来想起死去的父亲,望着眼前的庄稼地,心里像刀绞般难受,打算离开这野兽出没的地方,去过安定的日子。但他又想:平原、丘陵都住满了汉人、壮人,只有山区才是瑶人栖身之地;有山就会有野兽,何不想法治治它们。想到这里,他打消了搬家的念头。第二年,他照常在无坪山耕种。有一天,他拿着铜锣吊在树上,"哨——""踏——"地敲着,锣声在山谷里悠扬地传开,野兽听见声音,都跑开了,顺来才安心地干活。秋天,庄稼成熟了,野兽晚上又来吃作物,顺来在工地上搭起一个小茅房,隔几晚上到茅棚去住,隔一段时间敲一敲铜锣,野兽听见铜锣的声音惊慌了,躲进山里不敢出来。这一年,顺来种庄稼获得了丰收。顺来觉得这个对付野兽的办法有效,便及时告诉同族兄弟,后来人们上山做工都拿铜锣去,边干活路边敲锣,边挖地边唱歌。如此,大家爱上了无坪山,高兴地唱道:"人不离山,山不离锣,锣不离歌,永远安乐。"这就是"挖地歌",只要开展农业生产活动,大家都会敲打铜锣,吟唱这首歌谣。[1]

我们再看一些生活习惯凝聚在生活习俗中的情况,也同时融入了当地的族群生活。贺州市八步区点灯寨建屋习俗中动土之位置十分重要,也形成了自己的一

---

① 苏胜兴.瑶族故事研究.沈阳:辽宁民族出版社,1998:90-91.

些生活习惯。动土前还得请来风水先生,一定要按罗盘指向的东南向之右角作为动土之位。其次是上大梁最讲究。是日,特地为升大梁摆酒,准备好一些糍粑,请建筑师傅吃糍粑饮酒吃肉,为上大梁说好话,届时点香燃烛放炮,准备好许多小红包,分发给村里的男女老少。屋建好后请来算命先生,按屋主的出生年月日,落地时辰,推算出进入新屋的日期及时辰,即定下搬新家的好日子。届时要在新屋门口摆一些粮食、油、蔬菜、锅头,表示日后丰衣足食,样样不缺,生活富足。进门时要由户主带领全家人一同进入,届时每个家庭成员不得空手,必须手持物品,并由一人拿一盏灯,称"长寿灯",一般以前用灯草灯,现都改用煤油灯。照亮全家进新屋,意即将光明带入新居,全家长寿幸福。进屋后,家人三天内不能到别人家里串门、走动,就是亲友家有婚丧大事发请有约也不可前往赴宴,只得打个封包表示祝贺。三天内不许家人拿任何东西到屋外。有客人来贺乔迁之喜的只许拿进来东西而不许从屋里往外拿走东西。意谓有进无出,风水不外流。① 这是生活习惯吗? 是的。这是生活本身吗? 是的。它们可以分割吗? 不能,因为它们就是一体存在。其实,更多的生活习惯就是如此,它们与生活本身无法严格区分,在生活中习得习惯,在习惯运用中开始生活。

习惯具有非理性特征,因此生活习惯在生活行为中,既可以在意识状态下习得,也可以在无意识状态下习得,而且在无意识状态下习得具有更稳定的成效。如果完全是无意识状态下习得的生活习惯,一定与动物本能有着紧密关联,因为那些行为模式具有生理遗传性,每个动物生来就具有这种基因与能力。只要获得基本的行动能力,幼小动物就可以通过观察亲代动物的行为,而基本获得这种能力,并且在不断的反复练习中逐渐娴熟而成为一种行为习惯。但是,前此所言,良好的行为习惯则需要在意识状态下经过反复训练,才能真正形成并达到自动化的要求。那些基于生活的良好行为习惯,一定是经过文明提炼的人化行为模式,这就需要教育才能实现。更多的时候,我们强调的正是这种生活习惯,因为它代表着我们的文明程度。其实,即使良好的生活习惯也并不完全需要显性意识的参与,才能有效传承或习得,因为人类文明历史已经历经千百万年,已经具备了文化遗传基因,一些文明的生活习惯已经代代相传,因此亲代与子代之间的生活习惯,虽然也可以在意识状态下习得,但不会排斥在无意识状态下习得。这种无意识状态是基于家庭或家族生活环境,亲代长辈都是如此的生活习惯,子代在这样一个

---

① 徐桂兰.贺州厦良村点灯寨考察报告.广西右江民族师专学报,2000(4):15.

良好环境中耳濡目染,不必经过什么特别的耳提面命,就可以习得这些生活习惯。例如,对于卫生的讲究,贺州客家人比较讲究卫生,房屋每天都要打扫,厨房每天都要清理,桌椅板凳保持清洁,衣服即使破旧也要整洁,各家各户都是如此,这已经是一种生活常态。这种生活常态,既是生活本身,也是一种文明习惯,一种区别于动物的生活品质,小孩在这样的环境下生活,还需要讲什么大道理吗?应该不需要了,只要照着做即可,这就是一种无意识状态。久而久之,这个家庭出来的人,都会具有这样一种生活习惯,也就是具有这样一种生活品质。在我们身边,可以查看一些婚姻家庭,其中的矛盾起源,并非什么原则性问题,大抵起于生活习惯,也就是生活的细枝末节,可见,生活习惯确实与生活本身融为一体,不可分割,因此习惯的习得也是一种学习结果。

习惯,习惯,就是一种惯性,在无动力的情况下,也能够在一定时空内运转。当然,其实它也有动力源,就是在动力状态下赋予的动力定型,因此习惯是定势化的行为模式。既然是定势化的行为模式,就不可能出现一次行为活动,就可以定型,一定是只有反复实践习得,才能成为习惯。即使是基于动物本能的行为模式,也需要在生存需求动力驱动下,在无意识状态下经过反复训练,才能习得,也才能娴熟。至于基于文明提炼的人化行为模式,因为不是动物本能的生理遗传,而是人类独创的行为模式,更需要在意识状态下反复训练,才能变成自己的一种惯性行为,既而演变成为习惯。就如最为简单地使用筷子习惯,这既不是动物所有,也不是所有人类种族所有,而是存在于中华文化圈,具有明显的人化行为模式性质。在我们看来,如此简单地使用筷子行为,对于初次到中国、初次使用筷子的西方人而言,那就不是一个轻而易举的行为,需要一个反复实践的过程,虽然不同的人,其过程有所不同,但都要经历一个过程,这是确定无疑的。对于我们自己的小孩而言,似乎他们使用筷子的能力较之西方人更强,父母并没有什么特别教学,顶多只是指点一下,小孩就轻易地学会了,并不觉得有什么困难。为何同样的初学使用筷子,中国的小孩较之于西方成年人还要学得快、掌握得好,不是中国小孩聪明,而且中国有着这样一种文化传统,并且已经变成了文化基因,因此形成了一种文化遗传,于是中国小孩经过简单地反复练习,就可以很快学会了。这就是行为教育,可以说,行为性文化更多是通过如此的行为传承得以发扬光大,并不需要专门的理论讲授,只在生活的文化环境中,行为习惯已经生活化,生活每天都在继续,于是生活习惯每天都在反复,反复之中就形成惯性,由此就可以在无动力状态下也可以有效运转,这就是习惯教育的魅力与成效。

二、良好习惯归入教育基本指标

1998年1月18日,75位诺贝尔奖获得者相聚在法国首都巴黎,为人类所面临的重大科技问题进行研讨。会议期间,有人向一位诺贝尔奖获得者请教:"您是在哪所大学、哪个实验室获得最重要知识的?"出人意料的是,这位白发苍苍的老者却说:"我是在幼儿园。"提问者一下子愣住了,接着问:"您在幼儿园学到了哪些最重要的东西呢?"这位科学家耐心地回答说:"我学会了把自己的东西分一半给小伙伴;不是自己的东西不能拿;用过的东西要摆放整齐;吃饭前要洗手;不说谎话、要诚实;做错事了要表示自己的歉意;仔细观察周围的大自然……"谁也没想到,在我们平时看来最平常的行为习惯,却成就了这位科学家最辉煌的事业。或许在很多人的印象中,习惯只是一件小事,只是个人问题,不足以影响整个人生。但事实上,恰恰是一些小习惯、一些小处影响了个人的成败。①

以上事例告诉我们,学校教育不只是教给知识,更为重要的是还要养成良好的行为习惯。一般而言,学校教育大抵都会包含两个最为基本的教育指标,即品行和知识,这在课程改革的三维目标中已经有所表述,知识与技能、过程与方法、情感态度与价值观,更为简洁的描述就是德与才。其实,在两个指标中,还包含一个指标,即是习惯,可以是品行的习惯,也可以是知识能力的习惯,习惯贯穿品行与知识,因此应该予以充分重视。习惯不是简单的行为,而是蕴含一种思维方式,表达一种处世方法,因此学校教育非常重视良好习惯的养成。在小学阶段,我们甚至会说,习惯比知识更为重要,良好的学习习惯可以受用终身,可以为学生的终身学习打下良好基础。不良习惯可能影响学生未来发展,诸如粗枝大叶、应付了事的学习习惯,对于学问的研究将会极其不利,将会严重影响学生在这个方面的发展,即使其人智商很高,也不可能做出多大成就。这种良好学习习惯的养成,实际上在学校的各个阶段都占据重要地位,甚至大学也是如此,老师都会强调必须养成严谨的治学态度,才能从事真正意义的学术研究,才能获取有益的学术成就。我们将习惯列为教育基本指标,确实在于提醒良好习惯的重要意义,必须着力养成学生良好的行为习惯。品行即是品德与操行,品德是内在的思想,操行则是品德的外在呈现方式,品德只有通过操行,才能得到确证,否则只是一种观念,具有不可靠性。如果操行表现出来的行为只是一次,则在本次上能够传达一定的品德

① 李墨. 输在坏习惯. 上海:学林出版社,2007:14.

精神,但是并不真正内化变成品德思想。记得毛主席曾经说过:"一个人做好事并不难,难的是一辈子做好事。"毛主席说明的就是这个道理,一次操行行为其实并不代表什么,只有持续不断的反复相同的操行行为,也就是成为习惯,那才能真正转入品德思想。由此看来,习惯是考察品行的重要指标,这也是品行与习惯的基本关系。知识的学习也包含习惯的内涵,在三维目标中主要集中的"过程与方法"的维度里面,学生学习一种方法,然后在过程中反复使用,那么就可以变成习惯,于是可以自觉地运用,形成有效地自学能力。

举一个简单例子,比如老师教给学生课文预习方法,引导学生抓住文本关键词,纲举目张,不仅课前初步把握文本意义,而且能够深入研读文本,就可以逐渐形成自学能力。关键词研读方法,其基本步骤如下:

第一,找准关键词。关键词是能够揭示主旨、升华意境、涵盖内容的关键性词句,从教学层面而言,既可以指向全文,也可以是文段,只要在一定区间内具有导引功能,就都可以成为文本学习的关键词。而要将此词语找准,首先需要通览全文,只有在理解文章大意的前提下,才有可能找准语词。在确定几个可能的关键词之后,运用比较的方法考察哪些语词最切近文章主旨,于是确定一级关键词。其他的语词也运用相同的方法,在全文或文段的观照下,确定二级或三级关键词,由此构筑文本关键词层级,形成一个关键词支撑下的意义网络系统。

第二,在语境中品析关键词意蕴。一个语词在此文本中是关键词,在彼文本中就不是关键词,不是因为语词的意义发生转换,而是所处语境不同,因此品析语词在语境中的意蕴就是解读文本的关键所在。语词的品析既需要了解字面意义,还需要理解本义,本义是意义之根,这对于深入把握文本内涵具有不可替代的作用,因为所有的意义都是从此生发出来的。当然,很多时候文本并非使用本义,而是语境具体中的意义,这就要求必须结合语境确定关键词的意义。这种意义的确定不仅需要放在一个句子语境中,还需要放在一个文段里,更需要放在全文主旨下,如此才能准确把握,才能真正体现关键词的性质。

第三,充分发挥关键词导引功能,辐射理解文本内涵,构筑文本意义网络。关键词不是一种孤立的存在,而是因其于文本意义网络中具有导引功能,具有牵一词而动全文(全段)的作用,由此确立了关键词的地位。既然该词具有如此功能,那么文章的品读就要充分利用它的这种功能,从而达到有效阅读的目的。在充分理解关键词意蕴的前提下,就要寻找其意义的辐射路径,这是上一层级意蕴向下一层级意蕴播撒的过程,显示关键词应有的意义衍生能力,由此可以构筑文本意义网络。同时,文本各部分各层级的意义必须具有收缩功能,能够向着关键词收缩,由此体现关键词应有的意义凝聚功能。这是文本品读的两个路向,它们形成一种互动关系,只有在学习中形成了这样一种互动,才算是基本参透了文章意蕴。

试以小学语文《狼和小羊》为例:

这是一则寓言故事,讲述一只狼为了吃小羊而故意找借口,小羊据理申辩,狼虽然理屈词穷,但还是蛮不讲理地扑上去吃小羊。这则寓言告诉我们,狼的本性是凶残的,它一定会干坏事,但总是喜欢把自己打扮成冠冕堂皇的样子,饰以好人的假面目干坏事。在明白寓言主旨之后,哪个词语可以作为关键词引领全文呢?"狼非常想吃小羊,就故意找碴儿"是全文重点句,其中包含了一个重要关键词,即"故意找碴儿"。找碴就是存心给人制造麻烦,包含无中生有之义。故意则是明知不能如此做,而偏要这样做,企图以外在的行动掩饰内在的目的。故意找碴儿,就说明狼为了达到吃掉小羊的目的,明知小羊没有犯错,自己也没有任何正当理由,存心无中生有地制造矛盾和麻烦,以期假意形成小羊过错,然后以此为借口吃掉小羊。经过这样分析,我们可以确认以"故意找碴儿"作为关键词进行剖析,应该是正确的。再看课文,狼故意捏造的矛盾,弄脏水、讲坏话,都是无中生有的借口,借以诬蔑过错本身在小羊,充分说明狼确实是故意找碴儿,目的只有一个,就是想办法冠冕堂皇地吃掉小羊。狼一定要吃掉小羊,但是狼不想给自己留下坏印象,希望给人一个"正人君子"的形象,在没有光明正大的合法理由吃掉小羊的前提下,于是就捏造小羊犯错的借口,以期可以顺利吃掉小羊,又不至于遭受他人的指责。这就是狼为何不直接吃掉小羊,而是拐弯抹角捏造借口的深刻原因。

评析:文章剖析的关键词寻找准确,基本关键词的分析到位。首先,能够在把握寓言主旨的前提下,通观全文确认关键词,这是重要的步骤。是否为关键词,不是主观想象,必须置于文本系统,能够真正起到提纲挈领的作用。其次,能够对确认的关键词进行深入地内涵分析,在充分理解关键词内涵的前提下,才能更好地运用关键词。对于关键词不能只是浮于文字表面意思,必须深刻理解内涵,运用内涵意蕴统领文本系统,如此才能更为深刻地理解文本主旨。再次,能够有效地运用关键词阐释狼的行为,剖析其中蕴含的深层原因,能够有效地帮助学生理解文本寓意。

这个关键词研读方法,作为方法充分体现了其可操作性,可以形成定势化的行为模式,能够有效地反复实践,于是可以在反复实践中变成一种行为惯性,成为一种学习习惯。如果关键词研读方法变成了文本研习的习惯,那么学生对于文本的理解就不会过于困难,不仅能够理解课本的文章,而且可以解读任何一篇文章,不仅在学生时代有用,而且可以指导终身,因此较之于只是死学一篇课文,形成文本研读习惯更为有意义。

一种良好习惯的养成,在今天的学习型社会,尤其显得重要。终身学习既是个人追求,也是社会必需,在教育高度发达的今天,终身学习的知识能力并不缺乏,缺乏的是支撑终身学习的良好行为习惯。我们都说,处在当今快节奏的社会,许多人内心非常浮躁,都急于追求成功,但是从成功与失败的案例中可以得知,真正的成功,或者说,一个社会要求的成功,需要时间,需要坚持,不可能一蹴而就,特别是在重大项目方面,或者是从人生角度要求,都需要时间支撑,因此具有良好的坚持习惯是获得最后成功的必备条件。

哈佛行为科学家研究证明:一个人一天中的行为大约只有5%是属于非习惯性的,而剩下的95%都是习惯性的。即使是创新,最终也会逐渐演变成习惯性的创新。人一切的想法、一切的做法,最终都会演化成一种习惯。另一项研究得出的结论是:一个动作如果重复21天以上就会形成习惯;而如果坚持90天的重复,则会形成稳定的习惯。同样,同一个想法,如果连续重复21天,也就会变成了习惯性的想法。

这里有一个故事能够很好地说明,时间的坚持对于习惯的养成是多么重要,也是支撑个人成功的重要法则。

老教授指着第一株植物对年轻的学生们说:"把它拔起来。"年轻学生很轻松地便把这棵幼苗从土里拔了出来。"现在,请将第二株植物拔出来。"年轻的学生听从了老师的吩咐,略加用力之后,便将树苗连根拔起。"好了,现在拔第三株植物。"学生们先用一只手试了一下,然后改用双手用力去拔。最后,直到学生们累到筋疲力尽才把它拔起。"好的,"老师接着说,"去试一试这最后一棵吧。"年轻的学生抬头看了看眼前的巨树,想了想自己刚才拔第三棵树时已经累得筋疲力尽,于是便拒绝了老师的提议,甚至没有去做任何尝试。"我的孩子,"老教授笑着说道,"你的举动恰恰告诉你,习惯对生活的影响是多么巨大啊!"这个小故事中的植物就好比是我们的习惯,是"由小到大"一步步慢慢形成的,在小时候如果你不在意它,等到长大时,它已经扎根于你的体内,成为你的一部分。正如美国著名教育家曼恩所说:"习惯像一根缆绳,我们每天给它缠上一股新索,要不了多久,它就会变得牢不可破。"①

如果将习惯延伸到一个人的成功层面,我们可以看到,个人成功不仅取决于智力因素,更取决于非智力因素,习惯属于非智力因素的基本组成部分,因此良好的习惯能够有助于个人成功。世界成功学鼻祖拿破仑·希尔在 20 世纪初的几十年里,研究了当时 500 多位最成功的人士,其中包括美国的几任总统、大发明家爱迪生、发明汽车的福特、发明电话的贝尔、发明飞机的莱特兄弟等人。结果发现了很多带有规律性的成功习惯,其中第一个就是积极主动的习惯。拿破仑·希尔指出,积极主动的习惯必须贯穿在其他所有习惯之中。它是我们挑战人生各种习惯中最重要的习惯,被称为人生成功的"黄金定律"。这样一个结论,不是孤证,还有不同的专家也对此进行研究,而且也得出类似的看法。推孟在《美国心理学家》杂志 1954 年第 4 期上发表的《超常才能的发现和促进》一文以及《中年期的天才》一书中谈到了天才形成的因素。他认为主要有:(一)智力因素的重要性。这是不可忽视的基础条件。(二)早期的兴趣和特殊才能决定或预示后来的发展方向。(三)四项非智力因素对成就影响很大。由于不太成功的被试测出的智力水平没什么不同,所以很清楚,取得突出成就需要的不仅仅是高智力。1940 年之后,为了确定一些影响成功的非智力因素,推孟在天才被试中选出 150 个最成功的人和 150 个不太成功的人,对其成长历史进行详细分析。研究结果表明,人格因素是成就的极其重要的决定因素。最大差异来自 1940 年对 12 个人格特征的评定,其中 4 项差异最大,即"达到目的的坚持性""与目标一致,不偏离""自信""没有自卑感"。考虑所有结果,"甲组和丙组在成就动机、整个的情绪和社会适应方面差别最大"。这个发现和科克斯对历史上的天才的研究结论一致。科克斯对 100 人的个性作的评定,发现他们有 3 个显著特征,即动机和努力的坚持性、对他们能力的信心和性格的力量。② 这就从成功与失败两个层面充分地说明,作为非智力因素的习惯并非无关紧要,它是个人成功的重要条件,因此不管是学校教育,还是民间的行为教育,都应该关注良好习惯的养成,并且把习惯作为教育质量考核的重要指标。

三、行为习惯积淀个人品质修养

行为习惯虽然具有非理性特征,却是在无意识状态下呈现出来的意识结果,

① 穆臣刚. 哈佛人生规划课. 北京:中国法制出版社,2015:93.
② 钟祖荣,齐建芳,王玉昆. 外国人才研究史纲. 北京:蓝天出版社,2005:64.

能够反映个人品质修养。确实,既然已经称为习惯,就具有条件反射性质,遇到类似的条件,就会不自觉地下意识做到相应行为,而且这种行为具有反复性与惯性,这才是真正的习惯。如此看来,似乎只是一种单纯的无意识行为,其实不然,在这个无意识状态下,还是包含意识成分,或者说,习惯的最初状态就是在意识引导下逐渐养成的行为模式,因此包含意识内容。比如家庭八仙桌的围桌吃饭,我们现在都很自觉地把正对大门方向的位置留给主人或尊贵的客人坐,晚辈都会自觉地坐在其他位置,诸如背对大门的末位,或者正对大门的桌子左右位置,都能够按照自己的身份选择座位,不会乱坐位置,也不会坐错位置。这种看似习惯性的位置坐法,其实包含文化信息,体现个人的品质与修养,因为在传统文化里面上为尊,靠近祖宗牌位的方位被定义为上,因此座位习惯反映个人的处世修养。其实行为习惯也一样,都积淀着社会文化,以习惯方式遵守这种文化,就反映个人的品质与修养。再比如走路行为,我们现在习惯行人靠右走,甚至可能以为从来如此,或者全世界都如此,其实不然,我国香港地区则是行人靠左走。在机动车尚未引入我国以前,我们的驿道只有马车或牛车,达官贵人的马车或牛车走中间,行人回避且只能走两边,这就与现在行人的走法不同,说明走路习惯也积淀文化信息。明白易懂的事例已经说明,习惯并非只是单纯的行为,也不是一种真正无意识的行为,而是在无意识状态下包含意识内容,不管我们是否意识到,都是如此。也许有人不会提到,一些动物本能的习惯性反应,也携带意识内容吗? 从逻辑角度看,应该也是的,因为人已经是充满意识的高级动物,因为其整体包含意识,那么基于局部或部分的行为,很难说能够完全摆脱意识的影响,不携带一点意识内容,从这个意义看,所有的习惯都必然携带意识内容。例如,我们的手遇火会本能地回缩,以避免被火烫伤,是否并不携带意识内容? 只要仔细分析,其中还是包含意识内容。首先,在表述上是"手习惯性地回缩","习惯性"虽然说明它不同于真正意义的习惯,但也表明其与习惯的关联,具有某种习惯相类的特性。其次,"火"这个概念的形成,就是意识的结果,不仅存在于现实世界,而且存在于意识世界,已经以一种影像的方式烙印在人的脑海里,形成了意识符号。再次,条件反射本身具有实验性,其分解为两个部分:条件与反射,条件是外在的客观现象,反射是肌体的反应,反应就需要通过大脑回应,人的大脑是意识的集中加工场所,它的反应能够完全排斥意识的参与? 恐怕不能吧。由此看来,不管是需要反复训练的文化习惯,还是基于动物本能的所谓习惯,都包含意识成分,这是我们考察习惯与品质修养关系的逻辑起点。因此我们认为,行为习惯不是个体的生理行为,而是社会基于文明规范约定俗成的行为模式,因此习惯是文明成果在行为中的体现。

　　既然习惯积淀着人类文明成果,个人的文明素养能够积淀在习惯里面,那么透过行为习惯就可以考察个人的文明程度。总体而言,社会总是趋向进步,个人总是追求文明,因此两者都会努力表现自身的文明素养。我们不讨论社会文明问题,只在考察个人的文明程度。个人的文明,一般而言,可以体现言行两个方面,因此不仅需要看个人说了什么,还要看个人做了什么,两者结合才能更好判断个人的文明素养。生活中,经常可以看到这样一种现象,有人在大众面前讲得头头是道,转身就做了为人所不齿的事情,表现明显的言行不一。

　　鲁迅《孔乙己》,有这么一个情节:

　　孔乙己是站着喝酒而穿长衫的唯一的人。他身材很高大;青白脸色,皱纹间时常夹些伤痕;一部乱蓬蓬的花白的胡子。穿的虽然是长衫,可是又脏又破,似乎十多年没有补,也没有洗。他对人说话,总是满口之乎者也,叫人半懂不懂的。因为他姓孔,别人便从描红纸上的"上大人孔乙己"这半懂不懂的话里,替他取下一个绰号,叫做孔乙己。孔乙己一到店,所有喝酒的人便都看着他笑,有的叫道,"孔乙己,你脸上又添上新伤疤了!"他不回答,对柜里说,"温两碗酒,要一碟茴香豆。"便排出九文大钱。他们又故意的高声嚷道,"你一定又偷了人家的东西了!"孔乙己睁大眼睛说,"你怎么这样凭空污人清白……""什么清白?我前天亲眼见你偷了何家的书,吊着打。"孔乙己便涨红了脸,额上的青筋条条绽出,争辩道,"窃书不能算偷……窃书!……读书人的事,能算偷么?"接连便是难懂的话,什么"君子固穷",什么"者乎"之类,引得众人都哄笑起来:店内外充满了快活的空气。

　　从这段描述中,我们可以发现孔乙己的一些习惯,比如穿着长衫,这是读书人的身份标志,是有文化的文明人,因此要读圣贤书,做圣贤事,讲圣贤话。但是,孔乙己所作所为,却与此相反,他偷了何家的书,而且还在诡辩,说什么窃书不算偷,这就形成了强烈的反差。

　　如果说,孔乙己的偷是迫于生计,还没有发展成为一种行为模式,即没有变成惯偷,那么我们生活中随手乱扔烟头,则是一种不良的习惯。抽烟本身已经被文明社会所摒弃,文明社会还是体现自身的文明素养,给予这部分人一定的生存空间,一般在公共场所划分部分区域为吸烟区,但还是有人乱扔烟头,不是完全扔在指定的垃圾筒内,或是直接丢在地上,或是插进花盆里,或是丢到水沟里,或是扔进厕所里,总之,不按指定地方丢弃。这种行为习惯看似一种无意识,其实是反映背后的意识思想,对人对己不尊重,没有文明意识,充满利己主义思想。因此,我们可以通过一个人的行为习惯透视其品质与修养,这也是审美的一个基本原则,以现象反观本质,所谓"文如其人、字如其人"即是也。

作为一个现代文明人,自然需要自我不断文明,既然行为习惯能够反映个人的品质修养,那么就应该以行为习惯方面加强训练,以行为习惯积淀自我的文明素养,通过点滴行为展现文明人应有的风采。良好行为习惯需要修炼,各个的修炼方法可以各有不同,但是也可以形成某些共性的原则。一是理解并遵守公共层面的社会行为规范。个人的文明修养不是针对个人而言,必然是在人类社会的环境下才具有意义,因此个人的行为习惯一定是在社会环境下才能有效验证,这就要求行为习惯必须符合社会公共规范。符合社会规范的前提是理解这些规范,如果不知道这些规范,那么就不可能按照规范训练自我的行为习惯,如果不理解这些规范,甚至对这些规范存在抵触心理,那么也不太可能按照规范行事,自然不能养成习惯。即使偶尔依照规范行事,那也是迫于环境压力的偶然行为,并没有形成可反复的定势行为模式,也不构成行为习惯,它只是小概率事件。因此,理解并遵守社会公共行为规范是前提,将这种遵守转化成定势化的行为模式,才是关键,那时习惯才得以养成。二是理解并遵守不同国度、民族或族群的社会公共行为规划。世界具有文明多样性,不同的国度、民族或族群,在不同的历史条件下,发展了各自不同的社会公共行为规范,作为一个文明人,不能以己之标准度量他人,需要尊重并理解且遵守他人的社会公共行为规划,这才是一个真正意义的文明人。三是慎独,能够在个人空间里面,在没有他人或社会监督的情况下,仍旧能够按照社会公共行为规范行事,那才是真正入脑入心的良好习惯,才是真正值得称道的文明人。我们真正需要的就是这种人,这是一个完全表里如一、精神纯粹的高尚之人。

第三章

规约教育

民间的所谓规约,是一种非国家法律层面的规章约定,依赖民间道德力量或宗族势力实施监督,基于约定俗成属于道德层面体现自律性的规范要求,其内容既可以形成文字,也可以诉诸口头,具有明显的民间性特征。因为是行为的规范性要求,因此既可以包括能够做什么,也包括不能做什么,是疏与导的统一。疏者既排除堵塞物,又构筑防波堤,重在禁止做什么,防止损坏和谐的社会环境;导者既告知当下能够做什么,又指引前进方向,描绘未来发展蓝图。民间规约因为不具备国家法律效力,因此其动用道德力量与宗族势力,道德力量起于内心,目的在于形成一种自觉追求,宗族势力是借助外在力量,通过外在的震慑阻挡,由此设定行为边界。通过内心与外力的共同作用,就可以实现规约应有的教育功能,实现一种基于村庄聚落的内部自治,也可以实现个人的自我管理,达到无为而治的效果。

第一节　民谚:一种理念的传承

民间谚语是劳动人民生产生活的实践经验结晶,使用言简意赅且相对稳定的短语,反映自然界与人类社会带有某种普通意义的现象与规律,体现劳动人民的集体智慧与哲理思索,旨在形成一种草根文化以教育传承百姓价值。民谚确实不只是一种语言现象,还是一种草根文化,也不只是知识的简单传播,还是百姓价值观的传承,更不是自我戏谑,而是对抗庙堂文化的宣示,因此这是具有丰富文化内涵的意象。在不能充分享受官方正规教育资源的前提下,民谚就是民间不可多得的教育资源,可以确保草根文化绵延不断,而且可以增加民众的自豪感,因为其另辟蹊径开拓了别样的教育空间。

一、民谚是基于民间的历史经验总结

民谚是历史的总结。历史具有三个基本特征,即指向过去的时间性、不间断的时间延续性与导向未来的隐含性。依照历史的三个特性,可以考察民谚是如何总结历史经验的。民谚已经是一种现实存在,但是它的生成不在当下,而是在于过去,是在过去时间里面发生人与事关系的凝练与总结,因此一定体现指向过去的时间性。时间只有过去,才能成为历史。这个过去了的时间,并不只是时间过去,还包括生活在时空里面的人与事,也一同随之过去。在这个过去的时空里,历史意味着积累,因为历史是过去时间的叠加,也是在这个历史时空里面的人与事的叠加。历史的叠加不是完全不同人与事的累积,而是相似之人与事的反复,诸如自然界与人类社会,都会存在这种现象。自然界的一年四季周而复始地运转,于是一切生物都会呈现反复轮回的周期,于是这种叠加就具有了规律性。规律性一旦出现,就为人们提供了解规律且掌握规律的必要平台,由此就可以形成历史的经验总结,出现了许多有关农事的谚语。例如:清明前后,种瓜种豆。秋禾夜雨强似粪,一场夜雨一场肥。类似谚语肯定不是一次观摩所能得到的结论,必定是在多年的反复轮回过程中,经过必要的比较研究,从个人的农事经验提炼变成一个地区具有普遍性的规律,从而指导农业生产。这种谚语提炼出来之后,还会在生产生活中经过反复验证,确证其基本正确,才会得以流传,因此谚语本身必定积淀着历史的印迹。自然界生物可以中断灭亡,诸如统治地球数千万年的恐龙,但是就历史本身而言,从来没有中断,因为只要时间延续,历史就会从过去一直走向未来。这种不间断的时间延续性,也是谚语之所以能够生成并得以流传的基本前提,因为谚语总结的是具有规律性与普遍性的人类智慧,反映的是自然界与人类社会的历史现象。假如时间没有延续性,而是在某种阶段中断了轨迹,那么谚语所提炼的经验就只是阶段性的个别现象,只适用过去时间的当下,没有指导过去之未来(即现在)的意义,自然就会被后人所遗忘。被遗忘的"谚语"就会被历史的尘埃掩埋,或者永远不被后人所知,或者只是作为考古的历史材料呈现,可以确证曾经有过的历史经验。这就说明谚语应当能够指导未来,体现历史应有的导向未来的隐含性,否则就只能成为档案材料。但是,这只是说明过去的事实,随着科学技术的发展,基于传统的经验总结可能截止,不再能够指导未来的生产生活。比如有农谚说:"七月种葱,八月种蒜,千万莫搞乱。"这种指导民众按照时令开展

种植活动,对于过去而言,知心朋友遵守,否则就没有收获。但是,我们现在发展了智能农业,依托人工制造的小环境,已经能够打破自然界的气候限制,可以生产反季节农产品,于是一些有关时令生产的谚语由此失效。非常明显的例子,在过去年代,冬天是公认的农闲时节,已经不适合种植农作物,但是如今已经打破了这个铁律,冬天依然能够看到春天的蔬菜,可以听到夏天的水果。这不是历史的中断,只是技术的截止,当下更为先进的技术替代了传统技术,于是历史按下了休止符,即开启了另外的篇章。这个开启,即是时间的延续,也是历史的发展,昭示着历史总是从过去走向现在,再从现在走向未来,从来不以人的意识为转移,却可以推进意识的进步,可以不断地提炼历史经验,并产生新的谚语。

民谚是集体智慧的结晶。民谚属于民间文化范畴,它与其他民间文化一样,属于集体智慧的结晶。在这个方面,应该是比较容易理解的。民谚没有确定的作者,不可能找到具体的版权所有者,民谚的创作属于这个区域的全体劳动人民。没有具体作者,也就没有个人特征,民谚带有全民的普遍性内涵,它是这个区域文化的集中体现。例如:"立夏禾出岔,插也罢,不插也罢。"这是江南,特别是岭南地区稻作文化的反映,在双抢季节,如果到了立夏还没有插秧,之后的收成甚微,因此才有"插也罢,不插也罢"的说法。相反,在非稻作文化地区,就不会有如此说法,就是北方,如东北地区,虽然也种植水稻,也不会有如此经验总结,因为他们盛行一季稻。同样,在海南地区,也不会有如此说法,因为他们可以种植三季稻。不仅内容无专属性,而且表达方式也没有专属性,不像专属作者那样追求自己的语言风格,努力打造自己的烙印。作为任何智慧的表征,还可以从时间层面加以论证。如果有所专属作者,一定具有明确的时间标志,可以不具体确定具体年份,但是应当可以确定时间段,因为作者总在一定的时限范围内生活,于是可以确定大体时间。但是,民谚则不同,几乎没有哪个民谚能够确定时间年代,更不必说能够确定具体年份了,由此也可以断定不是具体个人创造,而是集体智慧的结晶。"禾怕寒露风,人怕老来穷。"类似的谚语,我们确实不能肯定其产生的年代,自然也不能确实其作者。也许有人会说,这里的信息可以给我们一些考据。"禾"表明这是稻作文化地区,也就是水稻产生之后,那也有上万年的历史了。1995 年,在中国湖南道县玉蟾岩遗址里,发现了四粒黄色的稻谷,测定年代为公元前一万年前。以神农氏而论,那么也有五千年的历史。再以"禾"于甲骨文中出现,再稍微往前追溯,也可以上溯到商朝大约四千年的历史。如果再以"寒露"而言,那则是传统历法相对成熟的年代,应当也在夏朝,距今大约五千年的历史。在如此漫长的时间里,不说个人寿命问题,就是朝代更替都繁复异常了,哪还能考据这些细枝末节。同时,民谚所反映的公共知识,也使之变成无主的存在。即使最初确实能够确认一个作者,但是在口耳相传过程中,由于它是公共知识,因此百姓只会记得知识的内容,不会记住最初的作者,因此随着时间的推移,也必定变成无主存在,表明这是集体智慧的体现。例如:"惊蛰未到雷先鸣,阴阴暗暗到清明。""蚂蚁搬家,大雨哗哗。"类似天气变化的气象谚语,完全就是公共知识,百姓只要从中理解谚语内容,根据谚语提示开展农事活动,确保自己的工作能够有序开展,不会理会作者是谁,这就决定即使有作者,也必定会消亡在公共知识里面。

民谚是区别庙堂文化的草根文化。民谚确实创造了一套属于自己的知识体系与话语系统,这套系统的核心特征是草根性,知识是承接地气的实用知识,话语是接纳底层的百姓语言,形成了隶属百姓的草根文化。从知识体系看,民谚有不同的分类,就其一种分类而言,即有自然天象谚语、农业谚语、为人处事谚语、婚姻家庭谚语、卫生养生谚语、生产劳动谚语,如此等等,大凡直接关联百姓生产生活的事情,都有相应的谚语。相反,庙堂文化的琴棋书画、抒情言志、四书五经、诗骚辞赋,如此等等,在民谚中没有其存在的位置,更不可能存在鸿篇巨制式地讨论国家命运与宇宙哲理的宏大叙事,这是基于官方的知识体系。就话语而论,民谚具有通俗易懂、朗朗上口、言简意赅、生动形象的特点,大多直接取自百姓口语,充分利用与尊重百姓语言,旨在能够在几乎都是文盲的百姓中间可以有效流传,达到民谚应有的传播知识的目的,因此民谚的语言不具备个性,都是表现通常性。相反,庙堂文化则不同,因为他们有着专属作者,特别是发展成为文学之后,文人意识不断增强,个性品格不断突出,作品一定想方设法打上个人创造烙印,因此语言具有个性特征。李白的语言不同于杜甫,白居易的语言不同于元稹,辛弃疾的语言不同于苏轼,柳永的语言不同于晏殊,总之,只要致力于形成自己风格的作家,都有自己独特的语言表述方式,则不会雷同于他人。我们从两个最为基本方面可以确认民谚应该是可以区别于庙堂文化的草根文化,具有自己明确的特征。

民谚作为历史的经验总结,已经形成自己的草根文化,普通百姓在这样的文化氛围中生活,必定浸染民谚所显现出来的文化信息,由此得到有效的教育。这种教育主要通过三个层面得以实现:一是历史教育,二是实用教育,三是软性惩戒。民谚是历史的产物,携带着历史的信息,必然包含历史的文化遗传基因,于是可以较为有效地实现民谚所携带的知识传承。民谚已经代代相承,每个生活在当下时代的人,都不知道其起于何时,只知道这是前人的经验总结。这样一种历史的意象,使得一般人不敢轻易违背,只能遵照谚语所提示的内容去做,生怕万一违背,就会遭受不可承受的惩罚。也许,不只是物质上的惩罚,也不只是身体上的体罚,更重要的是精神上的折磨,一句"不听老人言,吃亏在眼前",一个背祖逆宗的指责,可以让所有人都承受不起,这就是历史的力量。更何况,许多时候,民谚本身确实具有内在知识的正确性,特别是有关生产生活方面的谚语,自然界总是在大概率上印证其正确,由此,其正确性也惠及其他谚语,使之具有全部正确的假象。虽然,事实上可能并完全正确,但已经在主观层面认定其正确了。民谚作为草根文化,从来就不虚晃一枪,以空洞的说教掩饰自身的苍白,民谚一定有其实质内容,而且对应客观现实,因此具有极强的实用性。作为基本上都是文盲的劳动人民,不会听从长篇大论的理论说教,他们要的是实在的干货,能够依样画葫芦的具体操作,民谚具有这样的特征,于是得到广大百姓的欢迎。正是这种出自内心需求的欢迎,民谚才能跨越时间的限制,才能跨越空间的限制,真正植根在百姓中间,并且有效地指导生产生活。这是正面的指导,当然也有反面的教训,因为只有正反相呈,才能达到所设定的目标。如果没有反面的惩戒,万一有人违背民谚的教导,不按照要求去做,不仅没有受到惩罚,而且还得到某种好处,那么整个民谚体系就会坍塌。作为没有法律强力约束的民谚,其惩戒不可能使用国家强制机器,一般也不会动用宗族的武力惩戒,而且运用民谚本身所包含的内在规律加以惩戒,也就是软性惩戒。自然规律本身似乎不具有外力强制武力可怕,但是却有其独特的惩戒手段与力度,可以从更深层次迫使违背者必须遵守且信奉民谚。这在反映农业生产的民谚方面尤其明显,诸如:"春争时,夏争日,莫失好时机。""清明种姜,谷雨插秧。""冷惊蛰,暖春分,播种在抓准(抓紧)。"如果不按照民谚提示的时间段落安排农事,其直接的惩戒就是收成减少,这对于农民而言,那是不可承受的损失,因为长期以来,我们的粮食产量就很低,基本上每年都不够吃,都处于饥饿状态。如果因为一次没有按照民谚提示开展农事活动,就遭受如此重大损失,那么必然给予其本人,以及其他相关民众极大的心理震慑,从此以后不敢轻易违背民谚的教导。这是从百姓生存角度予以的自然惩戒,虽然没有国家机器的介入,但是较之武力惩戒,其效能应该更大,教训更加深刻,也更加强化了民谚教育作用的权威。

二、民谚传达草根自强不息生存理念

民谚属于草根文化,具有不同于庙堂文化的特质,承载着民间的理想追求。

民间草根生活在社会底层,承担着所有的生产任务,却只能得到不够十分之一的劳动成果,其他绝大部分财富都被统治者所掠夺,而其人员不足总量的十分之一。民间草根的生活状况可想而知,一直都处于艰难困苦状态,但是这些占据人口十分之九的劳动人民并没有因此堕落颓废,依然充分生命的活力与乐观,这无疑与其自强不息的精神密切相关。这种自强不息的精神表现在生产生活的各个层面,同样也积淀到民谚里面,我们可以透过民谚感受百姓强烈的生存理念。

统治者实施愚民政策。文字具有神奇的力量,据说仓颉造字成功,在那时是一个惊天动地的事件,乃至于"天雨粟,鬼夜哭"。为什么?因为有文字以后,"造化不能藏其密,故天雨粟;灵怪不能遁其形,故鬼夜哭",也就是说文字揭开了天地间的奥秘,人类可以由自在世界进入自为世界,开始成为自己的主人,能够有效地掌控自然。既然文字具有如此巨大的魅力,历朝历代统治者都会实施文化垄断,致力文字控制,确保草根百姓成为文盲,以便能够更好地维持其统治地位。就连大规模开办私学的孔子,也不能免俗,他说道:"民可使由之,不可使知之。"只可以告诉百姓怎么做,不必让百姓知道为什么这样做,言下之意,就是没有必要让百姓掌握文字,因为百姓一旦掌握文字,就掌握了知识系统,就可以与统治者进行理论,民就不能随便"使由之"了。实际上,从夏商周开办官学以来,就明确不同级别的统治阶层成员享受不同等级的教育,不能随便越矩,坚决杜绝百姓享受官学教育现象的发生,甚至私学也严格限制普通百姓的学习权力。也许有人会说,孔子开办私学,曾经弟子三千,而且提倡"有教无类",怎么能够说限制百姓学习的权力?其实,三千也只是虚数,并非实数,文献从来就不可考据,且能够为其所称道也就是贤人七十二,这七十二也不是完全有名有姓,有名有姓者都不是草根百姓,都是拥有相当财富之人。统治者的愚民政策除了限制学堂,故意制造大量文盲之外,对于有权力学习的统治阶层内部的读书人,也是采取思想钳制政策,不时实施文字狱政策,秦始皇的焚书坑儒、宋代的乌台诗案、清朝的文字狱都是典型的代表。在这样一种政策之下,民间草根就生活在光明的阴影里面,外面是阳光,但是与我无关,这就是长期以来的两极世界。

民间依托实践发展实用技术。由于统治者推行愚民政策,普通百姓失去学习机会,基本上都是文盲,不可能形成自己的理论建构。但是,由于民间百姓承担着整个社会的生产任务,不可能犹如原始社会那样完全是攫取性经济,只是向自然索取收割,人类不承担种植任务,那样已经不能满足社会需要,特别是统治阶段的需要,于是发展与传承生产技术。这些技术不可能由统治者提供,因为他们不从事生产活动,不可能创造相应的生产技术,只能依靠百姓自己摸索创造,于是在愚民政策之下,民间草根也必然需要发展自己的生产技术。如果不发展生产技术,劳动效率就非常之低,而统治者的剥削不会减少,于是普通百姓的生活将更加困苦。在严酷的现实面前,民间草根必须关注生产技术,关注自然与生产的关系,虽然不是有组织有意识的组织活动,却是基于生存需要的内心驱动,因此可以形成自成体系的实用性知识系统。

确实,这些生产技术的发展是非常缓慢的,不仅因为生产活动以年度为周期,了解并掌握一种自然现象与生产规律需要以年度为单位,个人的生命周期非常有限,而且因为没有体制的任务驱动,没有必要的组织管理,没有个体的知识积累,几乎是从零开始,从无意识开始,从无组织开始,于是生产技术的创造、发展与积累,都是在慢节奏的状态下以自然发展的态势延续着,焉能不慢?《钟山县志》有天象谚语,云:"天上云交云,地下雨淋淋。""朝有破絮云,午后雷雨临。""东亮西暗,等不到吃饭。""乌云在东,有雨不凶。""日落乌云走,雨落半夜后。""夜看西边明,明日天会晴。"没有人布置观测任务,也没有专人有意观测,都是你看到一个现象,我看到一个现象,可能在某个时候大家闲聊之时,或者某个有意之人,才会稍加关注,于是经历若干年的积累与印证,这才有了相应的谚语提示相关天象气候。由此看来,确实不会在一时半刻完成谚语的创作,必须依托实践,在实践中留意,在实践中检验,最后才能变成谚语。此外,即使获取了生产生活技术与规律,由现象转为语言传达,也需要一个转换过程,并非每个人都能够做到,这里必然也会耽误一些时间,于是提炼总结的历史经验以谚语形式传达出来,其后更后了。这些技术与规律,不能长篇大论,必须言简意赅,以民间草根文盲百姓能够理解的通俗易懂语言表述,才能达到应有的教育效果。虽然我们现在看到的谚语集成,基本上都由统治阶层内部的读书人收集整理成册,但是不能说即由他们创作而成,他们就直接参与了生产实践活动,即使参加了劳动生产,极个别人也不能代表统治阶层,谚语还是劳动人民生产生活的历史经验结晶。

百姓打破垄断展现自强不息精神。统治者的庙堂文化居于高端,都是使用书面语言的文字加以记载,讲究咬文嚼字的精确与文采,显示自身高大尚的所谓气质与品味。通过垄断文化,特别是垄断文字,统治者不仅使自己成为物质层面的贵族,还成为精神世界的贵族,以高高在上的姿态俯瞰民间百姓,目的在于不仅通过统治者显性地压抑百姓,使之抬不起头,而且还让百姓自觉地自我矮化,使之确认自己真的低人一等、矮人一截,从而认可自己的被统治地位。在统治者的打压之下,民间百姓确实存在自我矮化现象,但是作为有意识的人,作为占据人口十分之九的劳动人民,不可能全体成员都没有觉醒意识,一定还会有少数民间精英自觉地抑制庙堂文化,致力于建构属于民间的草根文化。这种草根文化的建构,民间精英自然起着重要作用,民间精英也影响着其他普通民众参与其中,因为每个人都有一颗自证的心,于是就可以形成一个文化场域。在这个文化场域里面,民间草根的智慧与人格都得到有效提升,而且可以高于所谓的文化人,充分展现了文化自信与自强不息的奋斗精神。

贺州市有一个民间传说《三女婿吟诗》的故事:

从前,有一户人家,人们称他是小有名气的财主,婚后生了三个千金,他精心养护,一心想把她们嫁给有钱有势的权贵。

岁月如梭,看着女儿已长大成人,大女儿嫁给一位文官,二女儿嫁了一个武将,三女儿却要嫁给一个贫苦的农家男人,她认定除了这个青年农民,谁也不嫁!气得父亲透不过气来,于是,便把三女儿赶出了家门,一连三年不准三女儿回娘家。

等到这位小财主庆贺其五十寿辰那一天,由于老伴思念女儿心切,只好同意妻子的意见,允许三女儿回一次娘家。那天,大女婿和大女儿坐上大花轿,前呼后拥来庆贺父亲寿辰。二女婿和二女儿骑上雪白高头大马,携带丰厚的礼品,浩浩荡荡的队伍,看得小财主不亦乐乎。可三女儿和三女婿却两袖清风,穿的是补丁衣,草鞋绑脚,礼品竟是一小包土豆。

入席之时,小财主一见大女婿、二女婿即眉开眼笑,而对三女婿却满腹恼气。可也怪,三女婿却胸有成竹,一点也不慌张。

此时,小财主心生诡计,认为大女婿是文官,二女婿是武将,想借此把三女婿戏弄一番。于是就说:"饮酒赋诗,其乐无穷。你们三位每人吟诗一首,为老夫助兴,好吗?"

大女婿、二女婿不甘示弱,欣然答应。小财主见此便做出一个吟诗规矩,第一句末要的是一个"事",第二句末一定是个"翅"字,第四句即要"是也不是"4个字,说完便坐到太师椅上,悠悠地晃动着二郎腿……

大女婿到底是秀才门第出身,肚子里有墨水,不一会就摇头摆脑地吟起来:

蛾和蚕是一事,

蛾比蚕多两翅,

人说蛾是蚕变,

不知是也不是?

小财主听了,不断鼓掌叫好,夸大女婿是文才出众,大女婿即得意忘形,好不傲气。

二女婿只会放枪弄棍,与书无缘,一时急得像热锅上的蚂蚁,脸也变得青紫色,于是就顺着大女婿的诗,改了一下:

鸡和蛋是一事,

鸡比蛋多两翅,

人说鸡是蛋变,

不知是也不是?

小财主听罢,不觉喜出望外,武将的文墨也不差,称二女婿是个文武双全的朝廷命官,赞得二女婿脸上的横肉连连抽筋……

该轮到三女婿吟诗了,席间突然鸦雀无声,小财主、大女婿、二女婿全都冷眼相看。这时只见三女婿不慌不忙,有板有眼地吟道:

你俩和我是一事,(指三人连襟)

你俩比我多两翅,(指二人的乌纱帽)

人说你俩是我养活,

不知是也不是?

听完三女婿的吟诗,小财主的尖脑袋一沉,呆若木鸡,大女婿和二女婿气得浑身发抖,乌纱帽乱颤,半句话也说不出来!

这个故事充分展现了民间草根的生活智慧与文化自信,虽然大女婿和二女婿博得了功名,列入统治阶级行列,自视高人一等,可以藐视贫苦百姓的三女婿,但是三女婿并不自卑,而是展现了生活的机智,也嘲讽了大女婿和二女婿。虽然现实生活中可能更难出现类似的情形,但是民间百姓借助草根文化,还是展示了自我的尊严与人格,依然还是一个大写的"人",这就是一种自强不息的精神。

再看《路遥和马力》的故事:

路遥和马力,是古时候生在富有家庭的一对同伴,从小在一起读书,携手结义,立下同生、同死、共患难的诺言。长大后,由于各自家庭的变迁,先是马力家遭受天灾人祸,逐渐贫困下来;路遥却愈加富裕,在圩镇上开铺经商、财源广进。一年冬天,马力家发生了一场大火灾,他的妻子被烧死了,仅剩下两个不满十岁的孩子,殃及整个村寨都变成废墟。他变卖家产不够赔偿村民的损失。成了上无片瓦、下无立锥之地的穷光蛋。

　　路遥知道马力破产了，便把他和孩子接到自己铺里住，吃的穿的和自己家里人一样看待，经常还给马力零用钱。时光易逝，马力在路遥铺里住下数年时间，感到无聊。一天带着两个小孩郊外游玩，来到一处峭壁嶙峋的石山旁，忽然，坠落于陷阱之中，惶惑朦胧不知何故。霎时间，地洞天阔，亭台楼榭，绿树成荫，鸟语花香，宛如蓬莱仙境。但是不见人影。再看，在一个八角画檐的亭阁中有一个小铁笼，笼里有许多"百足虫"（蜈蚣），有躺着不动的，也有爬行或相戏的。他出神地看着。蓦地，走来一个白发银须的老翁，开口就说："你喜欢这百足虫，我在这里等候很久了……"马力不知何缘故，便对老翁说："这话怎么说，请老翁明示。"老翁说："你现居此地非君之处，你要安居乐业必须远涉。故老迈赠予你'百足虫'。"老翁说完，从衣袖里拿出一只铜丝盒子，放在石台上，然后打开铁笼的门，一只只"百足虫"自动走进了铜丝盒子。老翁便把这个铜丝盒子及"百足虫"交给马力。对马力说："有句赠言：百足虫，闹宜纵，君须谨记。"最后对马力说："你儿子正着急地寻找你，请速回！"老翁伸手一指，倏然，又身处在石山旁，两个孩子正在四处张望着喊："爸爸你在哪里？"他感到奇怪，说是做梦吧？确实手里还拿着这只铜丝盒子和百足虫，说明确实是到了一个奇异的地方，怎么刹那间又变幻了？奇怪，奇怪！难道是神仙恩赐的？这时又想起老翁说的"你现居此地非君之处……"的话，茅塞顿开，这不是叫我离开此地，远走他乡，寻找出路吗？于是，他带着两个孩子回路遥铺里，当晚向路遥说明要远走他乡寻找生路。路遥虽百般挽留，马力还是坚持要走，路遥无奈，赠予银两，聊表情义，马力只好接受。马力带着两个孩子，挑着行装，离别路遥一家人。

　　远途跋涉，晓行夜宿，不知走过了多少路程，也不知道经过多少地方，但路遥送给他的银子，他父子仨只是看和摸过数次，知道是一千两银子，却一个银子也舍不得乱花。日间没有饭吃，肚子饿了，或去替人家做工，或去做叫花讨食，从不愿用银子去换餐。夜晚，住圩亭，或入古庙，睡觉时就把银包当枕头。一路上，每到一个地方，凡遇上架桥修路的，或是修建寺庙做功德的，他都乐于募捐并写明：路遥捐银××两，马力带来。一日，他屈指一算已经离开家乡两年整。他们又来到一处地方，见河流挡隔，仅有的一只小船，来往众多的行人，很是拥挤，人们望河兴叹："这里能架一座大桥就好了。"一个农民便指着对岸店铺的墙壁说："上面不是贴着修建大桥募捐的告示吗？"马力听了，便到对岸店铺去看了告示，走进店铺里找到掌柜，说明他要募捐建桥银子。当即便放下包袱清点银子，一数，整整剩下五百两，他全数捐给建桥，叫掌柜写明："路遥捐赠白银五百两，马力带来。"此时，路遥给他的一千两银子,全施舍捐赠完了,他感到很轻松,又继续上路。

这时,由于过渡误了时间,只爬过一座崎岖的大山,天就黑了。来到一个村庄,想投宿民舍,当地人问他:"你过大山时,有人喊你吗?你答话吗?"马力不知缘故,依实说:"大山上有人喊:'过路哥,你从何来?'我见他喊得多次,我就告诉他是'远方来'。"人们听见他说在山上答了话,就纷纷关门,不敢让他投宿。叫他到庄外的一座古庙去过夜。他父子仨听说有座古庙可以借宿,也就很乐意,便向古庙走去。进到古庙,只见神坛已毁坏,木偶菩萨东歪西倒,早就无人烧香供奉了,屋里满是蜘蛛网,地上堆满尘污。父子仨人便打扫地面,铺下烂席憩息。这时,随身带来的铜丝盒里的"百足虫"特别颠闹。马力便立刻想起老翁赠他"百足虫"时,最后嘱咐他说"百足虫,闹宜纵"的话,便把蜈蚣放了出来。蜈蚣放出后,绕着马力身边爬了三圈,然后爬上了屋檐。这晚,约三更时分,天地黑沉沉,忽然听闻屋檐上"嗖嗖"作响,父子仨从梦中惊醒,睁开眼睛朝四处张望,但什么也没看见,又睡着了。当时,一条巨蟒从屋檐爬入,张牙舞爪,沿着厅柱奔来,想把马力父子仨一口吞噬。蜈蚣虫迅速爬到它身上,喷洒着尿液,与巨蟒打斗,把巨蟒毒死了,"唿喇"的一声跌落在天井里。这一声,把马力惊醒了,但仍然不知道是什么缘故,只觉得很奇怪,心里忐忑不安,再也睡不着了。此时又听到"哩哩呢呢"的说话声,他便拍醒两个儿子一起静听:"我们主人来了,冤家死了,我们自由了。"声音是从神坛里传出来的,父子仨都听得很清楚。急切等待着天亮,看个究竟。天蒙蒙亮,父子仨人就起来,先是看到天井里的死巨蟒翻伸着身躯,一看就知道是死蟒。这时才知道昨晚深夜的怪声,一定是巨蟒作怪。父子仨人看了死巨蟒又惊又喜,知道是蜈蚣虫毒死的,高兴地说:"神仙救了我们。"想到幸运,便生火烧水洗脸。附近村寨的人们,看见古庙里升起火烟都觉得奇异,因为人们知道,这几年来,大山上有一条大蛇妖,凡过山来的人它都喊,如果答话了就是它的食物,跟踪来吞噬。所以人们不敢让过路人投宿,叫过路人到古庙里去,凡到古庙里的人,都是被大蛇妖害命了的。现在庙里竟然有烟火?人们都带着好奇心跑到古庙来看究竟。人们看到天井里死的大蛇正是马力父子除的大害,纷纷向他们道喜,真是贵人福相,既保住了自己的性命,又为百姓带来平安。村民们回家带来刀、锅、碗等炊具和米盐油酒,大家一起动手宰割大蟒,把古庙打扫干净,摆一餐"龙肉宴"。席间,众人对马力说:"这庙宇,本不是古庙,原是一家人住的,只因这屋里常出妖怪没人住了,人们就刻菩萨、立神坛,名为'天灵庙'。如今,神坛已毁,'天灵庙'三字早剥落了,妖怪也灭除了,这不是天助贵人吗?"大家劝马力就住在这座庙宇里,附近的山场和荒芜田园，一应归马力所有。马力便从众望住于此。他开始整修房子，竟然在神坛下挖出三只大坛，打开一看，都是银子。每坛面上的一块刻着"主人收"。这时，马力才想到那天晚上听到的话语，一定是这银子成精说话。此后，马力广置田园，成了当地的大富翁。他儿子成亲时，四村人们都来贺喜赴宴。许多叫花子都来讨食。因为叫花子很多，第一次施饭时，从左边发起，发到末尾的一个就没有了。第二次施饭时，头次没有得到饭的叫花子，这次就争着站到左边去。谁知施饭的人想着头次在左边，这次应从右边发起。于是，分到左边，又是剩下一个叫花子没有得到饭。这样，头次没有得到饭的叫花子，第二次施饭也同样落空了，便闹闹嚷嚷起来说什么："你没救，人就死！"施饭的人回去告诉马力说："门外叫花子很多，有个叫花子因分不到饭，他骂说：'你没救，人就死！'"马力听了觉得这话很是蹊跷，便出门来看，见蹲在门外的一个叫花子垂头丧气，衣衫褴褛，很是面熟，三步两步便走近瞧，便问："你从何处来？"两人面面相觑很久，便相认出来了，原来是路遥，忽地拥抱在一起，眼泪双流。马力便搀扶着路遥进屋来，洗过澡，换上新衣服，把他视为上宾。路遥便对马力诉说："愚兄因为天灾人祸，弄得商业破产，店铺拍卖一空，家小归山种地。我本想出来寻找生活，做小贩营生，不料又被山贼拦路抢劫，只留得一条活命逃生，做了叫花子。流浪到此地后，因见到处寺庙，桥梁碑志有'路遥捐银××两，马力带来'，才在此地逗留寻觅。今日聚会，实是万幸。"马力听了，深表同情，安慰他且宽心住下。但只过了些时，路遥想起慈母年老，妻儿在家穷困艰难，迫切辞别还乡。马力虽有依依不舍之情，但亦乐意欢送他归程。临别时，马力叫两个儿子一齐送出五里外，从衣袋里掏出一鼎十两银子对他说："这是少许银子，供仁兄在途中解渴。"路遥接过银子，心里悻悻不乐，头也不回便走了，因为他嫌马力给他太少了，在路上他干脆施送给了叫花子。回到家乡的镇上一看，原来自己的店铺修葺一新，又重新贴着"路兴隆"的商号，人来人往，生意很是兴隆。自己感到奇怪，不敢走进铺里，在门外踌躇。还是店铺里的一个佣人瞧见了他，便欢喜若狂地叫了起来："老板回来了！老板回来了！"妻子和掌柜们都走出来迎接，他走进了自己的店铺，经询问之后，才知道是马力派人来替他赎回店铺，重新帮他进货开张。他感动不已。后世人把他们仁义之交的传奇，编入了《增广贤文》之古书，书云："路遥知马力，日久见人心。"

　　路遥知马力，日久见人心。虽然也是文人成语，但是民间也作为谚语编成故事，就是教给大家在任何时候，都应该有自强不息的精神，只要精神在，就一定能够创造美好的未来。由此推知，统治者对民间草根实施文字垄断与文化封锁，使之永远处于无文化状态,以便能够永远"使由之",但是民间还是创造了自己的草根文化,使得自己走出野蛮状态,而且通过草根文化展现统治者的愚蠢,展示自我基于实践的聪明,表达了自强不息的文化自信。村庄聚落的民众在这样一种草根文明氛围的浸染下,虽然没有掌握书面文字,但是依然可以展现自己的文化体系,由此可以在文化层面获得与统治者平等的人格尊严,实现一种无为而治的文化教育效果。

三、民谚依托生活实践选择案例传承

民谚的知识体系具有极强的应用性,因为它们来自实践,因此民谚的传承也首选实践。实践出真知,既然知识从实践中来,自然要在实践中才能容易理解,特别是没有生活经验的人,没有实践就不可能有效理解谚语本身含义。例如:"黄犬(蚯蚓)站岗,大雨落汤。""黄犬(蚯蚓)卷沙,唔见雨来。"现在一些大城市的小孩,如果根本没有见过蚯蚓,那么最多只是记住这两句话,不可能转化变成生活知识,并且能够指导生产生活活动。即使知道什么是蚯蚓,但是什么情形叫作站岗,什么情形叫作卷沙,也不可能将这两句谚语的含意弄清楚,不能判断什么时候下雨,什么时候无雨。对于村庄聚落生活在乡村的人也是一样,也会选择在实践中讲解相应的谚语,不会离开实践本身而无来由地传授。还是以蚯蚓物象为例,大人在路上看到蚯蚓出窝,探头探脑,看来在过马路的时候,就会告诉小孩这条谚语,说到"黄犬(蚯蚓)站岗,大雨落汤",大雨马上就要来了,赶紧回家避雨。在经历连续几天下雨之后,大人在路上看到蚯蚓虽然出窝,却是钻进沙子里面,似乎在寻找凉快之地,就会告诉小孩这条谚语"黄犬(蚯蚓)卷沙,唔见雨来",天就要放晴了,而且温度还不低。只有在这样一个实践场景下,小孩不必死记硬背,也不会感觉任何的学习压力,完全是在放松的状态下学习相关谚语,获取相应的生产生活知识,自然就会变成自己的知识体系。

农业生产总有一定的时间性,但是这个时间不像现在的精密仪器,应该也必须精确到分秒,而在靠天吃饭的年代,天在掌控着我们的生产,因此即使想精确也是不可能的,需要依据每年不同的气候变化进行具体观察,然后确定生产安排。这时,谚语概括的时限,必须具有一定的宽度,不可能具体到一个时间点,那么具体拿捏把握还需要在实践中体验摸索,因此更离不开实践的指导。有这么一条谚语——"立冬前犁金,立冬后犁银",这是指导农民要犁田翻冬,它设定了一个具体的时限,即立冬为界,于之前犁田,那么可以充分滋养恢复地力,于之后犁田则

效果减半。这似乎没有什么任何问题,但实际上"之前""之后"就是一个模糊概念,于立冬当日犁田呢,没有明确。保水田,还是旱水地,自然不能一概而论,应该有所区别。与立冬节气到来之前的气候状况也有关系,例如霜降节气来临的早晚,也影响着翻田养地的效果。"霜降在月头,卖撤棉被来买牛;霜降在月中,十个牛栏九个空;霜降在月尾,冻死老虎尾。"这些都需要在实践中,才能具体把握,因此民众对于民谚的传承,都不会空对空的传授,都会选择在相应的实践场景中传承,以期达到最佳效果。

民谚与实践紧密关联,实践就是一个具体的语境,因此民谚文化的传承也一定是在语境中传承,才能达到应有的成效。任何一个经验的总结,总不会无缘无故,都有其产生的具体语境,也有着对应的教育对象。只有在具体语境中引出相关的谚语,小孩才能对号入座,才能领会其中的含意,也才能转化变成自己的知识体系。在这个方面,有关为人处事的谚语,如要理解其中含意,并且转化变成自己的行为原则,不经历相关事情,真的理解不深、理解不透。比如,"多叫一声叔,少行十里路。"从字面看,没有任何深奥之处,也容易理解,但是不经过相关事情,真的只是字面了解而已。首先,对应着谚语提示的问路情形,要让小孩知道请教的重要性与必要性。在路遇岔路口的时候,自己不知道应该走哪条道,这时最好的也是最省心的办法,就是向人问路,由此可以避免走冤枉路。这是第一个层面的语境,可以告诉孩子虚心问路的好处。其次,教导孩子应当礼貌询问,不可无名无姓无尊无卑地询问,那样将不可能得到有效的帮助,甚至会被人故意引入歧路。再次,在遇到多个选择,难以抉择的时候,实际上也是路遇十字路口,这时也应该虚心请教,可以避免付出不必要的代价。长辈所言,"我吃过的盐,比你走过的路多",类似的情况长辈可能有过经验教训,可以为我们抉择提供有益的参考。这种语境,较之于第一种情况更加隐蔽,但是其指导意义更强,大抵关系人生道路,如果没有必要的语境,那是很难理解并被运用到具体实践中去的。我们的长辈不是专职老师,不会专门创造语境开展教育活动,都是适应已经出现的语境进行教育,因此语境具有客观真实性。这就不像学校教育,由于体制教育的关系,学生相对远离社会环境,只在学校封闭环境里面学习,因此接触真实的客观环境。为了弥补真实环境的不足,于是开发了虚拟环境,努力创造一个虚拟的仿真语境,以便可以更加有效地训练学习对于知识的实践性把握。这也说明,真实的实践性语境,对于学习知识是多么重要,没有真实语境,就想办法创造虚拟语境。在这个方面,民间教育确实有其优势,不必创设虚拟语境,其真实的场景、实践性的活动,确实有利于草根文化的传播,能够更好地传承民谚知识,获取其应有的精神内涵。

民谚来自实践,实践最具有形象性,也能够开启故事性。民谚创造者是百姓,长期以来他们就是一个文盲群体,因此其创作的民谚一定包含良好的具象,不会倾向于抽象的理论符号概括,否则不利于大家的理解,也不利于有效地传承扩散,创作民谚的目的也不能达成。民谚描述的对象是具体事象,不是深奥的哲学命题,这也决定了民谚应该采取具体生动形象的语言加以描述,从而能够以此见彼,即使是说明一些做人道理也一样。一些为人处事谚语,虽然是说明做人的道理,但是使用比喻等一些形象性意象进行描述,让人能够透过具体意象感悟其中道理。例如,"有拐杖跌唔倒,有商量错唔了。""前留三步好走,后留三步好行。""未做生意先学肚量,未出门先学谦让。"这些谚语就极具形象性,通过一些具体行为本身告诉我们,做事应该有所商量,做事不能做绝,做事应该学会谦让,因此,我们应该充分利用谚语本身所具有的具体生动形象性进行传承,才能容易达成效果。

此外,我们还可以依托谚语本身的语言描述,丰富其形象性,这样也可以达到更好传播的效果。千百年来,我国劳动人民在生产实践中根据云的形状、来向、移速、厚薄、颜色等的变化,总结了丰富的"看云识天气"的经验,并将这些经验编成谚语。例如,选入小学课本的朱泳燚《看云识天气》,就是一个典型例子。

其文曰:

天上的云,真是姿态万千,变化无常。它们有的像羽毛,轻轻地飘在空中;有的像鱼鳞,一片片整整齐齐地排列着;有的像羊群,来来去去;有的像一床大棉被,严严实实地盖住了天空;还有的像峰峦,像河流,像雄狮,像奔马……它们有时把天空点缀得很美丽,有时又把天空笼罩得很阴森。刚才还是白云朵朵,阳光灿烂,一霎间却又是乌云密布,大雨倾盆。云就像是天气的"招牌":天上挂什么云,就将出现什么样的天气。

经验告诉我们:天空的薄云,往往是天气晴朗的象征;那些低而厚密的云层,常常是阴雨风雪的预兆。

那最轻盈、站得最高的云,叫卷云。这种云很薄,阳光可以透过云层照到地面,房屋和树木的光与影依然很清晰。卷云丝丝缕缕地飘浮着,有时像一片白色的羽毛,有时像一块洁白的绫纱。如果卷云成群成行地排列在空中,好像微风吹过水面引起的鳞波,这就成了卷积云。卷云和卷积云都很高,那里水分少,它们一般不会带来雨雪。还有一种像棉花团似的白云,叫积云。它们常在两千米左右的天空,一朵朵分散着,映着灿烂的阳光,云块四周散发出金黄的光辉。积云都在上午出现,午后最多,傍晚渐渐消散。在晴天,我们还会偶见一种高积云。高积云是成群的扁球状的云块,排列很匀称,云块间露出碧蓝的天幕,远远望去,就像草原上雪白的羊群。卷云、卷积云、积云和高积云,都是很美丽的。

当那连绵的雨雪将要来临的时候,卷云在聚集着,天空渐渐出现一层薄云,仿佛蒙上了白色的绸幕。这种云叫卷层云。卷层云慢慢地向前推进,天气就将转阴。接着,云层越来越低、越来越厚,隔了云看太阳或月亮,就像隔了一层毛玻璃,朦胧不清。这时卷层云已经改名换姓,该叫它高层云了。出现了高层云,往往在几个钟头内便要下雨或者下雪。最后,云压得更低,变得更厚,太阳和月亮都躲藏了起来,天空被暗灰色的云块密密层层地布满了。这种云叫雨层云。雨层云一形成,连绵不断的雨雪也就降临了。

夏天,雷雨到来之前,在天空先会看到积云。积云如果迅速地向上凸起,形成高大的云山,群峰争奇,耸入天顶,就变成了积雨云。积雨云越长越高,云底慢慢变黑,云峰渐渐模糊,不一会儿,整座云山崩塌了,乌云弥漫了天空,顷刻间,雷声隆隆,电光闪闪,马上就会哗啦哗啦地下起暴雨,有时竟会带来冰雹或者龙卷风。

我们还可以根据云上的光彩现象,推测天气的情况。在太阳和月亮的周围,有时会出现一种美丽的七彩光圈,里层是红色的,外层是紫色的。这种光圈叫作晕。日晕和月晕常常产生在卷层云上,卷层云后面的大片高层云和雨层云,是大风雨的征兆。所以有"日晕三更雨,月晕午时风"的说法。说明出现卷层云,并且伴有晕,天气就会变坏。另有一种比晕小的彩色光环,叫作"华"。颜色的排列是里紫外红,跟晕刚好相反。日华和月华大多产生在高积云的边缘部分。华环由小变大,天气趋向晴好。华环由大变小,天气可能转为了阴雨。夏天,雨过天晴,太阳对面的云幕上,常会挂上一条彩色的圆弧,这就是虹。人们常说:"东虹轰隆西虹雨。"意思是说,虹在东方,就有雷无雨;虹在西方,将有大雨。还有一种云彩常出现在清晨或傍晚。太阳照到天空,使云层变成红色,这种云彩叫作霞。朝霞在西,表明阴雨天气在向我们进袭;晚霞在东,表示最近几天里天气晴朗。所以有"朝霞不出门,晚霞行千里"的谚语。

该文通过形象的语言描述,把相关天气谚语的云形状加以形象化,可以让人充分感受谚语所包含的形象性,也就为我们利用谚语开展故事性传承提供了有力证据。

为此,我们还可以提供类似的一些有关天气的谚语:

"炮台云,雨淋淋":炮台云指堡状高积云或堡状层积云,多出现在低压槽前,表示空气不稳定,一般隔 8—10 小时左右有雷雨降临。

"云交云,雨淋淋":云交云指上下云层移动方向不一致,也就是说云所处高度的风向不一致,常发生在锋面或低压附近,所以预示有雨,有时云与地面风向相反,则有"逆风行云,天要变"的说法。

"江猪过河,大雨滂沱":江猪指雨层云下的碎雨云,其形像猪,出现这种云,表明雨层云中水汽很充足,大雨即将来临。有时碎雨云被大风吹到晴天无云的地方,夜间便看到有像江猪的云飘过"银河",也是有雨的先兆。

"棉花云,雨快临":棉花云指絮状高积云,出现这种云表明中层大气层很不稳定,如果空气中水汽充足并有上升运动,就会形成积雨云,将有雷雨降临。

"天上灰布悬,雨丝定连绵":灰布云指雨层云,大多由高层云降低加厚蜕变而成,范围很大、很厚,云中水汽充足,常产生连续性降水。

"云往东,车马通;云往南,水涨潭;云往西,披蓑衣;云往北,好晒麦":这里所指的云,是低压区里的低云。低压是自西向东的(实际上往往是自西南向东北移动)。云往西,说明该地处于低压前部,本地将因低压移来而降雨;云往东,说明低压已经移过本地,本地处于低压后部,天气即将转晴,转晴之前常常要刮一阵风。

"乌云接落日,不落今日落明日":指太阳落山时,西方地平线下升起一朵城墙似的乌云接住太阳,说明乌云东移,西边阴雨天气正在移来,将要下雨。一般来说,如接中云,则当夜有雨;如接高云,则第二天有雨。

"西北天开锁,明朝大太阳":指阴雨天时,西北方向云层裂开,露出一块蓝天,称"天开锁"。这说明本地已处在阴雨天气系统后部,随着阴雨系统东移,本地将雨止云消,天气转好。

"太阳现一现,三天不见面":指春夏时节,雨天的中午,云层裂开,太阳露一露脸,但云层又很快聚合变厚,这表明本地正处在准静止锋影响下,准静止锋附近气流升降强烈、多变。上升气流增强时,云层变厚,降雨增大;上升气流减弱时,云层变薄,降雨减小或停止;中午前后,太阳照射强烈,云层上部受热蒸发,或云层下面上升气流减弱,天顶处的云层就会裂开。随着太阳照射减弱,或云层下部上升气流加强,裂开的云层又重新聚拢变厚。因此,"太阳现一现"常预示继续阴雨。这句谚语和"太阳笑,淋破庙""亮一亮,下一丈"等谚语类同。

"天上鱼鳞斑,晒谷不用翻"(瓦块云,晒煞人):鲤鱼斑是指透光高积云,产生这种云的气团性质稳定,到了晚上,一遇到下沉气流,云体便迅速消散,次日将是晴好天气。但是,如果云体好像细小的鱼鳞,则是卷积云,这种云多发生在低压槽前或台风外围,短时间内会刮风或下雨,所以又有"鱼鳞天,不雨也风颠"的谚语。

"云钩向哪方,风由哪方来":云钩指的是钩卷云的尾部,出现在高空,有时上端有小钩,也有排列成行的。上端小钩所指,是高空风的方向,而高空风往往又与地面相连,所以根据云钩方向大体可测知风的来向。

"早上乌云盖,无雨也风来":是说早晨东南方向有黑云遮日,预示有雨。因为早晨吹暖湿的东南风,温度较本地空气为高,形成上冷下热,水汽易上升成云,再加上白天地面受热,空气对流上升,更促使云层抬高,水汽遇冷成水滴,从而可能使天气变为不风即雨的情况。

"黄云上下翻,将要下冰蛋":黄云多是暖湿空气强烈上升所致,出现这种情况多降阵雨与冰雹。

"云吃雾下,雾吃云晴":见到雾之后来了云,可能低气压要来临,是要下雨的兆头。反之,如云消雾起,表示低气压已过,晴朗天气即将来临。

"日落射脚,三天内雨落":指太阳从云层的空隙中照射下来,称"日射脚",傍晚出现日射脚,说明对流作用强烈,预示有雨。

"久晴大雾阴,久阴大雾晴":指的是久晴之后出现雾,说明有暖湿空气移来,空气潮湿,是天阴下雨的征兆;久阴之后出现雾,表明天空中云层变薄裂开消散,地面温度降低而使水汽凝结成辐射雾,待到日出后雾将消去,就会出现晴天。

"清早宝塔云,下午雨倾盆":在暖季的早晨,如天边出现了堡状云,表示这个高度上的潮湿气层已经很不稳定,到了午间,低层对流一旦发展,上下不稳定的层次结合起来,就会产生强烈的对流运动,形成积雨云而发生雷雨。

这些都是类故事性的形态,并非真正意义的谚语故事性传承,其实谚语当中包含完整故事者,还真是不多,除前面举例的"路遥知马力,日久见人心"之外。但是,这并不影响我们以故事传承来标示草根文化对于谚语的传播,因为故事无非就是包含事件情节,以具体生动的语言,塑造一个形象加以传播,而谚语基本上都包含相类似的因素,而且百姓在传播具体谚语的时候,也是绘声绘色地讲述,因此可以归结为以故事来传承的传播特点。这种传播特点的归纳旨在突出谚语的实用性,既在具体实践环境中生成,也在实践语境中传播,具有区别庙堂文化传播的突出特点,也强化民间草根文化的独特性。

第二节 村规:一种行为的约束

有记载显示,我国最早的成文式"村规民约"可以追溯到北宋陕西蓝田吕氏兄弟创制的《吕氏乡约》,其主旨是"德业相劝、过失相规、礼俗相交、患难相恤",体现为一种道德教化、规劝互省之内部成员的行为约束。因此,如果相对全面的考察村规,则从本质上看,村规民约是一种基于社会道德的组织性契约;从定位上看,它是介于国法与家规之间用来调整成员关系的秩序规范;从管理方式上看,则大体上遵循一种"集体行动的逻辑",即以个人与组织间的"利害关系"来约束成员行为,由此看来,村规的重要功能是行为约束。当然,我们还应该思考,村庄聚落为何要制定村规来约束村民?简而言之,就是为了构筑和谐的人际关系,创造一个和谐的聚落社会环境,追求一种美好的社会生活。

一、村规是村民意志的集中体现

村规由会议决定。村规,既然是一村之规,自然不能由一个人说了算,必须由会议决定,这是村规的基本属性所规定了的。会议决定能够更好地体现村民的集体意志,因为这是需要所有人遵守的规约,就应当体现村民的集体意志,否则就不可能推选下去,就会变成一张废纸。虽然这个集体意志并不等于全体村民都同意,因为各自诉求有所不同,认知方面也存在差异,对于一个问题具有不同看法,那是完全正常的,但是只要大多数村民同意,就可以通过,就可以列入集体意志。这个集体意志必须代表公共利益,取得各方利益的最大公约数,才能为大家所认可,即使少部分人有意见,也可以有效说服且能够执行。最大公约数是一个重要理念,不管是过去,还是现在,只要是人,都有自己的思想,从理论上说,每个人的思想完全可以各不相同,这就意味着有多少个人,就很有可能存在多少种思想。这些不同人的思想,虽然很难完全重合,但也不可能完全相异,因为大家都生活在相同的社会环境,受到相同的文化浸染熏陶,因此一定存在交叉部分。这个交叉重合部分可能不会立即显现出来,需要通过多次会议讨论,然后可以得到最大公约数,这就形成村规的基础内容。至于细节部分,则可以仔细斟酌,由大会交给村委(或宗族会)完成。总之,村规内容必须体现村民集体意志,通过会议方式决定,以便使之合法化。

广西贺州市有一个瑶族支系叫土瑶,作为瑶族独存于贺州的一个支系,其人口稀少,只有1471户6196人(2004年12月),主要分布在贺州市八步区鹅塘镇的明梅、槽碓、大明和沙田镇的狮东、金竹、新民六个村委会的59个村民小组中。他们居住环境比较恶劣,全部散居在海拔500米以上的贺州市绵延一百多公里的大桂山脉边远山区,距离乡镇所在地都在20公里以上(远的60多公里),许多村屯只有人行的村道,一些村屯修筑了能够通行摩托车的便道,最好的道路是只能行驶农用车的四级村屯土路。土瑶族群社区占有面积408.05平方公里,约占两镇面积的61%,但现有耕地面积却只有8915亩,其中水田616亩、山地8299亩,林地面积56879亩。① 由于经济贫困与生活环境恶劣,一些土瑶女子不断外嫁汉人,而本族男子则难以娶到老婆,"为了控制土瑶女子外嫁,土瑶社区于1983年5月10日至11日,在沙田镇狮东村大冲寨专门联合召开了由沙田镇的狮东、新民、金竹和鹅塘镇的明梅、大明、槽碓等六乡代表参加的'四甲'会议②。参加会议的有妇女代表8人,老辈代表1人,行政村干13人,各寨代表32人,共53人。他们自带米、酒会聚于大冲,商讨有关禁止土瑶女人外嫁的问题,并草拟了《'四甲'会议决议书》。"③虽然这是现代社会,但是也能够说明村规的出台还是需要会议决定,而在过去既可能是全体村民,也可能是族佬会议,总之不应当由个别人决定。这就在形式上确保村规的合法性,也能够体现村民的集体意志,便于村民共同遵守,有利于教育所有村民。

村规具有全员性。村规是由全体村民通过的约定,面向全体村民是其基本外延,不应该有所例外。从村规的最初设计,必定具有全员性特征,只有集中全体村民意志,才能普及到每个村民,只有如此,才能使村规具有权威性。具有权威性的村规,才能获得村民的信任,也才能得到有效执行。贺州市土瑶1983年的《"四甲"会议决议书》分为"婚姻"和"作风"两个部分。婚姻方面第六条规定:"一律不准与汉人谈情恋爱,犯者罚款一次30元,二次加倍。女的28岁以上,没有与同族人谈成,可由本人意愿,也可与汉人结婚。"在结婚年龄上,规定土瑶男女嫁娶年龄限在20周岁以上,配合了国家婚姻法规定。在婚宴上也做出新的规定,由以前的婚礼长桌宴连吃三天三夜,现在修改为一天一夜。在婚宴招待礼俗上,删除在婚

---

① 贺州市扶贫办 . 贺州市土瑶扶贫报告 . 2004 – 12.
② "甲"是行政组织单位,"四甲"是旧时土瑶人对土瑶社区的统称。
③ 袁同凯 . 走进竹篱教室:土瑶学校教育的民族志研究 . 天津:天津人民出版社,2004:232.

宴上异性相互嘴对嘴"敬菜"的规定。在作风方面，严禁偷盗与赌博，凡是偷盗与赌博，一经发现，则整个土瑶村民都可以到该村民家里免费吃喝，直到吃完其全部粮食与禽畜为止，迫使其无法生活。这样非常严苛的惩罚，其威慑力远远高于国家法律，因为你在聚落根本无法生存。这些规定虽然起因于个别现象，针对当时土瑶出现的婚姻问题，似乎已经影响到土瑶族群的发展，于是做出的相关规定，但是并非只是专门针对个人，而是对整个土瑶族群提出的整体要求。正因为村规没有特殊性，才能发挥其应有的约束作用，否则就是一张废纸，因为村民都是平等的，相互之间不具有国家行政权力。也许，在实际执行过程中，还会出现一些偏差，村中有威望的人士或族长、族佬，在他们自己违反村规的时候，确实有可能自己网开一面，或者是他人也会为其有意减轻惩戒力度，这确实是现实的可能存在。然后，这并非村规制定之初的本意，其初还是一视同仁，没有特别设定例外，充分尊重民意体现民情，遵循村规之下人人平等的原则。这就不像传统社会的统治者，其制定法律之初，就已经明确"刑不上大夫"，法律只是针对被统治阶级，是用于控制与惩罚被统治阶级的工具。这种明显的法律阶级性，明确表示它是一种统治工具，用来维护自身的统治地位与政治经济利益，迫使被统治对象永远处于弱者地位，使之永远不能翻身。因此这种法律从来就不具有全员性，即使他们宣称"王子犯法与庶民同罪"，也是一个幌子，虚拟地构筑一个平等的法律环境，旨在让百姓能够从内心里面认可其法律，以期达到完全遵守其法律的心理期待，进而诱使百姓认同自我的奴隶身份。

再如，河南洛阳一处清朝时期的村规，那是乾隆五十三年（公元1788年），洛阳一带乡村曾掀起一股立约之风，禁赌禁娼，教化民风。这年仲秋，洛阳新安县一乡保根据"邑贤""禁赌博以端风化"的建议，召集辛省北牌牌民"合牌公议"，立"辛省北牌公议禁赌碑记"。他们痛陈赌博危害，"公立禁赌条约"曰：

赌博一事，屡奉上宪严禁，律例昭彰，法所不宥者也。戊申秋，邑贤侯杨谕乡保禁赌博以端风化，因合牌公议，勒诸贞珉，永为惩戒，诚义举也。窃思赌博为诸恶之倡，士农工商，一人其中，必至各废其业。故往往三五成群，挥金如土，赢发者少，输穷者多。久之产业荡尽，父母不能养，妻子不能顾，或杂乱而为匪，或逼勒而致祸，或牵连而受刑，或乞丐而饿死，种种弊端，不可胜数。谚云：要钱汉，做贼汉。可不戒欤?!

今公立禁赌条约：

嗣后。如有开场盘赌者，罚砖一千；有将隙地与人开场者，与开场同罚；有一名赌博者,罚砖五百;有输赢类赌者,与赌博同罚。每十家互相稽查,隐匿者连坐。所罚之砖俱入寺充公。如不受罚,乡保送官究处。倘乡保徇情不首,与开场同罚。凡我乡亲,当彼此相戒,慎勿有初而鲜终也!是为记。

又议:牌中若有收留外来流娼者,照开场盘赌罚例,加倍处治。

监生　徐步云撰文并书

乡约　姬宗孟　姬克贤

生员　赵邦英

保证　徐宣　翟元章

生员　徐步瀛

牌民　姬克振　赵九成

监生　赵尚质　翟元善　徐守曾

合牌人等仝立

乾隆五十三年仲秋吉旦

石工席银①

由此可见,从其违反村规的惩戒处罚,就可以看出,其条规并非针对某人,而是针对全体成员,提供赌场场地与经营赌场同罪,参与赌博与赢输类赌同罪,参与赌博与隐匿赌博同罪,徇情不首与开办赌场同罪,完全体现村规全员性原则。确实,有着如此一视同仁概莫能外的条款,以及配之以铁面无私的执行,必然能够有效地发挥村规应有的约束作用,能够有效净化村庄聚落的社会风气,从而创造一个和谐的社会氛围。

村规具有相似性。村规民约作为村民集体意志的体现,既可以从形成的机制上考察,也可以从各地村规内容的相似性层面考核,都可以说明其内在精神具有集体意志特征。一个村庄聚落内部自然不必考据,因为会议的决定形式,已经表示其合法性与全员性。如果不同村庄聚落的村规也具有大体相近的内容或精神,那么更加能够说明其条款具有普遍性,不是一个村落的独特现象,而是作为民间百姓所共同的要求。诸如对于赌博偷窃、卖淫嫖娼、乱砍滥伐、打架斗殴等具体而微的违反社会公共治安的行为予以必要的禁止,一般不讨论与涉及刑事犯罪、国家安全等重人事件,那些行为都由国家政权机关管理,不在村规民约之列。

由于河南在乾隆时期盛行赌博,赌博之风漫延,于是各地纷纷制定相应的村

---

① 张广修,张景峰. 村规民约论. 武汉:武汉大学出版社,2002:216－217.

规民约,以期禁止这种歪风邪气的流行。各地的具体规定有所不同,惩戒方式与力度也各有差异,但是核心精神还是一致的,确实体现村民的集体意志,这已经不是一个村落的村民意志,而是民间普通的共同意志。

如:

偃邑安驾滩合村公议禁止赌博牧放碑记

从来,安居乐业是称善俗之基,游手好闲实启恶风之渐。安驾滩村落于兹历有年,所□□士修其业,农勤其力,工商各重其务,□未有以嬉以游聚博聚赌者。迩来,少年子弟或背父兄之不知,而暗地诱博;或乘昏夜之失防,而偷闲酿赌,种种恶□将导其机。夫父兄之教不谨,子弟之行多败。使弗急为创惩,后且渐沿为风俗。苟不预为防制,异日定累夫身家,岂吾人聚族于是,托业于是,□训子孙睦□里之善术哉!爰是里长会知耆老约正甲长及合村绅民等公议条规,以示严禁之意。□谋众户爰垂恪守之,方众皆忻然公同。卜日演戏勒碑以图以远,序记首事等。更虑近日牧放病耕亦属大累,因并赌博共立条禁,开明如左。

赌博禁规:

开赌者,罚钱拾仟文;□赌者,罚钱伍仟文;匿赌者,罚钱叁仟文。

牧放禁规:

骡、马、牛、驴,罚钱伍佰,夜间加倍;羊只,罚钱壹佰,夜间加倍;凡本村年羊,自腊月十五日起至正月十六日止,许在地牧放,以外俱照罚规。

又,本村向无煤行,今同合村公议,嗣后,买卖煤口单,许乡约地方经管,不许他人参与。

兹告

大清道光十年岁次庚寅前四月二十四日谷旦立①

比较《辛省北牌公议禁赌碑记》与《偃邑安驾滩合村公议禁止赌博牧放碑记》,有什么根本性差别吗?没有吧。首先是说明立规的缘由,都是因为赌博之风盛行,已经明显危害村庄聚落纯净的社会风气。其次是表明立规的目的,核心是起到防范作用,禁止赌博这种丑恶的社会现象毒害村民,使之不至于成为罪恶之地。再次是具体规定禁赌的各类行为,以便村民明白哪些行为属于赌博,于是远离那些丑恶行为。最后是规定违反禁赌行为的处罚办法,确保禁赌村规能够落到实处。正是这些具有共同性的条款,从而确保村规能够体现村民的集体意志,也

---

① 张广修,张景峰. 村规民约论. 武汉:武汉大学出版社,2002:219.

确保村规得到百姓的拥护,可能有效地打击个别违规行为,从而达到清除不良行为的目的,净化村庄社会风气。

体现集体意志者,还可以从历史层面加以考究,不同时期,甚至不同朝代,其村规都具有一定的相通性,更是借助历史证明村规应该具有集体意志,如此才有真正的生命力。我们都说,时间能够证明一切,能够在时间的历史长河中淘洗下来,并且依然具有活泼的生命力,就一定具有生命力。比对一些村规民约,确实具有跨越时间的生命力,其中的核心内容并没有根本性改变。这种情况也有力地说明,传统文化的有益内核具有强大生命力,中华文化也才能绵延几千年没有中断,因此需要弘扬国学精神。这里可以列举两个简要例子加以说明,一是清朝咸丰时期河南省洛阳嵩县的一份乡规,一是广西罗城县21世纪的村规,两者具有明显的时代差异性,其内容是否也截然不同呢?

(河南洛阳嵩县)毛沟合社公议乡规

昔圣王之世,盗贼不兴,奸诈不事,俗其美矣。何其风之隆! 而不意时至今日,竟以三代之民,转而为奸诈之风。苟不严为禁戒,则其弊不知其将贻于胡底! 故社合公议,立其规,以救其失,不诚为一乡一邑之荣乎? 然岂但为一乡一邑之荣而已哉! 因勒诸贞珉,聊以志,不忘云。计开条规以例于左。

骡马牛羊践踏田苗,有人获住照规;盗伐树果、攘窃禾稼,有人获住照规;宰杀耕牛、赌博、讹诈、捎包,照规酌处;遇事开乞,食遂主自便,如有恶乞滋闹,公处。

以上数条,如有犯者,公议酌罚,不许徇私。倘敢故违,禀官重究。

儒童翠山侯宝山撰文书丹。

龙飞咸丰拾年岁次庚申孟春月三十日谷旦

地方保正　邓自金

村长　李长富

首事人　赵荣　周文魁　杨富　王金魁

赵来珠　魏大明　朱光旭　王者香

张顺　王景约　申奉先　张万顺

鲁有法　肖有　牛文　赵礼

赵进财　四家牌头　王景顺　张林

仝立石

玉工 李景新①

（广西罗城县）田心屯屯规民约

2001 年田心屯制定了屯规民约,对全屯人关心的生产、生活内容做出了明确规定。

（一）严禁在村内、村边使用老鼠药药老鼠,违反者一经发现罚款 50～100 元,并赔偿损失。

（二）垃圾必须倒在规定的地方,乱倒的罚款 20～60 元,各家各户要管理好自己的猪、牛、马、鸡、鸭等,不准随便在田间损坏庄稼,如有违反者,轻者罚 5～10 元,重者罚 100～500 元,损坏东西照赔。

（三）在属于我村的封山育林区乱砍柴火、烧木器等罚款 50～100 元。

（四）不准在本屯人家的鱼塘里乱电鱼,否则罚款 100～500 元,若发现有偷鸡摸狗等偷窃行为,轻则罚款 100～500 元,严重的由公安部门处理。

（五）为了树立高尚的道德品质、打击歪风邪气,凡违反本民族及本屯风俗习惯的,罚款 100～400 元。

（六）聚众赌博,通过三次教育不思悔改的,罚款 50～100 元。

（七）冲荒、成药为本屯的绿化点,严禁放牛、马、羊等,违者罚款 10～20 元。

（八）罗汉山封山育林,禁止开荒、砍柴,违者罚款 50～100 元,放火烧山者罚款 100～500 元。

（九）不准外屯人放牛进入我屯的牧林区,违反者罚款 30～50 元。②

比较《毛沟合社公议乡规》和《田心屯屯规民约》,我们发现,除了时间不同、村庄名称不同、处罚的具体金额不同、禁止的事项多寡不同,核心内容都相近,特别是在赌博、偷窃、破坏生产、败坏风气等方面的禁止事项是惊人一致,说明相应的社会美德源远流长,这才是中华文化的社会底蕴。在这样一种规约教育之下,已然形成一种文化遗传,百姓的心灵就在历史氛围下得到陶冶,审美取向必然逐渐高尚起来。

村规具有持续性。能够跨越时间依然得到百姓遵守,就说明其具有持续性,也是本题之义。这里特别作为一个方面加以强调,旨在说明中华文化精神的一脉

---

① 张广修,张景峰. 村规民约论. 武汉:武汉大学出版社,2002:220.
② 章立明,俸代瑜. 仫佬族广西罗城县石门村调查. 昆明:云南大学出版社,2004:174 - 175.

相传。正因为传统文化之精华内涵的强大生命力，因此在现代社会之全球化语境下，一定需要保持战略定力，真正树立四个自信：理论自信、制度自信、道路自信、文化自信，特别是文化自信不能在西方文化冲击下自我丧失，否则就会造成文化中断，也会失去民族的特质，并被同化进西方文化里面，导致自我的完全迷失。这里可以列举众所周知的《朱子家训》为例，虽然它似乎不是村规，但是依然具有村规的性质，因为其影响整个朱姓，而且在以朱姓为主的村庄聚落里面，它就是村规。

宋代朱熹《朱子家训》：

君之所贵者，仁也。臣之所贵者，忠也。父之所贵者，慈也。子之所贵者，孝也。兄之所贵者，友也。弟之所贵者，恭也。夫之所贵者，和也。妇之所贵者，柔也。事师长贵乎礼也，交朋友贵乎信也。见老者，敬之；见幼者，爱之。有德者，年虽下于我，我必尊之；不肖者，年虽高于我，我必远之。慎勿谈人之短，切莫矜己之长。仇者以义解之，怨者以直报之，随所遇而安之。人有小过，含容而忍之；人有大过，以理而谕之。勿以善小而不为，勿以恶小而为之。人有恶，则掩之；人有善，则扬之。处世无私仇，治家无私法。勿损人而利己，勿妒贤而嫉能。勿称忿而报横逆，勿非礼而害物命。见不义之财勿取，遇合理之事则从。诗书不可不读，礼义不可不知。子孙不可不教，童仆不可不恤。斯文不可不敬，患难不可不扶。守我之分者，礼也；听我之命者，天也。人能如是，天必相之。此乃日用常行之道，若衣服之于身体，饮食之于口腹，不可一日无也，可不慎哉！（录自《紫阳朱氏宗谱》）

明末清初朱柏庐《朱子家训》：

黎明即起，洒扫庭除，要内外整洁。既昏便息，关锁门户，必亲自检点。一粥一饭，当思来处不易；半丝半缕，恒念物力维艰。宜未雨而绸缪，毋临渴而掘井。自奉必须俭约，宴客切勿流连。器具质而洁，瓦缶胜金玉；饮食约而精，园蔬愈珍馐。勿营华屋，勿谋良田。三姑六婆，实淫盗之媒；婢美妾娇，非闺房之福。奴仆勿用俊美，妻妾切忌艳妆。祖宗虽远，祭祀不可不诚；子孙虽愚，经书不可不读。居身务期质朴，教子要有义方。勿贪意外之财，勿饮过量之酒。与肩挑贸易，毋占便宜；见贫苦亲邻，须加温恤。刻薄成家，理无久享；伦常乖舛，立见消亡。兄弟叔侄，须分多润寡；长幼内外，宜法肃辞严。听妇言，乖骨肉，岂是丈夫；重资财，薄父母，不成人子。嫁女择佳婿，毋索重聘；娶媳求淑女，勿计厚奁。见富贵而生谄容者，最可耻；遇贫穷而作骄态者，贱莫甚。居家诫争讼，讼则终凶；处世诫多言，言多必失。毋恃势力而凌逼孤寡；毋贪口腹而恣杀牲禽。乖僻自是，悔误必多；颓惰自甘,家道难成。狎昵恶少,久必受其累;屈志老成,急则可相依。轻听发言,安知非人之谮诉,当忍耐三思;因事相争,焉知非我之不是,须平心再想。施惠勿念,受恩莫忘。凡事当留余地,得意不宜再往。人有喜庆,不可生妒忌心;人有祸患,不可生喜幸心。善欲人见,不是真善;恶恐人知,便是大恶。见色而起淫心,报在妻女;匿怨而用暗箭,祸延子孙。家门和顺,虽饔飧不济,亦有余欢;国课早完,即囊橐无余,自得至乐。读书志在圣贤,非徒科第;为官心存君国,岂计身家。守分安命,顺时听天。为人若此,庶乎近焉。

《朱子家训》从宋代走到清代,一直走到现代,历经上千年的历史,其内在的精神内核并没有改变,而且还得到有效传承,不仅在朱家内部传承,而且在各个族群当中传承,依靠的就是精神品质。《朱子家训》从治家的角度谈了安全、卫生、勤俭、有备、饮食、房田、婚姻、美色、祭祖、读书、教育、财酒、戒性、体恤、谦和、无争、交友、自省、向善、纳税、为官、顺应、安分、积德等诸方面的问题,核心就是要让人成为一个正大光明、知书明理、生活严谨、宽容善良、理想崇高的人,这也是中华文化的一贯追求。大家如果真正依此践行,不仅能成为一个有高尚情操的人,更能构建美满家庭,进而构建和谐社会。这种共同价值追求,才使得《朱子家训》具有强大生命力,在传承的深度与广度方面不断拓展,进而成为中华文明精神的重要载体,充分体现家国一体的思想。

二、村规重在禁止性的行为约束

我们只要稍加观摩,就可以发现所有的法律、制度、规定,都是遵守一个基本原则,那就是禁止某种行为的发生。为什么法规制度都具有高度一致性,而不是引导规定我们应该做什么,这是值得思考的问题。

禁止是文明发展的必然。我们知道,任何一个国家、民族或族群,并非一开始就有法律、制度等这些法规性的东西,而是人类社会发展到一定程度之后的产物。其实,这也是很容易理解的事情。人类最初一如现在的动物一样,没有任何法规制度,既没有成文的法典,也没有不成文的口头法典,完全是基本动物本能的自由活动。但是,随着人类意识的生成,人类社会性活动不断增加,已经形成了一个相对严密的组织,这个时候最初的法规制度相应生成,否则无法组织社会的群体性活动,也影响人类自身的发展。例如,婚姻制度的生成,不是哪个圣人精妙点子的结果,而是人类产生意识之后,在现实的残酷生存选择思考之下,获得的理性选择。在没有任何婚配限制的情况下,一些部落人种退化甚至灭亡,因为他们可以父女婚配、母子婚配、兄妹婚配，于是带来如此之结局；而另外的一些部落或人群，他们是无血缘的婚配，族群后代身体强壮，最后得到有效延续。血的事实教育原始社会的先人，必须将这种婚配关系告知后人，以便确保部落的兴旺发达，于是逐渐形成婚姻制度的规定。从这样一个具体事例看来，婚姻制度的形成不是个人头脑发昏的结果，而是人类总结历史经验教训的智慧结晶，也是文明发展的标志性成果，使之与动物区别开来，成为真正意义上的人。推而广之，法规制度的禁止思维，不是天生而有的思维方式，而是人类付出巨大代价之后的历史经验总结，它是文明发展的必然成果，因此应当倍加珍惜。

因为"人作为有生命的自然存在物，一方面具有自然力、生命力，是能动的自然存在物，这些力量作为天赋和才能，作为欲望存在于人身上；另一方面，人作为自然的、肉体的、感性的、对象性的存在物，和动物一样是受动的，受限制的和受制约的存在物。也就是说，他的欲望的对象是作为不依赖于他的对象而存在于他之外。但这些对象是他的需要的对象，是表现和确证他的本质力量所不可缺少的、重要的对象。说人是肉体的、有自然力的、有生命的、现实的、感性的、对象性的存在物，这就等于说，人有现实的、感性的对象作为自己的本质，即自己生命表现的对象，或者说，人只有凭借现实的、感性的对象才能表现自己的生命。"①由于"人性并不是一系列稳固、确定、自相一致的特征，而是一些经常发生冲突的基本倾向"。② 用通俗的语言表述，人具有两面性，既是天使，也是魔鬼，而且魔鬼的动物性具有更强的力量，能够随时突破人的文明性封锁，而做出非人的行为，却是动物所期待的本能行为。从人性内在构成属性来看，人性的构成属性之间必然始终存在冲突。这种冲突主要表现在三个方面：一是人性中的几种属性之间的冲突；二是不同个体的人性彼此之间的冲突；三是不同群体人的人性之间的彼此冲突。为什么人性构成的属性之间必然存在冲突呢？因为人的三种属性都具有"需用的无限性"。无限性主要表现在三个方面：第一，是需要的量的无限性；第二，是需要的质的无限性；第三，是需要的发展的无限性。但是，很显然这种"需用的无限性"不可能满足，也不应该满足，否则人类社会就会走向退化。正如最初人的婚配状态那样，只要是异性，都可以婚配发生性行为，最终这样的族群，其命运是悲惨的，于是相约制定法规制度，人类社会由此文明且发展着。

① 马克思.1844年经济学哲学手稿.北京：人民出版社,1985：124.
② 博登海默.法理学法哲学与法律方法.邓正来,译：北京：中国政法大学出版社,1999：4.

　　禁止是构筑行为防波堤。自然状态下的人类行为,如同动物一样,它是散射型无方向的混沌行为,没有任何规律性。当然,也不是真正没有规律,它的规律就是动物本能,它是没有理性的行为规律,表现为一种随机随性的行为特征。很显然,这是与文明社会不相符合的行为习惯,文明社会的基本特征就是构筑一套理性行为准则,有效地规范所有人的行为活动,使之具有条理性与秩序性,形成一个程序的社会群体。针对散射无方向的行为,那就要使其定向且有方向,如此就可以构筑一个秩序的社会群体行为。如何定向,如何确定具体方向,这就呼唤法规的出台,形成了一个有利的社会氛围。定向且有方向,这就意味着不能四处散射,必须依照既定的范围与方向行动,于是行为边界的理念由此形成。边界是一条红线,意味着不可逾越,所谓行为边界,就是为行为设定一条红线,规定只能在红线之内活动,不能逾越红线,否则就是违规,将要受到处罚。行为边界的红线,不是一条物理界线,而是一条法规道德的界线,具有极强的意识形态性,通过法规道德的条款标示,使用语言文字的办法划定,直接作用于人的内心世界。这条红线犹如现在汽车考试的红外线界桩,似乎没有物理可见性,但是确实存在,只要触碰,马上就会报警,之前的行为成果立马作废。行为边界所标示的红线,应该说,还是具有可见性,明确规定哪些行为不可触碰,那些行为一定是具体可见的曾经现实,因为其具有内在危害性,因此不允许再次发生。其实,所有设定不可再犯的行为,都是过去曾经出现的行为,残酷的现实已经印证那些行为具有社会危害性,因此形成法规条款拒绝其再次出现,以便再次危害社会,这就是禁止的意义,也就是在于防范。当然,对于具体个人而言,那些危害社会的行为不一定都见过,从社会角度而言,也不应该让每个人都见过,否则社会的代价太大,这也是制定法规制度的出发点,就是构筑行为防波堤。这种防波堤的基本作用如同江河的防洪大堤,把滔滔洪水封锁在江河里面,保证广大的村庄农田免受洪水的侵害。堤坝就是红线,堤坝里面是安全区域,堤坝外部是危险地带,人们的内心世界必须时刻悬挂这条红线,做到手有戒尺、心有戒律,不越雷池半步。

　　禁止是防止禁止行为发生。既然已经划定行为红线,也就意味着应当防止禁止行为的发生,于是需要下达禁令。人类的行为从量上而言,可以说那是不可计数,任何人都不可能完全列举,因此只能从禁止的角度,划定一些行为不能做,属于禁止行列。如果只是原则性规定,人们可能就不知道哪些行为可做,哪些行为不可做。例如,如果这样规定,"不与陌生人说话"。那么这种禁止性行为,就不具备操作性,因为"陌生人"的边界划定过于宽泛,只要走出家门,可能面对的都是陌生人,诸如乘坐公共汽车,公交司机难道不是陌生人? 进入超市买菜,售货员难道不是陌生人? 村规所列举的禁止行为,一定是概念明确、外延清楚、不需要特别解释说明的行为,才能够达到真正禁止的效果。

贵州锦屏地区河口乡文斗村现存有一清乾隆五十六年(1791)婚俗改革碑,即是官府晓谕:"圣朝教化已久,诸无异于民,而独于婚姻尚有未改夷俗者。或舅揽姑甥,或姑霸舅女;或男女年不相等,男行许嫁,则聘礼总归舅氏。此等陋习,殊勘痛憾。今据文斗、尧里等寨民姜廷干、李宗梅等禀请给示,前来合行出示晓谕。为此示,仰府属人等知悉:嗣后男女订婚,必由两家情愿,凭媒受财。于中滋事至于控告,严究不贷,各宜禀遵无违。特示。

一遵刊府主示:凡姑亲舅霸、舅契财礼、揹阻婚姻一切陋俗,从今永远革除。如违示者,众押送官治罪。

一众遵示禁勒:凡嫁娶聘金,贫富共订八两,娘家收受,外认舅家亲礼八钱。如有违者,送官治罪。认亲礼在郎家,不干娘家事。

一遵示禁勒:凡女子出室,所有簪环首饰,郎家全受,嫁家兄弟不得追回滋事。如违者,送官治罪。

一众遵示禁勒:凡问亲必欲请媒,有庚书斯为实据。若无庚书,即为赖婚。如违治罪。在未请示之先已准之亲,虽无庚书,一定不易。岩寨竖碑之后,必要庚书方可准行。

一众遵示禁勒:凡二婚礼,共议银两,公婆、叔伯不得揹勒阻,逼迫生事。如违,送官治罪。若有嫌贫爱富,弃丑贪花,无媒证而强夺人妻者,送官治罪。

众勒:其有写外甥女礼银抵人银两者,大皆丢落,不许转追借主。如抗,众人送官治罪。

计开各寨出首头人姓名于后,如有违禁者,照开甲数均排帮补费用。以下结亲,有媒证庚书,年纪班辈相当,爱亲结亲。虽然亲不干犯禁,及此乱伦强蛮者,则犯禁。

外勒:凡娶亲,必上娘家备席,下帖请房,分众还席。毕值,依时候入门,不许守夜及中途会席。"[1]

这是当时文斗寨、茂广寨、加池寨等寨民共同议定而成的村规民约,涉及废止姑舅表婚、嫁娶聘金数额、婚姻缔结程序等内容,旨在改革当地旧有婚俗,移风易

---

[1]　池建华. 通过村规民约的民事生活秩序维护. 贵州民族研究,2017(1):80-81.

俗。这些行为的禁止性非常明确，就是不允许所列举各类禁止行为的发生，否则就是受到相应的惩罚，甚至送官惩处，于是村民就知道在婚姻事情上，自己能够做什么，不能做什么，一目了然，由此收到了村规应该禁止的行为效果。特别是这一村规民约，还强调是在征询官府之后，并由官府加以"晓谕"，在具体内容之中还增加了"送官治罪"等条款，借助官府力量强化了村规约束力。

禁止是保护合法规范行为。禁止是贯穿辩证法的思维方式，既然禁止了某种行为，也即必然保护了另外一些行为，而且这应当是村规禁止的核心要义。从逻辑角度看，禁止与允许是两个相异外延的概念，两者共同组成一个完整的概念，因为两者不存在重合（同一）或交叉关系，因此否定禁止的行为，那么就应当肯定允许的行为。被禁止的行为毕竟是少数，因此只列举禁止行为，不会列举允许行为，明确禁止的行为，也就保护允许的行为。如果不对禁止的行为加以明确，就有可能将其与允许的行为相混淆，那么在禁止相关行为的同时，就有可能涉及损害应该得到允许的行为。因此，禁止不是对正当行为的损害，相反那是对正当行为的保护，因为大家完全明白了什么行为可以做，属于正当允许的行为，哪些什么不可以做，属于禁止的行为。于是可以放心大胆地干工作做事情。

这里以广西金秀瑶族自治县的一个村规民约为例，可以更好地说明这个道理。

帮家、翁江两村村规民约

为了进一步巩固安定团结，维护五个秩序，我们通过了四个生产队的干部、党员以及一些老人多次反复讨论，作如下规定，并召开群众大会通过，群众一致同意执行本规。

一、划为老山的有：翁江山原有老山为止。

二、划为水源山的有：石塌冲由出门头大路往上到冲尾，原来未砍过做地的山为止；旧古卜、多谢冲尾由下田路那条岭上过东北边由岭下以水源冲为界，比流冲由二队木尾那垌田往上到冲尾两边水流为界。

三、划为风景山的有：村周围东边由道岭往上由碰蚴一直上到山顶牛场。南西边的公灵旧田厂那条岭上一直到山顶，北边的以水流村背为界，翁江村的村底由公官水往上，东边由石塌冲上到茶油山坪往下，西边到老山为止。

以上划为老山、水源山、风景山的：(1)翁江老山、风景山除只许本村社员适当要些锄头柄、修整犁、耙用料、扁担、鸟枪壳、晒楼竹篱、围园篱笆外，一律不准开荒做地、乱砍滥伐、烧炭、砍生木头作柴火，不准找笋。违者开荒做地的每亩未烧的罚款 30 元,烧了的一亩罚款 60 元,并责成毁什么林造回什么林,还要他护理三年,包种包活,恢复原状。烧水炭的一窑罚款 5 元。砍生木头作柴火的不论大小一蔸罚款 2 元,找笋每棵罚款 5 角。(2)水源山的只许本村社员适当要些做修理犁、耙的用料和找少量竹笋做菜外,一律不准开荒做地,不准砍其他杂木和砍竹和砍竹篾搞副业。违者开荒做地的按以上规定的处理。乱砍林木和破竹篾搞副业捞钱的,将实物或出卖所得的款全部没收,并加罚款 30%。外地人员更不得乱动一草一木。①(1982 年 5 月 26 日)

　　这个村规民约共有二十一条款,这里只录入三条,其余的条款是对林业生产具体活动的禁止性行为,是对前三个条款的具体化,因此不必录入。从这些条款中可以看出,帮家和翁江两个村四个生产队,一个时期以来存在着山林纠纷,山地界限不明,各有争执,于是相互之间产生矛盾冲突,直接影响着相互之间的团结、合作与生产。为了解决这个问题,经过协商,于是达到这个协议,形成这个村规民约。本村规的核心成果是划清了山界,确定了山林的归属,也就是明白禁止该山林不属于你,而是属于我。这种禁止性条款,似乎是剥夺了我的权益,实际上是保护了我的权益,因为在没有禁止之前,山林产权存在争议,这种非禁止带来的是双方权益的损害,大家可以由此发生争执诉讼打架斗殴,相互之间互不让步,村庄邻里之间的团结友爱荡然无存。显然没有禁止性条款的时候,似乎大家都有自己的权力,其实最后大家都没有自己,而是两败俱伤,这就是村规禁止之下的辩证法,禁止就是保护。

三、村规旨在创造一个和谐聚落

　　村规民约的实质不是为了束缚村民的手脚,相反是给予村民大展手脚提供时空保证,不再有什么后顾之忧。条款的禁止性约束,并非是其目的,旨意还是让人明白哪些事情不能做,于是可以放心大胆地做没有禁止的事情,由此达到一个定心丸的作用。总之,村规民约的真实指向是创造一个和谐社会环境,打下一个美好生活的基础,致力于形成一个有序的人居聚落。

　　村规是为了防微杜渐。村规制定之初,一般有两种基本情况:一是发生了不良事件,影响到公共利益,由此需要对某种行为加以禁止;二是并非产生危害性的事件,而且构筑一个美好愿景,为了更好地实现美好计划,于是制定村规民约。不

---

　　① 覃主元,刘晓聪.瑶族习惯法与社区控制和法治秩序构建.北京:民族出版社,2014:513.

管是哪种情形,村规都不是为了事后的惩戒,而是着重事前的防范,因此防微杜渐是其出发点。这也与村规民约所能起到的作用相一致,因为村庄聚落因为执法权,不能对村民实行法律层面或与其相当深广度的惩戒,更主要是诉诸道德谴责与约束,最多是轻微的民事惩戒。因此对于上升到刑事层面的事情,村规民约无法惩戒,也不能进行约束,只能由国家权力机关管理,从这个层面看,也只能管理一些小事情。

就村规民约禁止的内容看,也确实是一些小事。在 20 世纪 80 年代,农村实行联产承包责任制,农民大量使用化肥农药,虽然粮食产量提高了,但是生态问题也接踵而至。其中之一,就是家猫被大量毒死,老鼠大量出现,已经形成了一定危害,于是广西环江县南昌屯农民发起养猫倡议,但需要大家共同行为,才能有效地以天敌猫儿控制老鼠的泛滥,为此制定了村规民约。只就这个事情而言,确实是小事吧。

养猫公约

(一)本屯以邻户来组织养猫;每三户要养猫一只,谁不养如发现死猫则交由他负责赔偿,若负隅顽抗,则交群众会议处理。

(二)在养猫之后严禁投毒,谁投毒毒死猫要加倍赔偿。

(三)养猫以后如发现谁以家猫当野猫开枪打死,本屯群众要到他家共餐一顿。吃什么临时决定,有什么吃的杀什么。不服者,以后有红、白事则自理,全屯拒绝参加。

南昌屯

1991 年 7 月①

同时,我们也可以看到,村规民约本身确实重在预防,哪个都不是为了到你家吃一顿,而引诱你把别人的家猫打死,而是把丑话说在前,警告你不要犯众怒,否则后果很严重。虽然各个不同的村规民约,其规定禁止的行为有所不同,但是其出发点还是事前教育,因为大家都是乡里乡亲,谁都不希望把面子撕破。"南昌屯村民谭正阳,1962 年出生,初中毕业,有两个孩子。他认为村规民约都发给了每家每户。一般来说,人人都能遵守。如果某个人或某个家庭不遵守,大家就孤立他或他的家庭,他在屯里就没有'权力'了,如果他的家庭一旦遇到什么困难,如油、盐、红事、白事等,大家都不去他家帮忙或不理睬他家。谷子成熟时,如果有人放

---

① 匡自明,黄润柏. 毛南族广西环江县南昌屯调查. 昆明:云南大学出版社,2004:257.

鸡鸭等吃、踩谷子,属于不注意的情况而吃、踩,第一二次犯错可得到原谅,而第三次就不能原谅。南昌屯中有个别家庭出现过这种情况,全村里的人就不再理他家,就会孤立他家。"①

村规是行为纠错平台。村规是设定一些禁止性行为,告诫村民不要明知故犯做明令禁止的行为,但是由于每个人都是天使与魔鬼的集合体,自律能力强且修养强的人,天使能够战胜魔鬼,于是能够遵守村规民约,自律能力相对较差,或者一时头脑发热,内心魔鬼占据主导地位,必然会做出一些禁止性行为,于是出现破坏村规民约现象。对于这类现象,村规也规定了相应的处罚办法,一者为了维持村规的严肃性,二是也是教育其本人,这时,村规民约起着一个纠错平台的功能。比如,贺州市土瑶族群的村规,其中规定赌博偷窃,一旦发现,全村人把他家的粮食禽畜吃光。广西环江县南昌屯养猫村规,也规定类似的纠错措施,有意打死家猫者,大家也是到他家猛吃一顿,让其得不偿失,记忆深刻。其他的一些处罚措施,诸如罚款几十元等,虽然数量不多,但是其作用还是一样,都是在出现违规行为之后,通过惩罚的方式加以纠错,让他承担必要的责任,使之记忆深刻,从而达到不再犯错的效果。如果杜绝了每个人犯错,那么村庄聚落就是一个和谐社会,我们就希望村规变成一种摆设,不再出现类似情况,也不必诉诸惩罚,达到以治而不治的境界。

村规是意在众志成城。村规在表面上是禁止大家不能做什么,似乎束缚了众人手脚,其实,是把村民可能离散的心聚拢起来,形成一个众人向往的圆心,创造一个团结友爱的良好集体。禁止之外的行为就是允许可以做的行为,其意在于号召大家积极行动起来,在这个广阔天地大展手脚、大展宏观图,可以创造属于我们自己且为大家所称赞的事业,因此禁止性的村规背后是热情地鼓励。这种隐性的激励虽然不同于直接的表扬那样明显,但是因为这是一个熟人社会,只要号召得当,并且有人主动领头,那么就可以形成一个良好的氛围,也能够真正调动村民从善的追求与行动。

广西环江县南昌屯村委,根据实际情况,还领头制定了《关于义务劳动问题》的村规,以解决联产承包责任制之后,集体公益事业人手不足、工作难以开展的问题。希望通过村规的约定,形成一个团结一体的整体,能够有效地实施公益项目,提高公共环境的承载能力。

---

① 匡自明,黄润柏. 毛南族广西环江县南昌屯调查. 昆明:云南大学出版社,2004:258.

关于义务劳动问题

全屯村民每一个人都有责任参加公共义务劳动,但有事缺工者或无故不参加者将做出下列规定:

1. 按情节轻重,有特殊情况事先向队干部请假方可免工。

2. 假若有无故拒绝者,群众有权向他收取工日,并按当时工日标准来计算收费。

3. 假若有参加出工不从头到尾者,则按小时记工,不满勤部分须交款补工日。

南昌村

1991 年 7 月①

对于南昌屯的村规,"南昌屯村民谭崇高认为屯的村规民约的制定是由队长、会计牵头,村民小组讨论并表决通过。执行情况比较好。例如:森林保护得比较好,自此之后就没有人乱砍滥伐;从事屯里的公益事情,村民的集体观念比较强,修渠道'三面光'(指将田地之间的水沟的三面用水泥砌平,使水流畅通)上千米,乡政府拨给水泥后,村民都积极出工出力在短时间内就完成这一任务;1990 年修屯里的水泥石头拱桥,1995 年修从屯里到中南行政村约 3 公里长的屯级公路,都是村民们积极踊跃地投工投劳修成的。尤其是在修屯里到中南行政村的公路时,村民花了一个星期的时间集中劳力,甚至要求路过此地的小四轮拖拉机等都要义务拉沙、石头和泥土,每户人家出劳动力 1 人,每天在工地义务干活的劳动力就达 60 余人。这一义务劳动甚至感动了乡政府,乡政府拨款 300 元以表示对村民公益活动的支持。1995 年,屯里人从距屯 1 公里的松峥山上将自来水架至屯里,政府拨款 4 万元,而屯里人出工出力,用 3 个月的时间终于架通了这条自来水供给线,解决了屯里人喝水难的大问题。1995 年,屯里为开通闭路电视,特向本屯在外面工作或打工的约 50 人发出捐款单,在外面工作或打工的人十分支持这项活动,纷纷捐款,多则 200 元,少则 30 元,屯里共收到捐款 3500 元,再加上每家出资 200元,共投资 20000 元将闭路电视开通。"②

村规构建有序生态。为何要制定村规民约,无非就是自然生态与社会生态都遭到破坏,于是需要修复。在这个方面,我国先贤老子有着非常辩证且深刻的思

---

① 匡自明,黄润柏. 毛南族广西环江县南昌屯调查. 昆明:云南大学出版社,2004:257.

② 匡自明,黄润柏. 毛南族广西环江县南昌屯调查. 昆明:云南大学出版社,2004:258 – 259.

考,他说:"大道废,有仁义;慧智出,有大伪;六亲不和,有孝慈;国家昏乱,有忠臣。"一个东西的出现,一定伴随其对立面的出现,而且这个对立面已经影响到正常的运转,因此需要采取措施加以治理。村规就是针对两个生态而提供的主要基于道德层面的治理措施,一是自然生态方面,生产生活涉及的各个物质的事情,已经遭到破坏,并且影响到正常的生产生活,因此需要禁止相关行为;二是社会生态方面,原有和谐的人际关系遭到破坏,一些良好的社会道德被某些人所抛弃,这些不良行为已经侵害村庄社会肌体,如果不加以制止,整个村庄聚落就会一盘散沙,成为罪恶的源发地。因此,村规的一个重要职能就是修复已经损坏或即将被损坏的生态关系,使之重新恢复有序状态,被禁止的行为坚决不做,应该发扬的行为大力提倡,通过两个手段,达到有意识建构良好生态关系的目标。一个有序的生态系统,不管是自然系统,还是社会系统,一定是各安其位、各谋其事、各美其美、美人之美、美美与共、天下大同。

第三节　礼俗:一种礼制的人化

礼是形成制度化的社会规范与道德准则,具有较强的官方性质,或者说其源起于官方。礼还可以区分礼、仪两个部分。仪是行礼的程序、方法和细节,是体现礼的外在形式;礼乃仪式体现的内在精神。俗则是相对固化的行为模式或社会习惯,具有基于民间的基本特性,并非制度性安排。由于风俗的多样性,人们往往把自然条件不同而造成行为规范差异,称之为"风";而将社会文化差异所造成的行为规则之不同,称之为"俗"。《礼记·曲礼》如此评价礼的效用:"道德仁义,非礼不成;教训正俗,非礼不备;分争辩讼,非礼不决;君臣上下、父子兄弟,非礼不定;宦学事师,非礼不亲;班朝治军、莅官行法,非礼威严不行;祷词祭祀、供给鬼神,非礼不诚不庄。"①周人将礼分为礼制和礼俗两部分。礼制乃一朝一代典章制度,由国家实施;礼俗乃一地一族风俗习惯,由百姓传承,二者相互联系,并行不悖。本题以礼观俗,以俗返礼,礼俗一体,并行不悖。

---

①　吉发涵,王平,李绪洙.中国古代散文卷:先秦散文(下).济南:山东大学出版社,1997:6.

一、三个仪式标志人生转换

仪式就是一种形式,可以是特定场合举行的、具有专门程序、规范化的活动,也可以是非正式场合、相对自由随意、无规定性程度的形式,可以是官方组织的正式形式,也可以是民间提议的凑合活动,总之,它是一个事情的标志性形式。作为基于民间的规约教育组成部分,这是主要考察属于民间层面的仪式,剖析其对于人之教育作用与意义。具有仪式性质的民间活动非常之多,不仅有共同的仪式活动,诸如春节、清明等,而且还有各具地方特色的活动,比如赶鸟节、秧盆节等,不一而足,因此不可能对此进行全面的讨论。这里主要选取人生历程的三个重要阶段加以考察,即出生、结婚与死亡,这是各个族群都一定举行仪式的三个时间节点,因为它标志着人生必经的转折点,具有典型性意义,也由此形成不同的社会文化。

第一,降生仪式迎接生命轮回。"我是谁""我从哪里来""我到哪里去",这既是高深的哲学理论命题,也是极其普通的百姓话题,只要意识存在,每个人都会在不同时段、不同地点、不同方式思考过类似问题。小孩在询问父母:"我从哪儿来呀?"传统父母的标准性答案:"你是爸爸妈妈捡来的。""你是妈妈胳肢窝里长出来的。"现代父母可能还有一些相对科学的回答——"你是妈妈从肚子里生出来的",如此等等。不管怎样,这都说明追问人的生命历程是具有高度意识之人,与生俱来的天性,这也由此衍生必定举行的降生仪式。

完整的降生仪式包括一个属相周期,即到 12 岁,才最后完成,但是一般以满月与周岁为核心仪式,现在则倾向于满月为基本仪式。报生礼。所谓"报生礼",就是婴儿出生后,父亲和家人以不同方式到婴儿外公外婆家、亲朋邻居家报告喜讯的礼节。新生儿父母一般会以红蛋报喜,外婆家接到礼物后,会以衣裙等物还礼。旧时,生男被称为"弄璋之喜",璋是佩玉,表示富贵、尊贵,要大庆贺;生女被称为"弄瓦之喜",瓦是纺锤,表示女工,庆贺从简。三朝礼。婴儿出生三日后,要举行三朝礼。三朝要为婴儿举行洗三仪式。清崇彝的《道咸以来朝野杂记》中有录:"三日洗儿,谓之洗三。"①洗儿时,浴盆中放上喜蛋和金银饰物等。洗完后,取喜蛋在婴儿额角摩擦,以避生疮。用金银饰擦之,以免婴儿受惊吓。然后,取婴儿父亲的鞋一只,碎缸片一块,肉骨一根,与婴儿合称,俗称"上称",取意为婴儿长大

---

① 王作楫,王臻,贺艳春. 中华传统民俗礼仪. 北京:气象出版社,2015:2.

后有刚(缸)骨,继承父志。这一日,还要用红带将婴儿双手系上,以象征孩子将来必定安静,不会胡作非为。满月礼。满月礼,即在孩子满月时举行的礼仪,随着婴儿的满月,很多禁忌也随之解除,主人要请亲朋好友来喝满月酒。据《东京梦华录》记载,宋朝的小儿在满月时,主家会在盆中烧上香汤,亲友来时,就将钱撒在汤中,称"添盆"。满月时还有剃胎发、出门游走等习俗。剃胎发是满月礼中的一项重要习俗,多由舅舅主持,这是母系社会人际关系的某种遗留。剃头时,额顶要留"聪明发",脑后要蓄"撑根发",眉毛则要全部剃光。据《东京梦华录》载,宋代在满月礼落胎发之后,便"抱牙儿入他人房",一般是由外婆或舅舅抱去礼节性地小住,谓之移窠或挪窝。目的是让婴儿象征性地见见世面,以便将来有出息、有胆识,成为一个精明能干的人。百日礼。又叫百晬,《东京梦华录》有言:"生子百日,置会,谓之百晬。"①晬,婴儿周岁之谓也,又称百岁。明沈榜《宛署杂记》说:"一百日,曰婴儿百岁。"过百岁最有特色的就是百家衣和百家锁了。所谓百家衣,是指亲朋好友敛百家之布头,拼缝而成的小孩子衣服。百家锁也是一种集百家之金银打制而成,或由多个人家合送的象征物。锁上多有"长命百岁""长命富贵"等祝福吉祥的文字或图案,所以,也叫长命锁。周岁。既是诞生礼的总结,也是寿礼(生日礼)的开始,一般庆祝时都比较隆重。所送的礼品多为衣服、鞋、帽,其中鞋子是必不可少的,穿上虎头鞋可以避邪壮胆,富贵长寿,并且说:"穿上虎头鞋,力大踢死虎。"周岁礼中流行最普遍的是抓周,在婴儿面前放上一些有代表性的东西,诸如笔墨纸砚、珍宝玩具、服饰胭脂、瓜果点心等,不予以任何诱导,任其挑选,看孩子抓取何种物件,预测其一生的性情和志趣。据史书所载,此风俗始于魏晋南北朝。《颜氏家训·风操》有述:"江南风俗,儿生一期(一周岁)为制新衣,盥浴装饰,男则用弓矢纸笔,女则用刀尺针缕,并加饮食之物及珍宝服玩,置之儿前,观其发意所取,以验贪廉智愚,名之为试儿。"②十二周岁生日。传统认为小孩12即告别儿童时代,步入少年,十二个月是一年,年有十二属相,也是小孩本命年,因此举行生日庆典。

在降生仪式中一个重要意象那就是鸡蛋,报生、三朝、满月都少不了鸡蛋,其他时段的降生仪式,各地有所不同,鸡蛋通常也是必备之物。为何各地都如此不约而同?其实很简单,因为鸡蛋是生命意象,是生生不已的象征。恩格斯说:"看

---

①　(宋)孟元老. 东京梦华录. 北京:中国画报出版社,2013:99.
②　颜之推. 颜氏家训. 北京:中国华侨出版社,2014:82.

一看神圣的东西是怎样产生的(在所谓的原始部落是可以看到的),这很有意思。神圣的东西最初是我们从动物界取来的,就是动物。"①为什么呢?"因为动物是人不可缺少、必要的东西;人之所以为人要靠动物,而人的生命和存在所依靠的东西,对于人来说就是神。"②鸡是人类最初驯养的动物之一,很早就与人朝夕相处,于是鸡蛋也是熟悉之物。《山海经》有记载:"鸾鸟自歌,凤鸟自舞;凤卵,民食之;甘露,民饮之。百兽相与群居,在四蛇北。其人操卵食之,而鸟居前导之。"它表明在"百兽相与群居"的时代,人们可以经常吃到凤凰卵,凤凰卵可能是鸡蛋,这与人类的日常生活一体。我们祖先对于宇宙天地的认知,认为其初就像一个鸡蛋,《艺文类聚》引《三五历记》云:"天地浑沌如鸡子,盘古生其中。""一唱雄鸡天下白",雄鸡的召唤,天地就有了白天与黑夜的变化,即是阴阳的变化,也是生命的轮回,因此雄鸡很早就具备生命的意象。盘古开天地,正如小鸡破壳而出,从混沌的状态走向清晰,从无中生有,生命的奇迹就此诞生,因此鸡蛋也延续雄鸡,变成生命的意象。由此,我们祖先很早就崇拜鸡,有高端的凤凰,也是民俗的雄鸡与鸡蛋。《荆楚岁时记》说:正月一日,"帖画鸡户上"。《太平御览》引《庄周》云:"有挂鸡于户者",意在利用画鸡和鸡驱邪,因为鸡可使"百鬼畏之"。不仅如此,《太平御览》引《玄中记》还说:"以雄鸡毛置索中,盖遗勇也。"《荆楚岁时记》引周处《风土记》云:"人生吞鸡子一枚,谓之练形。"雄鸡具有神性,鸡蛋具有神性,鸡毛也必定具有神性,因为原始思维具有全息思维倾向,认为事物的任何部分,都可以具有整体的特质与能力。再依据原始人之互渗思维的相似律与接触律,认为凡是事物表象之间具有关联,大抵与之相似或接触的事物,也必然具有原物的性质与能力,因此在降生仪式上出现鸡蛋,也具有必然性,因为小孩的降生就是生命体的降临,开启了一个生命历程。

降生仪式仅仅只是欢迎一个新生命的降临吗?不是的。仅仅表示新生命是从无到有的过程吗?不是的。降生仪式除了使用鸡蛋等相关物象象征生命意象外,其实更为重要的表达意义在于生命的轮回,小孩并非从无到有,而是本来就有,它是前世今生的轮回。为何要庆"三朝(日)"?而不是二朝或其他朝?其玄机在于三。古人认为,世界万物的诞生,其理是"道生一,一生二,二生三,三生万物",因此三是一个极其重要的数字,标示万物由它生成。父母两人生养了孩子,

---

① 马克思恩格斯全集:第35卷.北京:人民出版社,1971:121.
② 费尔巴哈哲学著作选集:中文本下卷.北京:人民出版社,1971:121.

由二变成三,作为"三"的小孩出现,不是至此为止,而是还要不断繁衍,子子孙孙盛世不竭,表达了家长深切的人丁兴旺的美好愿望。

"野火烧不尽,春风吹又生。"人们在自然界的植物生命更替中,已经有效认知生命存在轮回现象,依照原始思维的相似率,推而广之,人也是一种生命存在,不可能每个具体个体只有出生到死亡的历程,没有再生的复活,这是不可想象的过程,一定会以某种方式复活再生。在降生仪式中,我们确实看到了百姓生命复活再生的理念,并且以其隐晦的意象方式,表达着这种良好愿望。如果说"三"侧重象征生命的无限繁衍意象,那么满月、周岁与十二岁,则更加明确传达生命轮回的想法。满月,是一个月的结束,也是一个月的开始,是月亮的运行轨迹,构成周而复始的闭环回路。周岁,是一年的结束,也是一年的开始,是基于太阳的地球运转轨迹。月亮是阴,太阳是阳,于是又构成了阴阳交替变化、阴阳有序轮回,确保生命源源不断。十二岁,是十二生肖的结束,也是十二生肖的开始,是古人对自然现象与社会现象的综合经验概括,对应着地支与天干,它是自然与社会相交融的生态圈,具有无限循环的特性。三个层面的轮回,又暗含"三"的运用,充分表达了百姓永生的内在企求。

第二,结婚仪式承担现世责任。降生仪式主要是庆生,庆祝新生命降临人间,结婚仪式则是标明一个儿童的成长,已经到了需要承担社会责任的时候,亦如其父母那样承担生产生活两重任务,生产承担创造社会财富的责任,生活则是承担繁衍人类的责任。结婚仪式是一个分水岭,也是一条分界线,由此完成社会身份与家庭角度的转换,具有明确的通过仪式特征。这个通过仪式,可以从以下几个方面得以有效确认:

一是迎亲。迎亲是仪式的第一步,也是最为重要的环节,那是将新娘从女方家庭接到新郎男方家庭,确保新娘与新郎由两家合为一家,以便实现身份与角度的转换。虽然过去可能更多表现为抢亲,带着历史演变的暴力痕迹,现在更多是迎亲,表达文明社会的男女平等趋向,但是其形式内核还是一致的,都是把新娘带到新郎家里,促其两人成为一家。婚礼之前,从理论上讲,新郎与新娘都还是被认定为儿童,还不是真正意义的成年人,也许举行了加冠礼与及笄礼,但还不必完全承担各自家庭的主体任务,并不具有家庭核心成员应有的权力。但是,自从举行婚礼之后,两人便要开始新的生活,另立门户组建新的家庭,承担新家庭的生产生活任务,获得新家庭应有的主体权力。很显然,结婚仪式就是一个通过仪式,婚礼就是一个分水岭、一条分界线,之前与之后两人的身份与角度发生了截然不同的变化。对于这个变化，可以说是悲喜交加，新娘与新郎的心态各不相同，新娘主要情感是悲，悲中带喜，新郎主要情感是喜，喜中带忧。新娘因为要离开生我养我的父母，离开自己熟悉的家庭，进入一个陌生的家庭，开始陌生的生活，这个身份与角度转换需要瞬间完成，自然是心中无底，不禁悲从中来，于是有了哭嫁歌。新郎是在自家迎娶新娘，结婚意味着成长为男子汉，拥有家庭的主体权力，自然喜从心来，但是能否独立支撑一个家庭，心中依然没底，因此忧也自然隐约生成，这是仪式带来身份与角度转换的心理变化。

二是跨槛。说明身份与角度转换的形式，还有一个可以统称跨槛的仪式，非常形象地传达了这种象征意义。一般而言，可以区分两个层面：一是在新娘女方家庭的时候，通常会设置一些障碍，只有跨越这障碍，才允许新郎男方将新娘接走。二是迎亲将要进入新郎家门的时候，新郎男方家庭也会特意设置一些障碍，新娘只有跨越这些障碍，才能进入正厅，正式成为女方家庭一员。在现代婚礼中，我们看到新娘女方亲友，当新郎男方前来迎亲的时候，早早把门关起来，只有新郎打上红包递上礼物，满足女方要求之后，才开门让男方把新娘接走，这就是很明显的跨门槛，门槛内是女方人，门槛外就是男方人了。

贺州市客家人"出门前，新娘要在厅堂中央的竹筛里站着哭泣，并一一拜别祖父母、父母、伯父母、叔父母、姑父母等至亲长辈，被拜的至亲长辈则要给新娘一个表达祝福的红包（俗称'叫嘴包'），此红包由牵新娘者代收，等出门后再交给新娘。之后牵新娘人一手替新娘撑着雨伞，一只手牵着新娘的一只胳膊步出大门。门边预先站着一位同宗的大哥，这大哥手执米筛，筛内置水一碗，水中放有青竹叶两片。当新娘跨过门槛（不能踩门槛）时，执筛者摇动高举的米筛，把水及竹叶洒在新娘头顶的雨伞上，并高喊'早生贵子''白头到老'之类的彩话（吉利话），此举俗称'出瓦檐水'，客家人认为新娘从筛下走过能筛去百灾，幸福久长。出了大门后，所有相送的女亲属亲戚及姐妹同伴都要赐予新娘一杯茶，称'留茶'，以表惜别之情。新娘接茶，依依哭别，并把茶轻轻淋洒在地上。陪新娘一起去新郎家的，有新娘的小弟或小妹，还有若干未出嫁的同村姐妹或女友（送嫁妹），新郎家招待送嫁人的礼节很周到，并于次日上午把他们送回家。新娘在路上如果路过一座桥，就要往桥下的河水中丢铜钱或硬币，并把哭别时抹泪水的手帕扔到桥下，称为'丢抹泪帕'"。① 这里可以很明显地看到几道"槛"，跨过门槛、出瓦檐水、留茶、丢

---

① 韦祖庆，杨保雄．贺州客家．南宁：广西师范大学出版社，2010：145.

抹泪帕,只有不停地跨过这些"门槛",克服这些障碍,才能到达男方家庭,也标志着与自己娘家生活的中止。

走出新娘女方家门有通过仪式,想要进入新郎男方家门也不容易,也必须使用通过仪式,才能被承认是男方的人。旧时贺州客家人迎娶新娘跨入男方家门,"花轿抬至新郎家大门口停下,新郎的弟弟或妹妹行至轿前拜轿;新郎自己则以折合的白纸扇于左右轿杠和轿身各击打一次,以煞新娘威风,然后掀开轿帘,由男家派出的引娘婆(已婚的妇女)扶新娘下轿。'客家人新娘过门入男家大门时有解邪入门之俗:在大门坎下燃烧丝茅草(避邪)、艾叶(化浊为香)、秽草(去秽气)和柚子叶(吉利)合扎的火把,由新娘跨火而过以解邪。'①然后,由一人执数根竹篱扎成的火把引路进入正堂行拜堂仪式。贺州'本地人'的新娘进入男方家门习俗与客家稍有不同,但都有跨火程序。新娘临到男家门口要等待吉时。良辰一到,媒人婆随即打开轿门,男方小姑执红漆盆盛两颗红柑请新娘下轿,新娘回赠以红包,然后由'好命'(寿高多子孙、夫妻双全)的老妇女扶新娘出轿,媒人婆吟唱彩句。同时有长辈用贴上八卦的米筛(或雨伞)遮在新娘头顶上,一般都由帮手先在大门口烧一把火,要生起炭火炉或烧一把稻草,让新娘'跨火薰',新娘走进大门。新娘跨过火堆时,并随手把手帕包着的花生、糖果等撒在地上,男家帮手就会去抢着捡来吃。"②不管是贺州客家人,还是"本地人",新娘都要跨过火堆,一个象征性的门槛,才能进入新郎男方家庭,标志着已经成为男方一员。

当然,各地的跨槛仪式一定存在差异,但是,在过去时代应该都有类似仪式,因为从婚姻制度发展历史看,男女双方的结合确实存在暴力时期,暴力就意味着障碍,跨越障碍就是跨槛,这是典型的通过仪式特征。

三是红色。在传统婚礼上,有一种显著的颜色,那就是红色,可以说红彤彤一片。红色既是喜庆的标志,也是转换的象征。红色进入审美视野起于原始社会狩猎时期,由于工具简陋,猎杀动物实属不易,尤其是大型动物更是如此,于是野兽被击中流血,大家就异常兴奋,因为这是获得食物的标志,今天可以不挨饿了。在长期的历史进程中,狩猎的场景隐匿了,红色的记忆保留下来了,于是红色成为喜庆的象征,也代表生存状态的转换。传统婚礼上,新娘新郎一般都穿着红衣服,特别是新娘一定穿着红衣服,这是在外观层面表明身份与角度的转换。平时,不管

① 苏斌,李辉. 桂东客家人. 南宁:广西民族出版社,1997:69.
② 韦祖庆. 客家人生态性生存. 北京:光明日报出版社,2013:153-154.

新郎还是新娘,一般情况下都不穿如此大红大紫的衣服,婚礼的红衣服大抵只穿一次,婚前与婚后都不再穿着,从经济角度看,确实有些浪费,但是即使只为这一次,大家都热心追求,因为这是一个象征符号。红色的氛围弥漫整个婚礼现场,到处都是喜庆的红联,还有随时分发的红包,以及新娘的红棉被,等等。一切都在召示这不是一个平时的日子,这是一个新家庭组建的美好时刻。还有一个非常隐匿的红色追求,就是新婚之夜新娘的落红,这是传统社会很重要的一个环节,第二天早上报红,既说明新娘的贞洁,更表明新娘实现了身份与角度的彻底转换,开始正式承担生产与生活的双重责任。

第三,丧葬仪式欢送本体回归。人较之于其他动物高级,就是因为有自己的意识,而且能够有效地预知人的生老病死,每个重要节点都会举行仪式,说明生命不同阶段的转换。一个人走到了生命的终点,大家也会为其举行丧葬仪式,表示现世生活的终结,来世生活的开始。丧葬仪式各地有所不同,但是程序相对都比较复杂,一般包括以下几个程序:"出厅下"(由房间搬到厅堂)、讣告(报单)、饰容、小殓、开锣、堂祭、大殓、成服、点主、绕棺、出殡、下葬、拜七、百日、对年等,以一年为期,完成丧礼。包括本体回归意象的仪式,主要包括两个基本方面:一是招魂,二是还阳。

民间认为人死了,灵魂与肉体就会分离,如果不及时招魂,人就不可能再投胎还阳,那时就是真正死去了,于是必须招魂。招魂是活人死后存在肉体与灵魂分离的危险,如果不及时招魂,就可能导致肉体与灵魂的永久分离,人就真的死了,没有了来世还阳的机会与希望。下葬是掩埋肉体,似乎死者与活人永远分离,其实那是在招魂之后,实现肉体与灵魂的合体,为死者来世还阳做好准备。在丧葬仪式当中,还阳意象一直贯穿始终。

出殡时必须安排旌幡。旌幡就是送葬之时的白色出行仪仗。现世达官贵人,为了展示其威严,每次正式出行,都会安排五彩斑斓的旌幡仪仗队护卫,因此旌幡仪仗具有标示出行、闲人回避的功能。同理,先人去世安排白色旌幡仪仗,就是告诫任何狐妖鬼魅必须回避,确保灵魂不受干扰,死者要前往其安魂之所。一般是出殡"起枢后,长子双手捧神主牌,次子捧死者遗像,在服之人及亲戚祖叔都哀哭送枢。出殡队伍必须从大门前方走,不能走重复路,如遇到岔路要绕着走,回来时必须走另一条路,总之不能走重复路,哪怕是一小段都不能重复。出殡队伍次序一般这样安排:放路钱(纸钱)者走在最前面,后面依次为放鞭炮者、持香者、持火把者、铭旌、挽轴、花圈、遗像、神主牌、灵枢,抬灵枢者(打八仙)是同族的十六个青壮年人,孝子孝孙等分别前后扶枢,再次是八音响乐及族亲戚友等送葬人员,长长的一列队伍一路徐行,即谓扶枢还山。中途孝子跪于路口谢亲友,送葬亲友即另外绕道转回。"①送葬队伍在白色旌幡仪仗护卫下,浩浩荡荡向着墓地出发,死者也安然前往其安魂之所。

下葬。出殡之所就是墓地,然后将棺材放入墓穴加以掩埋,整个过程谓之下葬。葬,篆书写作"萋",《说文解字》解释:"葬,藏也,从'死',在'茻'(mǎng)中,'一'其中,所以荐之,《易》曰:'古之葬者,厚衣之以薪。'""荐"是指草席,"葬"的意思就是"藏",是指人死后,用草席把遗体给藏起来。后来发展为在草地里挖一个坑穴,将遗体掩埋进去,如同把植物种子埋入土里一样,蕴含期待死者再生之义。古人很早就有入土为安的思想,在进入农耕时代以后,古人已经学会人工种植,既然植物能够种植再生,根据原始思维之互渗律,人也应该可以如此,于是从简单的暴露式遗体处理,转而为掩埋式处理。这种掩埋显然不是把遗体抛弃,而是如同种子那样,把遗体植入泥土,期待亲人来世还生。人掩埋入土,实际上回归地母,回到生命的本初状态。一个人从"无"的状态,出生在世变成"有","有"存在一定时间之后,依照循环往复的原则,必定也要回归于"无",也即回归本体之初。自然界的万事万物,都生长于地母,特别是人能够亲身感受的植物,时刻不能离开大地母亲,只要与地母分离,植物就会死亡。动物虽然不是直接由地母孕育,但是都要依靠大地母亲生活,食物来源于大地母亲,居住也要回归大地母亲,一些动物直接生活在地穴山洞,人之最初也生活在地穴山洞。后来人有了更强的能力,可以居住在自建的房屋里面,但是地穴山洞情缘依然没有消退,生前不再居住,死后也要回归,这是生命本体的召唤。下葬不是掩埋生命,而是播下希望的种子,等待亲人来世还阳。

在民间,凡是达到阳寿 60 岁以上的老人,其丧葬仪式也被称为红白喜事,先是办白事,哀悼死去的亲人,入葬之后,马上换成红事,庆幸老人获得来世还阳机会。因为六十一甲子,生命自此轮转,生命获得重生,因此不管活人还是死者,60 岁以后都是生命的重生。据说,印度有一个部落,其人的年龄计算以 60 岁为限,出生计 60 岁,每增长一年减一岁。如果其人超过 60 年的寿命,减完 60 岁之后,再重新计算,此次从 1 岁开始计算,以后逐年增加。因此红白喜事本身确实包含还阳的内涵。

---

① 韦祖庆. 客家人生态性生存. 北京:光明日报出版社,2013:152.

还阳还有公鸡、油灯等重要意象。在下葬之前,要在墓穴里面点燃一盏油灯,还要用纸钱净烧墓穴,再现场宰杀一只公鸡,并把鸡血淋到棺材背上,然后才下葬。火已经确证是新生意象,也是一个转换的象征,因此在婚礼上,跨火盆是共通的仪式,表明新娘已经与过去的"我"告别,开始新生的"我"。在墓穴里面烧火,点燃油灯,其意就是一个转换,既从原先的活人变成了死人,更从死人转世变成活人,开始一个全新的生命,因此这是一种还阳。公鸡也是非常明确的生命意象,而且是由阴转阳,由黑暗转向光明的意象。在墓穴里面宰杀公鸡,并且将鸡血淋到棺材背上,就是传达现世亲人的愿望,期待刚刚死去的亲人,能够及时还阳。灯、火、鸡,三者都是纯阳之物,足以抵挡墓穴的黑暗,活人为死者做足了功课。

对于死者之祭,初起头七,即死者去世之后的第七天,必须进行祭祀。这个"七"也有其文化意蕴,七是阳数,七也是新生之始。《周易》以日为太阳,星为少阳;太阳之数为九,少阳之数为七。七为阳数,但不及阳数之极,故称少阳。九为阳数之极,故又为君主之数。九为阳之极,只能用于君王,是为九王之尊。平头百姓不能僭越,于是使用阳数第二,即为七,显其阳也。许慎《说文解字》说道:"七,阳之正也。从一,微阴从中斜出也。"其阳中含阴,阳占据主导地位,其与死者入葬相符,虽然有纯阳之物照耀,毕竟入墓而阴。于阴环境里,阳必须抓住机会,才能获得重生。据《庄子·应帝王》记述:"南海之帝为倏,北海之帝为忽,中央之帝为浑沌。倏与忽时相与遇于浑沌之地,浑沌待之甚善,倏与忽谋报浑沌之德。曰:'人皆有七窍,以视听食息,此独无有,尝试凿之。'日凿一窍,七日而浑沌死。"由此可知,七是生死交界之期,浑沌死,而宇宙生,死生于此交互。《汉书·律历志》也认为:"七者,天地四时人之始也。"因此,"七"也是生命轮回的意象。由此就不难理解,为何亲人要在死者头七的时候祭奠,而不是其他时间,只是希望死者能够早日还阳,实现生命的轮回。

二、祭祀文化告慰前世今生

从丧葬仪式开始,一个人就变成先人,列入牌位进入祭祀行列,享受祭祀文化丰富多彩的祭奠纪念。这是传统文化不可或缺的重要组成部分,因为我们是崇拜祖先的社会,虽然也崇拜天地神灵,但那是基于祖先崇拜基础上的拓展。人是具有高度意识的动物,能够感知自己的生老病死,但是这种现象始终不能释怀地被人解决其中的为什么,"我是谁""我从哪里来""我到哪里去",这三个现实而又哲学的问题始终困扰着我们。古人没有解决这个问题,今人也没有令人信服地回答这个问题,中国人没有解决,西方人也没有解决,估计这是一个永恒且不能解决的问题。但是,不能解决也要回答这个问题,不管是否完满,西方人着眼于宗教寻求答案,中国人侧重在祖先获取资源,路向不同,旨归相近,都是回答人的前世今生。从三个现实且哲学的问题出发,祭祀文化可以划定三个基本阶段:于过去在于打通血脉,于今天重在行善积德,于将来是落实归宿。这是我们思考祭祀文化的思路。

第一,祭祀打通传承血脉。祭祀就是祭奠逝去的先人,先人已经逝去不在人间,现世活人为何还要祭祀已经逝去的死人?从纯粹唯物论思想看,似乎没有意义。从历史唯物论看,每个人都是历史的一个节点,只有记住节点,才能延续历史,因此祭祀先人就具有联结历史节点的作用。换成人类传承的语言,那就是血脉,这也是祭祀的基本功能,传承延续血脉,从现实角度回答"我是谁""我从哪里来"的问题。人传承血脉方面,具体有三个环节需要关注:一是修谱,二是筑坟,三是祭扫。修谱是梳理传承关系。现世生活的家庭,我们清楚地知道内部的传承关系,现代社会多是三代同堂,知道己辈、父辈与祖辈,传统社会一般是四世同堂,再往上增加曾祖辈,部分还有五世同堂,则再往上添加高祖辈,这基本上已经是上限。人类发展历经几百万年,一个姓氏有序传承可以上溯到氏族部落,则拥有上万年历史,中华文明也是通常宣讲的五千年,总之不管是一个民族,还是一个族群,或者一个家族,都不止我们所能看到的三代、四代或五代,而是具有更加悠久的历史。往上的人和事,我们没有亲身经历,并不现场知晓,怎么办?修谱就是民间解决这个问题的基本办法。族谱一般分为两个部分:一是文字溯源,二是名单罗列。族谱的序言部分,主要介绍宗族的源流,溯源到始祖,记述始祖的伟业功绩,其后发展壮大分派支流,各自发展情况,使得大家明白各个支系的血缘脉络与传承关系。名单罗列就是笔录从始祖到支系,再到各房支的具体成员名字,一般只记录男丁、不录女孩,男丁配偶以氏记录,不录入具体名字,形成排列有序的花名册。只要列入其中,就在宗族里面占据一席之地,百年归寿以后,也成为后代的祖先,享受子孙的供奉。如果因为犯错出宗,则不能列入族谱,将永远没有宗族的位置,他族也不会收留,于是变成孤魂野鬼,这是对个人的最大精神惩罚。我们看到,族谱人员基本上传承有序,一代接一代地不断延伸,人丁兴旺。但是,我们也会发现,一些名字到此为止,不再有接续的名字,这就是所谓的断子绝孙,这也是人们最为恐惧的事情,因此才有"不孝有三,无后为大"。传宗接代血脉相传是宗族文化的内核,修谱就是使用花名册的手段强调提示族群成员,必须履行自己的责任,既要保证自己不被出宗,又要确保后代能够延续,必须在族谱序列中占据一席之地。

筑坟是建造溯祖路碑。修谱是做好祭祀的前期工作,但是并非每个姓氏都有自己的族谱,也并非同一姓氏每个村庄聚落都有族谱,更不可能每家每户都拥有族谱,也不可能随时随地添加族谱,因此对于普通族群成员,族谱只是观念存在,很难看到实物文本,于是有时并不特别在意。坟墓则有所不同,这是一种现实存在,每个人都看得见摸得着,而且只属于自己的家族,具有某种唯一性。建造显性的坟墓标志,后人才会知道祖先具体的存在位置,或者说祖先有了具体的势力范围,那才有了重生还阳的具体平台,这是族谱所不能提供的。坟墓作为埋葬先人的场所,也是先人肉体与灵魂合体的地方,还是后人寻根溯祖的路碑。死者已经逝去,对于先人而言,有与无都无关紧要,坟墓其实是后人的需要,满足后人溯祖的精神需求。溯祖就要提供追溯的路径,以及路径的标志物,坟墓就是这样一个路碑。坟墓对于先人并无实质性意义,这才有现代社会基于唯物主义的火化选择,逝去的亲人由此化为一缕青烟,不留下一丝痕迹。传统文化则不同,死者亲人必须留下痕迹,而且应该是显著的标志,以物化的宏伟启示功业的伟大,以期永留青名于后世,也能够成为后人学习的榜样。因此,帝王将相的坟墓都异常宏伟巨大,以山岳为陵墓,而且规定陵墓等级,不能僭越。坟墓留下了祖先的足迹,顺着这个足迹,就可以不断上溯,直至始祖。为何一些族谱上的成员空缺,却没有中断还有后代,就是没有完整信息导致名字失传,墓碑则能够弥补这个方面的不足。由此我们可以看到,一些具体的溯源活动,需要向坟墓求证,就是墓碑能够起到路碑的作用。

祭扫是亲近前辈先人。血脉关系理清了,溯祖路碑建好了,那就沿着这条道通过祭扫方式去亲近前辈先人了。祭扫是祭奠逝去的祖先,是丧葬仪式核心内涵之还原,具有与祖先见面之意,丧葬是与死者见最后一面,祭扫是祖先进行灵魂相见。祖先已经逝去,活人还在人间,两者是阴阳两隔,毕竟属于不同世界,不能像人类社会那样可以随时亲近见面,需要有特定的时间。大体而言,主要有两个时间界限:一是每月的农历初一和十五,二是清明节或中秋节。初一和十五是月亮盈亏至极之时,也是转换的关节点,亏极而盈,盈极而亏,包含阴阳转化的理念,于是选择这个时候祭奠祖先,可以实现阴阳的对话与交融,能够更好地亲近祖先。清明是天气清明的转折性时间节点,标志着春天全面来临,生命处于上升阶段,阳气不断充盈人间。这个时候与祖先亲近,能够借助人间的阳气,加速促进先祖的重生与还阳。中秋也是气候转换的时令,寒凉全面逼近,冬天就要降临,此时亲近祖先,意在提醒祖先必须保留阳气,以便有效抵御浓重的阴气。总之,亲近时段的选择,并非随意而为,而是有所寄寓,也是传统文化的历史语境使然。不管怎样的选择,其核心还是以恰当的时间,表达与逝去祖先的亲近之情,通过走动往来建立稳定的情感联系。时间已经确定,自然就要前往祖先居所进行祭奠,以表达亲近之意了。坟墓是历来祭奠的主要场所,因为这是祖先的安居之所,作为晚辈后人一定是前去行礼祭拜,才能表达诚心与敬意,正像春节时我们要主动向长辈行礼问候一样。前往祖先居所之坟墓,自然不能空手而去,必须带上手信,这就是祭品。古人说过,"夫礼之初,始诸饮食",表示礼节必须有食物,因此祭祀强调三牲。这也是传统文化人际交往的内核,什么事情在餐桌上都好说,甚至都能够解决,否则就难办。亲人不是公干,自然没有那种官气,然而能够在热气腾腾的饭桌上聊天,更能够增强亲情氛围,因此三牲就成为必备的礼品。在这种虚拟的团圆饭下,确实可以创造一种亲情氛围,既是活人之间的亲情,也是活人与逝者的亲情,实现多方的互动交融。

第二,祭祀引导行善积德。祭祀是纪念前人,其实是为了后人,因为血脉是一路相承,因此祭祀也是为了告慰自己的前世今生。告慰前世的基本方式,就是前辈祖先现在享有的今人祭祀,也启示今生后人要将这种祭祀祖先的方式传承下去,不断行善积德,不断厚实宗族荣耀,后世才能兴旺发达。祭祀这个平台,后人在表达愿望的时候,一般是有两个指向:一是美化祖先,二是祈求祝福。不管哪个指向,核心价值都是向好,祖先形象越来越好,后人发展越来越好,而且更加偏向于今生后人的美好。在祭祀场合的向好氛围,能够净化心灵,培育良好心态,激发积极上进的心理,形成一种行善积德的精神,既可以为宗族增光,也为个人添彩。在这样一种特定场合下,即使某些人心有邪念,也不敢表露出来,也会起到抑制作用,通过不断地抑制,就有可能改变个人的价值观,转化成为如同祖先一样荣耀之人。这就是祭祀平台的向好作用,能够潜移默化地引导后人行善积德,创造一个美好人生。

祭祀时候的美化祈好,只是形成一个心理场域,植入良好的心理暗示,这种暗示一定程度上能够引导后人转化变成现实行为。心理暗示是人类最简单、最典型的条件反射,从心理机制上讲,它是一种被主观意愿肯定的假设,不一定有根据,但由于主观上已肯定了它的存在,心理上便竭力趋向于这项内容,最终有可能促其变成事实。从心理学层面看,心理暗示分为自我暗示与他暗示两种。自我暗示是指自己的显意识不断重复,迫使潜意识接受显意识的思考内容从而得到改变。他暗示则是指个人接受外界或他人的愿望、观念、情绪、判断、态度影响,不断由自我的显意识转化变成潜意识,从而向着他人预测结果靠近的心理特点。在祭祀平台获得的心理暗示,不仅有自我暗示,也有他暗示,它是两种暗示共同作用的产物。我们都知道王氏家族具有良好的家学传统,他们非常重视教育,以儒家思想为根本,突出书法教育训练。魏晋之时,以王昶和王祥为代表的王姓人,以孝悌见称,以谦实著名。自从先祖王羲之、王献之父子以书法著称之后,树立了书法一代宗师的形象,不仅成为王姓的骄傲,而且也成为众人推崇的典型,由此成为王氏家族良好的心理暗示对象。在这种积极心理暗示下,后代子孙把向好的愿望化为现实行为,不断创新学习,其后王氏家族依然涌现了不少书法家,诸如王献之的孙辈王僧虔、曾孙王融、王僧祐、王志善、玄孙王褒善、王绍宗、王之、王操之、王骞、王芸、王规等人,都是不同时代的书法名家。在书香门第中,子孙们只要头戴儒冠过一生,就能维护家庭的清誉;如能通过科举考试得中秀才、举人、进士,更能光宗耀族。因此,很多家庭都节衣缩食,供聪颖的子弟进入私塾读书。稍有财力的宗族也都动用族中的公积来加以资助。如兴化解氏不仅免费让族中贫寒的子弟在族学中就读,而且给他们贴补生活费用。每逢大比之年,很多宗族都向赶考的子孙津贴旅费,一些强宗大族还让他们免费入住设在府城、省城中的试寓。对于中试的子弟,众多的宗族还按照秀才、举人、进士的等次,给中试者以重奖。这种在宗族力量培植向好的行为,在各个族群聚落中不是少数,具有一定的普遍性,这确实包含祭祀的祖先力量。当然,这种向好行为不能只是指向自己,或者自我族群,还应该扩大到他人,尤其是其他族群,也就是现在所言的做公益事业。公益倾向于公众受益,且不计个人利益,是一种无私奉献精神的行为表征,这才是真正意义的行善。通过做善事,就从个人私利中走出来,将自己的能力有效拓展,使得更多人获益,于是这些善行就转化变成品德,个人也由此高尚起来。以公众口碑树立形象,那才是真正的形象,这也与祭祀平台所引导的行善积德之初衷相吻合,因为祭祀本身营造氛围,氛围需要公共烘托,才能形成。具有氛围之后,行善积德才不是个人行为,才能转变成为公共的社会行为,整个社会才能呈现和谐状态。

第三,祭祀预定天上人间。祭祀是祭奠逝去的祖先,他们生活在天堂世界,这也是行善积德之人的灵魂归所。能够享受子孙后代祭祀的祖先,肯定不是被打入地狱的恶鬼,虽然阴间有着这么一个去处,但肯定不是祖先的居所,也不会是后人期待前往的地方,大家还是期待死后能够升天堂。这是祭祀平台给予活人的心理期待,在地狱与天堂之间,一定会选择天堂。这是不言自明的选择,因为地狱是其人在人间作恶,然后被发配到地狱接受惩罚,甚至永世不能超生的一种惩戒手段。依照生死轮回规律,人死后总会重生还阳,而且与生前的行善积德程度挂钩,只要升入天堂,不管重生还阳到怎样的人家,毕竟还是返回了人间。如果被打入地狱,可能连还阳的机会都没有了,那将永世不利翻身。即使在地狱诚心接受惩罚,也必定经历严酷的考验,承受严苛的酷刑,经过脱胎换骨之后,才能转世还阳重新做人。因此,祭祀的行为实际上也昭示着天堂或地狱的选择,每个人都会从内心角度预定天上的人间,也就是于天堂展现美好的人间蓝本,更是超过人间美好的天堂世界。这是一个人的选择,也是族群的选择,更是全体百姓的选择。

　　天堂到底是怎样一种地方,那是怎么一种状态,现世活人都没有见到,但是大家可以从间接方面得到领略或印证。在长沙马王堆墓穴中发现一幅 T 型帛图,大约可以命名为升天图。该图分别三个部分:天界、人间与黄泉。天界部分,画在上端最宽阔的地方。右上角,一轮红日,日中有金乌,日下的扶桑树间,还有 8 个太阳。左上角一弯新月,月上有蟾蜍和玉兔,月下画着奔月的嫦娥。日、月之间,端坐着一个披发的人首蛇身天帝,一条红色的长尾自环于周围,天上有一道天门,有守卫的门吏。另有神龙、神鸟和异兽相衬,显得天界的威严和神圣。画面的下窄部分,上为人间、下为地下。人间以玉璧为界划分成上下两层,上层是墓主人的升天,下层是对墓主人的祭祀。墓主人拄杖,面向西方,前有小吏迎接,后有侍从护送,很有气魄。之下有一巨人赤身裸体,可能是地神,双手举起一个白色平台,象征着大地。平台之下,即古人通称的水府(黄泉),巨人脚踏鲸鲵,胯下有蛇,使人感到阴沉昏暗。这幅帛画非常形象地描绘了天堂的美好,以及黄泉的可怕,使得全靠语言描述全然虚无缥缈的想象天堂,变成如此真实可感。这样一种构想环境,一定会通过故事传说的方式流传民间,于是在一些宗祠神庙也会发现天堂的图案,更结合祖先的功绩,讲述着祖先在天堂里面的幸福生活。"周人头脑中祖先是怎样的形态呢?据现有材料还不易说清楚西周时期人们的想法,从铜器铭文和《诗经》等文献的记述来看,贵族普遍相信死去的祖先继续存在,他们能够上陟于天,即所谓'其严才(在)上',而死去的周王会经常辅佐于上帝左右,即所谓'先王其严才(在)帝左右',《诗·大雅·文王》:'文王在上,於昭于天。……文王降陟,在帝左右。'上述青铜器的时代基本上在西周中、晚期,可见整个西周时期的观念大致如此。金文中的'严'对认识周人祖先观念至关重要,需要做些说明。学者一般认为'严'指死者之灵,'严在上'是说祖先死后魂归于天。也有一些学者不同意这种看法,徐中舒认为'严'当读为《论语》'望之俨然'之俨,有庄矜之意,即毛传所释的威严。日本学者白川静认为'严在金文多指神灵之畏威之状',与徐说相近。最近王人聪也对严字的解释提出异议,认为严是敬之义,'严在上'是先王与贵族先祖'恭敬地在帝左右'之意。比较诸说,徐说论证有据,于文义最合,所以'严在上'的意思是说祖先在天,其状威严。"①总之,这已经可以说明,古人不仅相信天堂的存在,而且确认那是幸福美好的地方,也将是人人向往的地方。

这样一个幸福美好的地方,怎样才能预定入住呢？因为这首先是一个灵魂所在,其次才能承载肉体,于是在各种预定条件中,净化灵魂应该是最为重要的先决条件,所谓放下屠刀,也能够立地成佛,表达的就应该是这个意思。净化灵魂,这就表明权力不是重要的,财富不是重要的,地位不是重要的,最重要的是心灵美好、行善积德。因为人从动物走来,动物本能具有最为本原意义,不可能完全剔除,只能加以控制,于是就需要净化心灵。如何净化？简单而言,就是管控个人的动物本能,遵守当下社会公共道德,控制个人利益,拓展公共利益。在传统社会,主要遵守当时的公共道德,即温良恭俭让、仁义礼智信、忠孝廉耻勇,就可以达到净化灵魂的要求。在当今社会,是以法治国与以德治国相结合,因此在道德层面主要遵守社会主义核心价值观,即富强、民主、文明、和谐,自由、平等、公正、法治,爱国、敬业、诚信、友善,去除个人私欲,广做公益事业,就可以成为一个善人,就具备进入天堂的基本条件。

三、交往规约打造和谐平台

人是社会性动物,不可能独自生存,一定会参与社会,才能获得生存的条件。在原始社会时期,那也是一个原始共产主义社会,因此人与人之间具有完全平等关系,因此社会交往就是一个公平和谐的人际关系。但是,随着社会发展与文明进步,社会出现了等级制度,人就划分了三六九等,基于社会平台的人际交往就相应出现不平等现象,形成社会的不和谐状态。如今,历史进入一个新的时期,社会交往确立了新的交往规约,即为人际交往提供了公平和谐的平台,于是我们需要很好地利用此平台,发挥社会交往对于个人发展应有的作用。

首先,树立人格平等理念。现代理念认为,人生来平等,并不区分人之三六九等。人可以有行业区别,可以有职位高低,可以有财富多寡,可以有学识差异,就

---

① 刘源. 商周祭祖礼研究. 北京:商务印书馆,2004:270 - 271.

是没有人格贵贱划分,在人格上所有人一律平等。这是非常重要的理念,也是建立公平和谐社会交往环境的基础,因为人类历史长期以来存在不平等现象,如要去除历史沉疴确实不太容易。人格平等理念说起来容易,实践起来确实不太容易,关键在于头尾两拨人,即社会地位高的人与社会地位低的人。社会地位高的人,因为身居高位,比较容易生成优越感,于是容易居高临下与人交往,让人感觉不平等。社会地位低的人,因为身处社会底层,容易形成自卑感,不能很好地挺直腰板,于是容易谦卑仰视与人交往,让人感觉有些猥琐不自信,甚至让人有些瞧不起。针对两种现象,基本的做法:一个是放低身段,一个是挺直腰板,这样就可以在一个高度上交往,由此创造一个公平和谐的环境。而要做到放低或挺直,需要从人的终点结局思虑,就可以更加容易做好心态的转换。有民间俗语说:"广夏千间,夜眠六尺;家财万贯,日食三顿。""正处副处,最后都在一处;正局副局,最后一样结局;正部副部,最后一起散步。"只要把人生的去处想清楚,就可以在内心深处建立起人人平等的理念,否则就只是外在形式的虚拟平等,没有内心世界的真正平等。

其次,定位社会生态角色。人格确实应该平等,但是社会必须有所分工,这是人类社会庞大系统的必然,也是社会进步的基本前提与表现形式。每个人都会在社会分工中占据自己的一个位置,任何人概莫能外,就是行乞也是一个社会生态位置。一个人在自己的位置上,就要做好这个位置应该具有的工作,具有这个位置应该具备的素质,这是社会生态系统的基本要求。正语说,"在其位,谋其政",俗话说,"屁股决定脑袋",这确实很好地反映了社会生态位对于人的要求,一个人必须定好自己的角色,做好自己分内的工作。当然,这只是问题的一个方面,因为社会是一个大系统,任何子系统都必须服从整体系统,每个个体要素,不仅要服从子系统的要求,更要服从整体系统的利益,必须具有全局观念,突破狭隘的局部利益观。俗语说,"国家兴亡,匹夫有责",就是表达这个理念,不能只顾着自己的一亩三分地,应该具有天下为公的思想与胸怀。这就是社会生态位的辩证关系,也是系统论的必然要求,要素具有自己的作用,也必须发挥其独特位置的作用,要素在系统中不能独立存在,它是系统的一个组成部分,要素功能不是要素之间简单相加,而是在系统整合下产生新功能,因此必须立足于位置,又要超过位置,这才是完整的社会生态角色定位。

再次,坚持对话交往原则。人格平等是前提,对话交往是原则。对话交往之义是指人与人的交流,一定是你来我往地对等讲话,在对话过程中寻找交集与共同点,在相互妥协让步过程中获得最大公约数,由此达成共识或协议,也存留各自的诉求。对话交往原则,如果使用逻辑语言表述,就是由全异关系转为交叉关系,并且向着全同关系趋近。这是交往双方应该坚守的原则,因为相互利益应该都要照顾,不能一方完胜地压倒另外一方,应该是双方互利共赢,因为每个人都应该获得发展。和谐不在于没有矛盾,而在于能够找到矛盾双方的平衡点,在这个矛盾杠杆的支点上,矛盾得以消解,达到双方满意的效果。细化对话交往原则,集中到一个点,就是妥协让步,任何一方都不应该死守自己的观点,应该学会从对方角度思考问题,然后做出适当的妥协让步。另外一方则应该从对方的妥协让步中调整自己的策略,也要做出适当的回应,然后使之能够产生交集,创造可以继续对话交往的条件。在这个交集基础上,不断拓展相关点,不断进行转换互换,由此交集可以不断扩大,对话交往的成果就会越来越丰富,一个公平和谐的交往环境就此可以形成。

第四章

敬畏教育

　　敬畏,"敬"就是尊重,"畏"就是害怕,是在面对权威、庄严或崇高事物时所产生的情绪,带有恐惧、尊敬及惊奇的感受,是对一切神圣事物的态度。所以孔子说:"君子有三畏:畏天命、畏大人、畏圣人之言。"(《论语·季氏》)其实,敬畏作为一种态度,更需要生成敬畏之心,也就是对于一切美好事物,都要给予足够的尊重,乃至于战战兢兢,生怕对其有所伤害,从而形成一种内心世界的自我约束与精神控制。《管子·小匡》云:"故以耕则多粟,以仕则多贤,是以圣王敬畏戚农。"农家劳动者,从其身份看,并不崇高神圣,但是圣王却心存敬畏之心,就是因为其以耕产粟,提供生活粮食。《史记·鲁周公世家》也说:"乃命于帝庭,敷佑四方,用能定汝子孙于下地,四方之民罔不敬畏。"敬畏之心在传统文化里面,已经作为一种品质修养予以提倡。韩愈《贺太阳不亏状》要求:"陛下敬畏天命,克己脩身。"朱熹也说:"然敬有甚物,只如畏字相似,不是块然兀坐,耳无闻目无见,全不省事之谓,只收敛身心,整齐纯一,不恁地放纵,便是敬。"①作为一种修养,不能失去敬畏之心,否则就如《菜根谭》里说:"自天子以至于庶人,未有无所畏惧而不亡者也。上畏天,下畏民,畏言官于一时,畏史官于后世。""凡善怕者,必身有所正,言有所规,行有所止",因此需要强化敬畏教育,以期从内心深处实现自我约束,净化不良的社会风气。

---

　　① 《朱子语类》卷12,"持守". 中华书局,1986.

第一节 天人合一：其于创世的哲学理念

天人合一是传统文化最为核心的部分之一，其概念最早由庄子阐述，其后由汉代思想家、阴阳家董仲舒发展为天人合一的哲学思想体系。天人合一可以表述为：天与人是世间万物矛盾中最核心最本质的一对矛盾，"天"代表物质环境，"人"代表调适物质资源的思想主体，"合"是矛盾间的形式转化，"一"是矛盾相生相依的根本属性。天与人本原是为一，其后分为两体，以合而为一，一中依然包含二，这是具有创世意义的哲学理念，也是传统解释人与自然关系的基本理据。

一、混沌一体是宇宙初始本原

天人合一的理念前提即是天人一体，否则不必合，因为合本身隐含着分。应该说，这确实反映了古人对于自然宇宙起源的思考，混沌是宇宙初始状态。《盘古开天地》描述了天地形成的历程，也介绍了宇宙初始本原就是混沌。其言云："天地浑沌如鸡子，盘古生其中。万八千岁，天地开辟，阳清为天，阴浊为地。盘古在其中，一日九变，神于天，圣于地。天日高一丈，地日厚一丈，盘古日长一丈，如此万八千岁。天数极高，地数极深，盘古极长。后乃有三皇。数起于一，立于三，成于五，盛于七，处于九，故天去地九万里。"①一些民间神话也是如此，壮族神话《姆六甲》中说：天地没有分开的时候，宇宙中旋转着一团大气，越转越快，变成了一个蛋。后来，蛋破开分成三片，一片飞到上头为天，一片飞到地下为水，一片留在中间为大地。这些许多民族有着宇宙最初状态描述的共有特征，就是混沌一片。宇宙诞生之前，没有天，也没有地，没有光明，也没有黑暗，只有混沌。混沌仿佛是一团弥漫的雾，但是它没有形状，没有颜色，没有声音，也不发出任何气味，幽幽暗暗，深不可测。它是一片无法感知、更无从认识的模糊状态。这种"解释宇宙起源的神话传说称为宇宙进化论（cosmogony）——该词源于希腊语的'有序'（kosmos）和'起源'（genesis）。这类神话讲述了万事万物是如何以及为何各就其位的：故事往往虚拟在秩序形成之前，宇宙处于混沌之中，然后描述秩序的出现或形成"。②

---

① 《艺文类聚》卷一引.

② 荷兰时代生活图书公司编. 伟大的主题 世界神话. 北京：中国青年出版社,2006：5.

甚至现在的科学家也在推测,亿万年以前,宇宙原本浑然一体,不可思议地凝为一点;但轰然一声,突地爆裂,由此物质豁然分开,运动不息。这就是宇宙大爆炸理论。我们不是进行科学印证,而是说明古人对于宇宙的传统认知或猜想,因此并不作科学的认定,只是呈现曾经有过的一种认知状态,那就是宇宙的初始状态——混沌。

但是,古人也知道,宇宙并非永远混沌,而是有所分离,盘古开天地就是一种分离。分离就破坏了混沌,也就造成了天人两体,古人也认为,合久必分,分久必合,是到天人合一的时候了,因此古人就创生了天人合一理论。宇宙由混沌而分离,再由分离而为一体,这个一体已经不是原来的混沌,而且一体的自然运行状态,由此可以确认,一是自然运行规律。天已经不是原来混沌状态的天,因为人已经分离出来,合一之后的天人是一个整合的系统整体,在系统内各自具有自我的相对独立性,但是需要遵从整体系统的运行法则,于是形成密不可分的系统整体。也就是说,天人是整合系统的一,一的内部包含天人两分的二,二不能分解式地独立存在,必须以整合一的形态运行,才能达到最佳运行效果。也就是说,任何时候采取任何行动,都必须考虑天与人两种因素,不能单向行动,如此才能体现天人合一的思想。

宇宙初始本原是混沌,是否真的完全是神话故事,似乎还不能下此断语,因此现代科学也发现,宇宙确实存在混沌现象。这种混沌现象,我们创造了一个科学术语,谓之模糊,模糊就是理性时代的混沌。混沌不是偶然的、个别的事件,而是普遍存在于宇宙间各种各样的宏观及微观系统中,万事万物莫不混沌,最为普通百姓所熟知的天气,就是一种典型的混沌现象。正因为人类社会与自然界广大存在混沌现象,因此派生出许多交叉学科,如混沌气象学、混沌经济学、混沌数学等。数学在各门学科中最讲究精确,但是模糊理论成为数学学科分支,是在模糊集合理论的数学基础上建立起来的。经过数十年的发展与完善,模糊理论得以深化,拓展了更多支系,主要包括模糊集合理论、模糊逻辑、模糊推理和模糊控制等方面内容。模糊理论基本思想可以概括为:接受模糊性现象存在的事实,而以处理概念模糊不确定的事物为其研究目标,并积极地将其严密的量化成计算机可以处理的信息,不主张用繁杂的数学分析即模型来解决模型。这是非常有趣的现象,人类从混沌中解放出来,发展具有精密性质的科学,随着科学研究不断深入,发现世界并非一种清晰状态,混沌现象无处不在,于是在科学基础上发展模糊理论混沌科学,重新认识混沌,或许可以说明自然本初状态的混沌不是空穴来风。

宇宙初始本原是神秘的,宇宙本身就是崇高的,因此我们必须敬畏。于是,我们不能妄自尊大,许多秘密还在秘密状态,甚至就是人类自以为揭秘的状态,其实依然存在秘密,依然还是混沌模糊一片。如果没有敬畏之心,如何揭秘自然,如何促进社会进步,如何自我成长自我完善? 长存敬畏之心,方能且行且止。

二、天人合一是理性重归黏合

天人合一的隐含前提是宇宙分离,也确实如此。有故事为证:流传在西双版纳的一则神话说,天地原本是混沌的,到处是一团黑沉沉飘来飘去的云雾。经过一次大的火山爆发,天地分开来。宇宙分为三层:帕雅因住在天空,帕雅捧住在海面,帕雅纳住在海底。① 在我国少数民族中有一种"阴阳型的宇宙起源神话,强调的是产生宇宙天体的双方既相互对立又相互联系。如,彝族《天地祖先歌》《西南彝志》和《宇宙人文论》中的清气与浊气,《阿细的先基》中的轻云与重云;纳西族《创世纪》中的东神与色神;阿昌族《遮帕麻和遮米麻》中的天公与地母;景颇族《穆瑙斋瓦》中的阴神与阳神;瑶族《盘古造天地》中的盘古与九天女;苗族《造天造地》中的男神与女神等等"。② 阴阳型的宇宙创生神话,不仅讲述了宇宙初始的混沌状态,而且说明初始的分离是阴阳状态的分离,是一而二,更切近天人分离的思想,也是人类意识觉醒的必然。当人类与动物一样,处于意识懵懂的时候,天与人是一体的存在,当人类意识觉醒之后,人就将自己与自然区分开来,天与人分离就是历史的必然,也体现人类社会的进步。

在许多神话故事里面,这种分离还要继续下去,从而创造现今丰富多彩的世界。三国时候徐整在《三五历纪》中记述盘古开天地之后,创生了世界万事万物:"天气蒙鸿,萌芽兹始,遂分天地,肇立乾坤,启阴感阳,分布元气,乃孕中和,是为人也。首生盘古,垂死化身。气成风云,声为雷霆。左眼为日,右眼为月。四肢五体为四极五岳。血液为江河。筋脉为地里。肌肉为田土。发为星辰。皮肤为草木。齿骨为金石。精髓为珠玉。汗流为雨泽。身之诸虫。因风所感。化为黎甿。"这样的混沌分离不断持续下去,如果没有必要的整合,使之成为一体,那么就会一盘散沙,因此需要归拢一体。在创造世界的时候,是一生二,二生三,三生万

---

① 王国祥.布朗族文学简史.昆明:云南民族出版社,1995:72.

② 王渝生.中国科学思想二十世纪的中国科学　第七届国际中国科学史会议文集.郑州:大象出版社,1996:301.

物,现在是复合本初一体,就是一个反方向的运动,采取归纳概括之逻辑,即万物归三,三归二,二归一,于是就有了天人合一。天人合一是基于理性的复合本原,因为事物之发展总是由一而多,由多归一则需要人类的理性整合,使之能够成为一体并且可以一体运行。因此,天人合一的思想不是自然现成之物,而是人类基于自然界无限丰富的万事万物做出的理性复合,在自然界之本原状态整合自然界,并且以之逻辑起点加以思考,确保自己能够对接世界本原,获得世界本初的本质。

天人合一在于使得原本已经被分离的天与人重新成为一体,这两个大系统之下的两个子系统,一定要发生信息的交流与能量的交换,否则就是一个死系统。只有实现天人交互,才能激发相互之间的生机活力。天以沉默的规律影响着系统运行,并且以这种规律嵌入人的系统,使得人不能摆脱天的控制,人则以意识的行为介入系统的运行,并且以意识改造天的运行状态,使得天也带上人的意识烙印。正因为有着天与人之间的交互作用,这才不仅改变了自然之天,也改变了人本身,并且向着人所期待的运行状态发展,使得天更符合人的生存发展。这正是天人合一应该达到的效果,不是为了天人合一而合一,而是通过建立天人合一平台,更好地发挥天与人的各自优势,在天人共振的系统运行中产生新质,并且确保新质能够实现天与人的和谐发展。

三、大地伦理是补救生态危机

天人合一之和谐发展理念,确实非常美好,是一种理想性的构想。在人类社会的现实发展过程中,天与人的交互并非遵循能量等量交换原则,人对天的索取总是高于人对天的回馈,于是造成能量交换不均衡,天失之多,人给之少,系统的天平发生倾斜,于是造成通常意义的生态危机。其实,生态危机的概念是人类中心主义思想的体现,它是说明天所主宰的生态已经发生不利于人生存的变化,环境由原来宜居环境变成不适合人类居住,这种现象被命名为生态恶化。但是,从天之角度看,自然生态从来就没有恶化,只有改变,是从一种生态关系向另外的生态系统过渡,大地正构建或启用第二套生态系统,只是这套生态系统可能不再适合人类居住,人类可能由此灭亡,如此而已。这在地球历史发展进程中,不是没有先例的。恐龙曾经统治地球上亿年,当时大地的生态系统就适合恐龙生存,所以人类没有出现,也没有人类的生存空间。但是,这一套系统因为各种原因被改变了,或者说原有生态系统遭到严重破坏,导致极端恶化,恐龙不能适应变化的生态系统,于是恐龙灭绝。恐龙灭绝是坏事,但是也是好事,因为在新的生态系统中,人类诞生了。之后,人类成为地球的霸主,也有效地践行天人合一的理念,由此与自然之天和谐共处几百万年。但是,随着人类智慧的提升,人类的私欲不断膨胀,不断挑战天人合一的理念,天与人的天平不断倾斜,所谓的生态危机不断显现。在这种情形下,一些有识之士提出大地伦理概念,要求尊重自然,尊重大地,尊重"天",同时控制与降低人的私欲,放低人的身段,争取与自然和谐共处。这个理论,其本质就是天人合一理念,它是补救生态危机的一把钥匙,或者说是一种策略,确实值得我们重新审视。

大地伦理与天人合一具有理念的相通性,都讲究通过对天的敬畏来补救生态危机,由此需要明确一种理念,不是"人"和"天"而是"人天"。"人"和"天"分离是进步的表现,因为它从混沌中解放出来,可以对事物进行条分缕析地认知,从而能够深入事物内部探究事理。随着探究的深入,人类掌控自然的能力不断增强,主体与客体的意识也不断深化,主体之人开始凌驾客体对象之上,人从理念上将"人"和"天"变成全异关系的两者。在这种理念下,由于人所特有的动物私欲膨胀,必然不断侵害客体对象之自然,于是生态危机的出现具有必然性。就此理念根源,还在于"人"与"天"的完全分离,必然回复到天人合一理念的"人天"概念。所谓"人天"是指人应该将自己等同于天之自然,因为人本来就是自然的一部分,等同于自然万事万物的其中一分子,并没有超越自然事物的特权,而是与之平权,这是大地伦理的关键点。目前的生态危机不是自然天象灾害造成的结果,而是"人"凌驾于自然之上,以人类意识强烈介入自然,导致自然遭受人类严重破坏,迫使自然启用第二套生态系统,也就是基于人类视角的生态危机。既然其原因是"人"超越自然,那就需要回归自然,站在与自然万事万物平等的位置,使"人"也回复到人之本初状态,回到人的本原之本体,就可以从根源上解决问题。当然,这不是"弃智绝圣",也不是舍弃现有的优势物质条件,而是将人定位于与自然万事万物同等的位置,人并非万物的灵长,人是万物的伴生物,人也不是自然的主宰,人是自然的随从。只有如此清晰准确的定位,人才会敬畏自然,才会依照自然原有的生态位安排运行,不会超越雷池半步,才会自安其位按部就班地运转,生态危机就不会出现,即使出现,也可以得到扭转。

人降低自我身段,努力向着原初状态转化,致力于向大地自然靠拢,这是一个路向。另外一个路向,就是把天之自然提高到人的地位,将自然等同于你我他之兄弟姐妹,不是"天"和"人"而是"天人",自然就是人,即所谓"天人"。人生来平等,人际交往需要尊重对方,听取对方的意见建议,通过协商达成共识,这就是"天人"应有的理念。既然"天"就是"人",人与自然打交道的时候,就应该尊重自然,听取自然的"意见建议",即顺应自然规律,依照自然生态关系进行取舍,维护生态内部的平衡,实现人与自然的和谐共处。给予自然充分的尊重,把自然也看成是一种生命形态,其本来就是一种生命形态,以尊重生命的敬畏之心尊重自然,那就不会随意残害自然之生命。没有残害,就没有危机,敬畏生命,就会生机盎然。

第二节　风物传说:赋予自然神奇魅力

　　人是自然之子,从自然来,回到自然中去。自然是万物之母,创造万物,也创造神奇的环境。人是神奇的,能说话有意识,自然更是神奇的,虽无言却养育万物。神奇的自然打通人与自然的命脉,于是人运用自身的意识创造了丰富多彩的风物传说,实现人与自然的交互对话。只要有人生活的地方,都会有风物传说,这既是自然的造化,也是人类的创造,风物传说就是两者交互对话的成果。

一、传说与自然结合神化环境

　　一个简单的道理谁都知道,先有自然环境,而后才有人类,人类长期置于环境庇佑之下,成为自然之子。但是,这个自然之子总有一天成长起来,在产生意识之后,人类的能力不断见长,最终到了青春叛逆期,希望脱离自然之母的庇护,于是有了天人分离的想法。在这种想法的支配下,自然与人的界线越来越明晰,人与自然的相互距离也越来越远,逐渐形成两个相对独立的行动单元。由于人诞生于大地母胎,不管人走得多远,人与自然的脐带关联依然存在,不可能完全割断,因此总会以各种形式将自然人化,按照人的希望通过传说故事把自然编入人的历史,使得自然富于人性,形成各具地方特色的风物传说。这是典型的人与自然的交互对话,自然是无言的存在吗? 不是,它有思想有感情;自然真的是一种具有意识的生命存在吗? 不是,它是自然形成的结果;其实,这都不对,天地有大美而不言。

　　下面介绍贺州市八步区桂岭镇的"桂岭"得名,这里有一个美丽的传说:

　　那是很久很久以前,一个叫吕洞宾的云游道士,脚踩浮云来到萌渚岭的桂岭盆地。看到群山起伏蜿蜒,犹如群龙舞动,再看山峰间随风飘舞的林木,仿佛阳光映照下龙鳞闪烁,吕洞宾怦然心动。带着心头的一丝诧异,急步登上盆地的最高峰金子山,在这云雾缭绕的山顶上,吕洞宾手搭凉篷举目眺望,只见群山环绕着桂岭盆地,恰好围成一个腰肾型形状。心中暗自称奇,这可是一个不可多得的风水宝地。按照五行的观点,腰肾主水,水主财,因此这里必定是富庶之地。富贵相连,富往往会发展成贵,也就意味着这里将诞生官宦显贵。想到这里,吕洞宾按捺不住内心的兴奋,一扫许久以来没有发现宝地的郁闷,不禁哼起轻快的民间小调。"静女其姝,俟我于城隅。爱而不见,搔首踟蹰。静女其娈,贻我彤管。彤管有炜,说怿女美。自牧归荑,洵美且异。匪女之为美,美人之贻。"在努力地平静了一会儿心情之后,吕洞宾又开始细细地瞅着这心爱的发现,腰肾上端是桂岭,下端是大宁,两者之间微微内收,典型的腰肾之型,真是太美妙了。腰肾既是主水,应当就有河流。低头一看,果真一条宽阔汹涌的河流就呈现在眼底,这就是著名的贺江(20 世纪 70 年代末 80 年代初以后,桂岭镇境内称桂岭河,大宁镇境内称大宁河,流经贺州市城区的临江改称贺江)。在桂岭镇境内又密布着许多毛细血管般的支流,有桂东河、竹园江、草寺河、西水江、西阳江、香江、白竹江、相思坪江、月落水江等,它们从不同地域不同方向注入桂岭河,使之具有充裕的水源补充。正是这条河流养育着一方百姓,历史上著名的潇贺古道就曾路经此地,一划一划的舟楫之桨推动着历史的篇章不断向前,社会在进步了。

　　美玉赠佳人,宝剑赠英雄。如此一块风水宝地,是否明珠暗投呢? 这还得实地调查调查,方能见分晓。吕洞宾怀揣着探寻心态在桂岭峒随意走动,他要用一个名字把这里的未来命运喻示出来。谁也没有特别留意这么一位云游道士,这对于身肩考察之责的他来说,不失为一件好事。依着地形地势,不时冒出一处聚落,聚落掩映在丛林翠竹之中,山涧小溪从旁穿过,鸟儿清脆的叫声不时传来,溪流水声隐约可闻,在无人干扰的状态下,吕洞宾进入了一个诗情画境。想想王禹偁的《村行》:"马穿山径菊初黄,信马悠悠野兴长。万壑有声含晚籁,数峰无语立斜阳。棠梨叶落胭脂色,荞麦花开白雪香。何事吟余忽惆怅,村桥原树似吾乡!"确是有些相像。

　　这么想着,耳边忽然传来顿挫有致的读书声。"子曰:'以吾一日长乎尔,毋吾以也。'居则曰:'不吾知也!'如或知尔,则何以哉?"

　　"小伙子,你在读什么书呀?"吕洞宾问道。

　　读书的小青年回答道:"我在读《论语》。"

　　"这一章讲的什么呀?"

　　"这是孔子与学生探讨人生理想,学生们阐述了各自不同的治国理念,孔子比较欣赏曾皙淡泊功名、高洁超脱的志向。"

"你的人生目标呢?"

"达则兼济天下,穷则独善其身。"

"你这里叫什么呀?"

"guì 岭。"

"怎么写呀?"

"我们只听其音,未识其字。有的说是显贵的'贵',有的却说是馨香桂花的'桂',没人能够确证。"

"你觉得哪个'guì'更好?"

"各有价值取向。显贵的'贵',能够为朝廷做事。馨香桂花的'桂',则能够在潜隐之中,既可以服务百姓,也可以自我修行。"

吕洞宾未置可否,勉励了书生一番就走了。

地名虽然只是给一个地方命名,似乎什么名字都可以。其实不然,在吕洞宾看来,它暗喻着当地民众的追求和未来,于是他决定再去求证。

在一条山路上,吕洞宾遇到了一群樵夫。樵夫们赤裸着肩膀挑着柴,汗顺着额角流了下来,一首首的山歌也从他们的嘴里溜了出来,大家踏着相同的节律小跑着前进。看到他们虽然辛苦,但身心愉悦,一副乐天知命的样子,吕洞宾由衷地羡慕。

"几位大哥,你们这里叫什么呀?"

"我们这里是'guì'岭。"

"哪个字呀?"

"我们不识字,不知道。"

"我听人说,有的认为是贝字底的'贵',有的认为是木字旁的'桂',你们喜欢哪个'guì'?"

"我们靠山吃饭,靠力吃饭。水中的贝壳,那是打鱼生计,四处漂泊。森林的木头,我们这里遍地都是,容易谋生。当然是木字'桂',人生自在山大王嘛。"

吕洞宾想了想,这不也正切合自己的想法吗? 自己之所以弃官归隐,云游四方,不也一如陶渊明的《归去来兮》吗? 这样一想,心中便豁然开朗,人生的智慧还是藏在民间,这里就叫"桂岭"吧。①

这是经典的自然人化吧。桂岭之自然有言不? 当然有了,她知道自己的猪腰形

---

① 韦祖庆. 秘境八步. 南宁:广西科学技术出版社,2012:3 - 6.

状,那是"肾主水,水主财",一条桂岭河开创岭南历史,形成了著名的潇贺古道,程朱理学之祖周敦颐于此诞生,还走出了广西瑶族唯一的皇太后。这纯粹是后人的编造吗?不是的,因为桂岭的自然地理环境提供了最初的基础,如果没有南岭山脉的阻挡,没有桂岭河的沟通,就不可能有开始于春秋战国时期的通楚桂岭古道,以后进一步发展成为潇贺古道。没有如此重要的国道,自然没有桂岭其后将近 700 年的繁华,也就没有丰厚的人文历史,自然不可能产生具有如此深刻意蕴的风物传说。

自然已经人化,通过人化赋予自然神奇的魅力,但是,人是否真的只是为了神化自然而编造传说故事吗?不是的,风物传说还有一个重要目的,就是通过自然环境达到育人的效果。人是社会性动物,每个人都有自己的意识,它只属于个人自己,他人无法控制。假如每个人的思想意识完全各不相同,相互之间存在着强烈的矛盾冲突,这个人类社会能够和谐吗?即使不必上升到和谐高度,就是作为一个整体组织,它还能够存在吗?恐怕都不行,因为没有一个中心点,也就没有一个范围界线,完全是放射性的自由散沙,当然不可能聚拢在一起。因此,任何一个社会,都必须形成自己的社会法律与社会伦理道德,通过硬软两个层面的规章约束,把各个具有独立意志的人包拢在一起,形成一定社会整合的整体。地方风物传说就是包含社会伦理道德的形象教育形态,通过民众口耳相传,借助自然地理环境形象,以生动形象的传说故事,于审美活动中实现潜移默化的教育功能。

狮岭回澜是贺州市旧信都县(现为贺州市八步区信都镇)著名八景之一,位于今信都镇境内。信都镇治所约一公里处,有一酷似狮子之山,叫狮子山,现在其旁还有一个名为"狮子"的村庄。狮子山坐落贺江之畔,狮头高昂,面向汹涌之流,雄壮威武,似有随时飞腾之势。两只狮爪健硕有力,一脚踏进江河,似履恶浪于平地。狮身后展,茂盛的树木就像身披彩缎,尤显雍容华贵,完全一派狮王模样。贺江遭遇狮子山的拦截,被迫改变其直前的奔涌,只能依势转弯,形成一个拐弯峡谷,恰似雅鲁藏布江大峡谷之微缩版。巨大的流量被甩入拐弯峡谷,一则河道由宽变窄,再则江水由直行变成转弯,这就必然带来巨大的冲力,也由此形成巨大的江水回流,这就是自然景观的狮岭回澜。有邑人黄伯贞赞曰:"极目名山到处青,一峰酷肖是狮形。回头转吸西江水,昂首高瞻北斗星。绿竹苍松添背鬣,湖光峦翠尽精灵。有时直向龙门跃,浪涌波环瑞气经。"

狮岭回澜之处又被称为官潭,其名得之于一个真实的故事传说。据史书所载,明朝万历四十四年(公元 1616 年),广东顺德之欧阳辉出任贺县知县。在任上之时,不停地搜刮民脂民膏,使得原来富庶的贺县,开始呈现凋敝之象,闹得地方天怒人怒。而且还打压民愿,欺上瞒下,搞得一片乌烟瘴气,使得百姓不敢言不敢怒。他自己当然就因此而盆满钵满,不仅一心想着衣锦还乡荣归故里,更想一生一世永远当官做老爷、享尽人间荣华富贵,因此也就变得十分迷信。一则担心东窗事发官位不保,二则害怕富贵不长沦为贫民,于是东求高人道士,西寻阴阳先生,日夜盼望风水宝地。一次,在从贺县治所临贺故城(今贺街镇)荣返故里顺德之时,顺水路而下,途经狮子山贺江大拐弯处,这里正有保佑子孙永世其昌的"生龙口"。在行进之前,欧阳辉已请阴阳先生卜卦,得知此处便是"生龙口",于是满载全家老小一起乘船而下,老母亲也在其中。一路风平浪静,在进入狮子山转弯处时,突然风浪骤作,欧阳辉感到龙口已开,于是欺骗母亲到船舷看风景,趁机将母亲残忍地推入河中,企图葬母亲于生龙口,然后自己能够永享奢华。但是,瑞兽之狮明辨是非,对于如此歹毒的无耻之徒,不仅没有接受其入葬生龙口之望,还掀起恶浪淹没其全家,断其子孙香火。此后,这片水域就被百姓叫做官潭,成为过往此处水域之贪官的葬身之地,因此就有百姓传言"贪官难过官潭关"的故事。①

这是具有明显伦理道德教育意义的风物传说,利用自然风貌,再结合现实人事,由此编造一个风物传说,既有其自然的形象特点,又有历史之事实,因此生动且深刻。百姓为何要将这样事情编造成为风物传说,不是为了宣传自然景观,而是为了教育后人,不可因贪迷智,丧失起码的做人准则。借助地方风物,通过生动具体的传说故事,其教育效果远胜于干瘪的理论说教,因为这是他们生活的场景。

利用自然风貌进行伦理道德教育,这是一个显性层面的意义,其实风物传说的社会价值还在于养成民众的乡土情结,使之热爱自己的故乡,生成"谁不说俺家乡好"的自豪感。一个人在生我养我的地方生活,一定会产生感情,生成对于故土的依恋。如果这种依恋再配之以风物传说,就有了更加具体生动的平台,也有了可以回忆和讲述的谈资,因为任何知识或情感,如果有了故事作为凭借,就可以增强人的记忆效果,可以更深地镌刻于内心深处,并且成为永恒的记忆。人与自然是紧密结合体,自然可以离开人,但人不能离开自然,这就决定了人对自然的绝对依恋。人对自然的依恋感情,只能在其生活之所有着深刻的体验,对于没有生活的地方,只具备理论的空洞认知,不可能有着深厚的感情,因此乡土情结只给予自己的故乡。正因为有着这样一种天然的情结,于是就会对地方风物格外关注,总是倾向于从正面编造风物传说,不会自贬自损,这就是情感的作用,也是风物传说

---

① 韦祖庆. 秘境八步. 南宁:广西科学技术出版社,2012:46.

教育的力量。

二、传说与历史结合美化人物

天人交互一定包含两个路向：一个是人走向自然，即人要等同自然，是为人化自然；一个是自然走向人，即自然要等同人，是为自然人化。地方风物传说与历史的结合属于自然人化的路向，地方的自然环境具有人的意志与思想感情，建立如同人一样的业绩，也就是把自然当做人来看待。在原始思维里面，普遍存在万物有灵论，自然界的万事万物都与人一样具有意识，只是表达意志的方式和行为的活动方式与人存在差异，其他并没有什么本质区别。

贺州市桂岭镇白石龙潭传说：

桂岭出了个历史名人叫林勋，是宋政和五年进士。建炎三年八月，他在做广州教授时向朝廷献《本政书》十三篇，后提升为桂州节度掌书记，又献《比较书》二篇，被誉为一代大政论家。对于这样一个大名鼎鼎的人物，桂岭人至今流传着他与龙女结为夫妻，却又因妯娌妒忌而使林家陷落深潭的故事。

传说，桂岭东北的开山有一无底深潭，水通南海，有龙王、龙母居住其间，故名龙潭。有一天，龙母领着9个女儿到大会圩（今桂岭圩）看戏，散戏后丢失了最小最美的九妹，龙母和龙女们四处呼唤寻找，却不见小九妹的踪影，无可奈何，只好哭哭啼啼回归开山龙潭。

由于白胡子月老牵引红线，龙九妹昏昏然身不由己地走到离大会圩5里路的一座小山上，当她清醒过来却发现已经迷路，于是惶恐不安地坐在路边啼哭。

白石林家四郎林勋这天也去大会圩看戏，归途中遇上龙女，见她哭得伤心，便上前询问根由。九妹不敢吐露身世，谎称自己是湖南江华人，因迷路焦急得啼哭。四郎心地善良，同情无依无靠的异乡弱女，把她带回家中。林勋的母亲曹氏见龙女长得如花似玉，惹人喜爱，乐意让她暂住一时。数月后曹氏说要送龙女回湖南，可龙女听后哭得很是伤心，再次撒谎她父母双亡，家中已无亲人，并跪在地上哀求曹氏大发慈悲，将她收养下来。其实龙女不愿走是暗恋聪明英俊的林四郎。

过了半载，曹氏见龙女不仅长得标致，且性情温柔，手脚伶俐，善操家务，有意将她匹配给四郎林勋，一经道破，龙女乐，四郎更乐。其实他对龙女早有爱恋之心，有母亲撮合，自是天赐良缘。婚后，四郎与九妹十分恩爱。

三年后林勋考中进士，功成名就，朝廷放他去外地做官。他从京城回家告别亲人，叮嘱爱妻要修身贞洁，持节守礼，敬老爱邻；妻也奉劝丈夫要廉洁奉公，力挑民难。小两口洒下了依依不舍的离别泪。

丈夫离家后，九妹把他的临别嘱咐记在心间，勤持家，敬翁姑，和妯娌。可是好心却不得好报，嫂嫂们对她并无好感，尤其是那长舌婆二嫂子，胸怀狭窄，好弄是非。她早就对九妹的美貌心生妒嫉，又见九妹聪明能干为人处世有方，博得婆婆偏爱，更是嫉上加恨，于是生起了诽谤中伤的恶念。

那天吃午饭，婆婆吃得很开胃，便又当着嫂嫂们的面夸赞九妹善烹调，做的饭菜清香可口。饭后，乘婆婆一人在堂之机，二嫂悄悄对婆婆无中生有说是别看九妹菜煮得好吃，她是用鼻涕调味的，婆婆将信将疑。恰巧下午婆婆身体不适，觉得燥热，九妹煎好了一碗凉茶端给婆婆后又去忙其他家务了。待茶冷却，婆婆端碗欲喝，二嫂子急忙奔来把碗夺了，说是九妹在煎凉茶时投入有大茶叶（断肠草），吃之必死。婆婆未敢全信，二嫂子即用凉茶拌饭喂鸡，鸡果死，凉茶中确实投有大茶叶毒草，可那是由于九妹一边煲凉茶，一边洗涤炊具，没有注意到二嫂子暗中搞鬼，偷偷投入了大茶叶，媳妇心肠狠毒要毒死婆婆，婆婆岂能容忍？二嫂子嫁祸于人的诡计得逞，致使婆婆对九妹一改常态，施以惩治。

婆婆要九妹一天之内舂出白米 300 斤，再混合芝麻、绿豆各 10 斤，之后又得将米、芝麻、绿豆分筛出来，不许互相掺杂。九妹面对这一难事急得无法，不禁啼哭流泪。一只好心的小鸟飞来传声道："你莫哭来你莫哭，快请龙姐一齐来，簸箕簸来米筛筛，芝麻绿豆能分开。"九妹听罢顿时猛醒，默默念诀请众位姐姐。顷刻，8 位龙姐齐至，她们一齐动手，难题很快解决了。婆婆一计不成，又生二计。她叫九妹去放牛，并要她每天搓出 3 斤细细麻丝，九妹又犯难了，那小鸟突然飞落在牛背上，边跳边抖动翅膀鸣叫："对牛快念麻丝法，屙出麻丝笑哈哈！"九妹陡然明白，对牛念诀："牛哥，牛哥你辛苦，帮助九妹把难除；吃麻皮便麻丝，屙出麻丝交九姑。"那大牛牯很同情善良的九妹，当然乐于替九妹排忧解难。于是每天九妹都能如数交足麻丝给婆婆。狠心的婆婆见两难不奏效，又心生三难之计。她要九妹一天之内织出 9 匹白布和 9 匹黑布。九妹愁眉苦脸走出门外，意欲再请众姐姐来帮助。站在桃枝上的小鸟又发话了："黑黑布，布白白，湖南来了卖布客。"九妹心田豁然开朗，她急急赶到大会坪。果见坪上有大批湖南来的卖布客，白布、黑布任挑任选。九妹买下 9 匹白布和 9 匹黑布交给婆婆。

一难再难亦难不倒九妹婆婆恼羞成怒，对九妹更加狠毒，时常借故将她打得死去活来，并不给饭吃。九妹自知嫂嫂们妒嫉，婆婆心狠，在林家难以久留，便悄悄托一位湖南的卖布客，请他在回湖南路过开山时，用铁锤敲击龙潭边的石壁 3

下。湖南卖布客照九妹所托做了。

龙母听到石壁敲响3下，知道九妹在林家有难，便化作一只母猪直奔林家寨，以试探林家人的心是好是歹。林家人不知其情，以为天赐口福，送猪上门，便把母猪宰掉吃了。

九妹自知母猪是龙母的化身，于是将林家人吃剩的猪骨头倒进灶里烧。第二天，灶内长出两根3尺高的大竹笋，林家二嫂子见竹笋便伸手去扳，忽然一声巨响，天崩地裂，林家寨院随之陷入深渊之中，除了未吃母猪肉的未遇难外，凡贪吃猪肉的人都埋身深潭，二嫂及婆婆自不例外。不过婆婆的尸体很快就被抛出岸上，至今潭边尚有其坟。

沉陷林家寨的白龙潭至今尚在，林家人却在白石早已断了香火。好端端的一个林家竟毁在无事生非的诽谤者手中，后人无不为之叹息。

这个白石龙潭的故事，确实其与历史相结合，将桂岭历史名人林勋关联一起，然后依据一个自然景观白石龙潭的地理特点，这是一个巨大潭泉，出水充沛，似乎与龙潭相连，于是编造出这是一个风物传说。两者相互衬托，既解释了自然现象，又记述了历史人物，做到了相得益彰。

这种自然的人化，能够为历史人物树立丰碑，所谓人已逝去，业绩犹存。如果没有风物传说的口耳相传，许多历史事件就会随着历史流转而湮灭，历史人物也会随之飘散。自然景观是一个永恒存在，于是人物也可以借此得到流传，历史名人留迹于山川，也提升了山川的灵性。泰山之所以如此崇高，虽然与其自身的地理环境相关，但历史帝王的封禅、社会名流的题词，也是必不可少的文化要素。泰山名气提高以后，大凡与泰山具有关联的历史名人也随之为人所铭记，他们大可以与山川齐名，与日月同辉，这就是自然对于人物的提升作用。

例如贺州市八步区贺街镇玉印浮山（江中小岛），就有这样一个传说：

南宋绍兴二年，朝廷命岳飞为潭州兼荆湖东路安抚使、都总管，率领雄兵数万，开赴岭南，进剿反贼曹成。曹成本为岭南临贺草寇，成不了什么气候。然而曹成工于心计，设法买通郡守，勾结官府作为保护伞。官府收了曹成的银两贿赂，对其罪行包庇纵容，官匪一家，使曹匪几年之内拉起上万人马，势力坐大，依踞姑婆山、大桂山，横行临贺、封阳、桂岭、连州一带，为非作歹。岳飞智勇双全，处事果断，他先将与曹匪沆瀣一气的郡守革职，解往京城交皇上治罪。而后走访百姓，了解地形，制定战略。是年闰四月五日，岳军夜袭太平场曹成连营，大破曹军三万余众。曹成败走桂岭，收拾残军，凭恃桂东崇山峻岭深沟高垒布下阵势负隅顽抗。

岳军一鼓作气,乘胜追击,所到之处,民众拥护,势如破竹。十二日,攻下上吴关、北藏岭险要。十五日,在天险逢头岭与曹匪主力展开决战。岳飞军大获全胜,攻克桂岭。曹成败走连州,后被追剿歼灭。"岳家军"自此声威大震,名扬天下。

临贺平定,岳飞班师回朝。临行之前,岳飞于军中挑选岑一诚暂时代理郡守之职,以确保一方平安。岑一诚系岭南人氏,精明能干,了解当地风土人情。岑一诚虔诚地请教岳飞:"小可行伍出身,只知上马打仗,不知马下从政,请大人赐教。"岳飞未正面作答,沉吟片刻,说道:"某即日将回京复命,闻说临贺有一名胜奇景,唤做浮山,不如前往一游。"翌日大早,岳飞、岑一诚乘舟沿桂岭河而下前往浮山。

舟至山边,系舟登岸。眺望江面,一清一浊,泾渭分明,清者自清,浊者自浊。"世事之道亦是如此啊!"岳飞叹道。岑一诚听出了其中的话外音:"世间自有清浊,不能把握自己,就像原来的郡守堕入污浊泥沼之地,一生的清名毁于一旦。"登临浮山,只见不少男女老幼上山焚香祭拜,游人如织。岑一诚道:"此间香火倒很旺盛。""听此间百姓说,这里祭祀的陈王并非真正的王侯,只是一个落第秀才,却因乐善好施,永享人间香火。其间道理深刻啊!"一路说着,不一会儿就登上山顶。岳飞指点江山慷慨激昂壮怀激烈:"你看这浮山,无论多么大的惊涛骇浪,都淹没不了它。狂风暴雨之时,它傲然挺立;电闪雷鸣之刻,它笑傲长空。尽显英雄本色,真山中之丈夫也!"

岑一诚顿悟:"大人这是在给小可指点迷津呢。大人意思是说,为官之道,要威武不屈,富贵不淫。无论是风平浪静,还是惊涛骇浪,无论在朝在野,无论顺流逆流,都要保持泱泱气节。就像这浮山,永远砥柱中流。大人,是不是这理?""浮山形状像什么? 像一颗官印,是玉印浮山。"岳飞道:"为官之道即为人之道。要做好官,首先要做个好人。为官是一时的,而为人是永远的。"①

据说浮山有一个神奇,不管什么洪水滔滔,此山始终露出水面,不会沉没。自岳飞阐释之后,当地发展成为一个浮山节,至今已历千年。浮山节就成了民众纪念岳飞的重要节日,岳飞为官之道的教诲不仅成为当地官员的座右铭,而且成为百姓教育子女的典型案例。当然,地方风物传说涉及的人物,更多是平民百姓,这些百姓可以是一个通名,却是草根民众英雄梦想的体现,表达百姓崇高的心理情结。人于最初的时候人人平等,但是历史发展总是充满悖论,社会进步了文明了,人也由此划分三六九等,而且总是绝大多数人处在社会底层,形成一个金字塔形

---

① 韦祖庆. 秘境八步. 南宁:广西科学技术出版社,2012:62－63.

的社会结构。居于社会最顶端的人,自然觉得自己崇高,处在社会底层的人在潜意识深处也会有着崇高情结,因为人生来平等,你崇高,我也崇高。在现实世界里面,社会底层必须居于社会底层,不是你,就是我,抑或是他,总之,社会底层的人数必须保持充满的数量,才能支撑社会生态体系。这些居于社会底层的人,在现实世界无法改变状况,则必须在精神领域的传说故事里面展现自我的崇高,才能获得心理的平衡,这是心理补偿的正常反应。如果查看各地风物传说,确实有相当数量的如此题材,这是百姓的另类崇高情结之表达。

三、传说与现实结合教育今人

有历史学家说,任何历史都是当代史。这个论断至少包含两个层面的含义:一是历史的撰写受到作者所处时代影响,二是历史的解读包含读者所处时代的思想。其实风物传说的讲述也是同理,必然带有讲述者的时代烙印,总是包含当代视角的内涵。人总是生活在当下,传说故事总是指向过去,当下与过去就会形成历史缝隙,这就需要填补。人不能返回历史,尤其是个人不曾生活的遥远历史,就只能使用当下的经验来架设桥梁,以便沟通当下与历史。只能达成了历史的沟通,才能进入讲述环节,个人经验的迁移成为必需的过程,于是基于过去的传说故事必然带上时代的烙印。这种包含时代信息的讲述,就不可能只是原封不动地照搬历史语境,只在讲述与己无关的过去,一定对现在有所指向,虽然可能讲述者自身都没有明确意识,却是一种客观存在,这是由于时代性决定的。这种似乎对于现在是一种无目的地讲述,却因为具有内在的目的性,更可以达到目的性的效果,可以归入无为而治之列,是为大治。

我们已经在理论上基本明了当代讲述所具有的当代视角,在实践层面容易表现为风物传说的筛选,不会是全盘接受所有的风物传说,而是有所过滤,也不会是照本宣科式地完全照搬讲述,而是有所取舍。这种筛选大抵有两种方式:一种是有意识筛选,即取其精华,去其糟粕;另外一种是无意识筛选,即顺其自然,取悦听众。从理性角度,确实需要对风物传说进行筛选,因为那是过去几千年的历史积累,必定包含既符合当下伦理道德体系的内容,也肯定有不一致的部分,不能将其对当下损害的内容加以传播,这是文化工作者应该做的事情。然而更多的时候是一种无意识地筛选,因为传说故事本身是民间文学,其本质是口耳相传的文学,讲述的时候有,不讲述的时候无,不可能对讲述者贮藏头脑里面的传说故事进行筛选鉴别,不可能进行有意识地筛选。当讲述者对人进行讲述的时候,那是内隐的传说故事外显的过程,作为一种过程,只能是顺其自然,讲述者即时有怎样的取舍,就只能是那样的取舍,不可更改。讲述者与听众是一个交互的过程,在这个过程中,听众的反映也会即时反馈给讲述者,讲述者也会无意地随时做出一些调整,因此讲述者的取舍并非完全取决于个人,还有听众的参与因素。这种无意识筛选是传说故事的常态,也是基于现实状态下的教育方式,它不是一种单向教育,而是一种双向教育,双方在这文化语境中共同受教。

传说故事在历史中形成,当下社会也是一种历史存在,因此现实也会引发新的传说故事之创生,从而丰富原有风物传统系列。新中国的建立经历了艰苦卓绝的伟大战斗,既有反对国民党,又要抵抗日本鬼子,因此也创生了许多新时期的风物传说。

例如《红斑竹》:

武夷山下的凤凰岭,长着一山竹子,竹竿细长,红里带褐斑,都叫它红斑竹。传说,这是红军长征那年,小红军丁丁留下的。

那年红军在武夷山下同白军打了一仗,队伍便开拔了。小红军丁丁腿负了伤,不能走路,便留下来养伤,藏在了凤凰岭的一个岩洞里。每天儿童团员金妹子给他送饭。这天,金妹子刚走到岭下,不幸被白狗子抓住了。敌人拷打她,要她说出给谁送饭,她咬住牙根,什么也没说。

白军队长断定山上藏了红军,立即集合人马搜山。一队白狗子走到岭下,向山上打了一阵枪,没听到什么动静,便放心地沿着山路往上爬。谁知道还没爬到半山腰,忽听得"轰隆隆"一声响,从山上滚下一堆乱石,正向着白狗子砸来。爬在半山腰的白狗子,有的打破了头,有的砸断了腰。躲也没处躲,防也没法防,一个个喊叫着滚到岭下悬崖去了。白狗子吓怕了,再也不敢顺路上山,就分散开来偷偷向山上摸。唯恐一点声音惊动了什么。

说来也是奇怪,白狗子各自偷摸着往山上爬。爬着爬着,只听得这边喊了一声"唉呀!俺爹",接着那边又传来"唉呀,俺娘"的叫喊声。各人低下头来看脚底,原来是踩着了"刀山"——白狗子哪里会想到,这是小红军丁丁带领儿童团员埋下的竹钉。看也看不出,找也找不到,等自己的脚踩下去便感到扎心的疼。白狗子费了好大的劲,才把自己的脚从竹钉上拔了出来。每个人的双脚都是鲜血淋漓,已经不能走路了。白军队长挥动着盒子枪嚎叫着:"不往上搜的,统统枪……哎唷……"话还没说完,只见他也踩上了竹钉,疼得倒在了地上。几个白狗子赶忙来扶他。他吼叫着说:"赶快给我把竹钉统统拔掉!"可是,白狗子用尽了劲一个也拔不动。他们只得用锄头刨,一锄头一锄头刨下去,刨下了很深的一层,才见到竹钉都生了根,根根盘结相连,怎么也挖不掉。真是既拔不动,又挖不掉,白军队长气得把牙根咬得格格响,实在想不出办法来了,最后便下了道命令:"放火烧山!"敌人在凤凰岭点着了火。秋末冬初时节,满山尽是枯草黄叶,一点上火,一霎工夫便烧开来了,只见呼呼的火光冲天,越烧火越旺,越烧火越大,整个凤凰岭成了一片火海。村里人望见凤凰岭起了火,个个都在担心着小红军,大家扛了家什准备跑上山去救火。那知白狗子端着枪堵住了村口,不准老百姓出村。大家望着满山的大火不能去救,心里比火烧还急。

夜里,下了一场暴雨,把凤凰岭的大火浇灭了。第二天一早,村里人都去找小红军,找遍了凤凰岭,也没看见小红军的影子。

山上的树木花草全烧光了,到处是黑乎乎的一片,但见在埋竹钉的土地上,却长出了一片竹芽,竹子拔节,长得飞快,转眼之间已长出了嫩绿的竹叶,再看那竹竿,上面长满了一块块褐斑,这大概是大火留下的印记。

白狗子看见有人上了凤凰岭,也跟着追上了山。他们一眼看见一夜工夫长出的这么多奇怪的竹子,吓得傻了眼。白军队长要白狗子把竹子统统砍掉。说也奇怪,他们怎么砍也砍不倒,每砍一刀只破点竹皮。乡亲们看见斑竹上尽是刀印,痛惜地用手抚摸着。这时,只见斑竹的每一个刀印口上,都渗出了鲜红的血,慢慢地把竹子都染红了,红里带褐,就成了红斑竹。

风吹过竹林,竹林里仿佛响起了歌声:"削竹子,埋竹钉,好似钢刀刺敌人,砍不断,烧不尽,山山岭岭竹成林。"凤凰岭的乡亲们都说,这是丁丁在唱歌。那可爱的红斑竹呢,都说是红军小英雄丁丁变的。①

这个新时期的风物传说故事,就是基于历史现实创生的民间故事,不仅现实性强,也具有很强的教育性,能够有效地教育今人,因为其历史就在眼前。通过与自然事物特点相结合的传说,既增强了故事的现实性,又强化了对自然的敬畏意识,更增强了民众对于红军的尊敬,历史就此融入自然环境,也获得了永生。

---

① 本社编. 飞来泉. 北京:少年儿童出版社,1980:15.

第五章

管理教育

管理育人是一种共识,管理教育既存在于体制教育,也活跃在非体制教育,于此侧重研究非体制教育之下,利用自身具有的管理权力,以行政规范的要求,以潜移默化的方式,实施非系统性的教育。自从人类生成社会组织之后,管理的存在就是客观事实,威权教育并不以传播系统知识为特征,而是通过权力或威望,使对方服从或认可,从而实现行动或思想的一致性,达到教育所应有的一般性目标。

第一节　乡村领袖:以人格魅力的身教

乡村领袖不是组织任命的,而是在自然生活状态下自然而然形成的领头人物,其以自身的威望获得追随者(或称粉丝),也充分运用自身的威望引导村民推动公共活动或认同自己的观点,形成一种无形的思想教育。乡村领袖具有非官方性质,不是官方所能完全左右,因为村民自有其思想情感与选择,因此作为官方需要加以沟通,以便为我所用。乡村领袖具有充分的影响力,既可以对村民施加正面影响,也可能形成负面引导,因此官方需要严加关注。当然,在社会大环境下,乡村领袖一般不会逆历史潮流而动,都会积极配合社会正能量的需要,积极推动村庄聚落的社会公益事业的发展,以期赢得更多追随者,个人也由此获得更大的社会声誉。

一、因个人获得自然赋权

公理是不言自明的道理,因其不需要由他者授权,因此从权力赋予角度看,这是典型的自然赋权。乡村领袖不需要政府或其他机构授权,他是在自然状态下获得的声誉与权力,从这个意义上说,他是自然赋权。仔细考虑,乡村领袖的赋权还是与公理的赋权有所不同,公理是完全意义的自然赋权,因为它是没有别的例外选择,具有唯一性。乡村领袖则不同,从逻辑上讲,每个村民都可能成为乡村领袖,也就是都有可能获得自然的赋权,但是事实上并非如此,一个村庄聚落只有三几个极少数人获得这种称号,得到这个赋权,因此并非完全的天生,而是有着个人先天素质与后天努力的因素。

乡村领袖获得自然赋权,大体有三个方面的基本因素,即财富、学识与品格。马克思主义认为:"人们首先必须吃、喝、住、穿,然后才能从事政治、科学、艺术、宗教等等;所以,直接的物质的生活资料的生产,从而一个民族或一个时代的一定的经济发展阶段,便构成基础,人们的国家设施、法的观点、艺术以至宗教观念,就是从这个基础上发展起来的,因而,也必须由这个基础来解释"。① 乡村领袖虽然是人,但他是以意识形态角色获得的地位与声誉,因此最有可能支撑一个人成为乡村领袖的前提条件,不是别的什么,而是财富,也就是经济基础。很难想象,一个吃了上顿没下顿的村民,能够成为本村的乡村领袖? 除非神话或传说中的人物,诸如济公,才有可能,在现实世界几乎没有这种可能性。乡村领袖是有一批追随者的,也是村民的生活榜样,没有一定物质作为基础,他人如何羡慕你,村民怎么会以你为榜样? 拥有丰厚的财富则不同,不仅自己可以生活得美好,他人也能够以之为榜样,就可以由物质层面的羡慕转化变成精神方面的追随,成为其追随者,乡村领袖也自然造就出来。我们说,不以财富论英雄,这是理性的教导。世俗层面,尤其是在村庄聚落,从来都是以财富论英雄,因为村庄聚落从来都是社会底层民众的聚居地,财富成为最为稀缺之物,因此也成为财富渴望最为强烈之地。在这样一种心态下,谁有财富,谁就是英雄,谁才有话语权,因此拥有财富就可能登上乡村领袖的宝座,成为众人仰慕的对象。

学识也是获得自然赋权的重要条件。在义务教育普及与高等教育大众化的今天,学识似乎已经不再具备明显的优势,因为对比度已经不太明显,因此很难在这个方面获得崇拜者与追随者,也难以依此产生乡村领袖。但是,如果将历史前移,我们就可以发现,丰富的学识在村庄聚落具有绝对优势,都会成为仰慕的对象,因为有文化,因此拥有被仰视的话语权。在传统社会,统治者推行愚民政策,生活在村庄聚落的社会底层村民,百分之九十以上都是文盲,大字不识一个,他们

---

① 恩格斯. 在马克思墓前的讲话//马克思恩格斯选集:第三卷. 北京:人民出版社,1995.

一切有关文字(文化)方面的活动,只能依靠这些能够识文断字的文化人,文化人在乡村成为香馍馍,成为一个标杆,成为崇拜的对象,因此自然就会是乡村领袖。文化人也不是天生就有文化,而是需要一定背景,那是书香门第或殷实人家,然后才能送其读书,这才有文化。几代人家都是文化人,才能被称之为书香门第,这是有着家教传统,具有历代的积威,自然容易传承而为乡村领袖。殷实人家侧重家庭财富,拥有余财,才能送人读书,才能培养文化人。由此看来,学识的有无,也还是以财富为基础,具有良好的经济基础,才能从事上层建筑的文化学习,两者具有紧密关联性。当然,两者不能等同,有财富者,未必有学识,但是有学识者,应该拥有基本的财富,因此具有学识的乡村领袖,应当由财富人家中产生,这是过去年代的基本规律。

从乡村领袖形成角度看,除了财富与学识之外,个人品格也是催生乡村领袖的重要因素。一个村庄聚落可能拥有较多财富与宽厚学识的人不在少数,但是并非所有具备这些条件的人,都能够成为乡村领袖,那只是必要条件,而非充分条件。在具备同等必要条件之时,可能更多取决于个人品格,包括正直、公平、实干等基本方面,才能最终赢得村民的信任,自然地产生乡村领袖。所谓正直,就是以自己良心作证,做事外不媚权贵、内不徇私情,完全以客观事实为依据,以事理法理为标准,由此对事实本身加以判定的品质,因此正直是作为一个乡村领袖的基础条件。反之,如果带有邪恶之心,其外不敬天地、内不讲良心,完全以自私自利为标准,口是心非、阳奉阴违,甚至恩将仇报,那么就不可能获得村民的真心拥护,不可能成为乡村领袖。具备了正直品质,行事就能够做到公平公正,因为正直就包含依据事实说话,这就是一种公正。在我们这个人际社会,公平确实非常难得,因为人情大过天,如要摆脱人情的束缚,确实需要正直的品质,也需要能力与胆识。能够跨过人情关,就容易赢得他人的尊敬,乡村领袖的威望就可以由此形成。实干是乡村领袖能够得到认可的试金石,村民不需要夸夸其谈的口头革命家,需要真正为他们做事的实干家。只有真心为村民做事,而且是能够看得见摸得着的实事,村民从中得到实惠,自然就会从内心深处拥护,成为真正的追随者。拥有了一定数量的追随者,乡村领袖就名副其实了。

二、以资讯影响乡村舆论

何谓领袖?领袖就是能够为人仪则,做人表率,指引方向,能够带领大家向着既定目标前进的带头人。作为乡村领袖就是民间自发形成的领头人,能够引领与把握村庄聚落的民情舆论方向,其他村民基本上是唯其马首是瞻。如要实现这个目标,就需要乡村领袖拥有丰富的资讯资源,能够有效地了解民情且关注村民注意的焦点,然后选择适当的机会予以传播,从而有效地影响乡村舆论。

乡村领袖必须拥有丰富的资讯资源,这是成为舆论之意见领袖的前提条件。资讯资源不是现场的财富,需要个人培育与挖掘,因此需要较广的人际关系,可以通过各个层面获得信息。正因为有着他人所没有的资源,能够了解与掌握他人所不能及时了解与掌握的情况,所传播的信息才不会过时,也才有意义,意见领袖的地位才能确立。当然,在如今资讯发达的网络社会,似乎谁都可以及时捕获信息,这就打破了传统社会文化人的优势,这时信息的筛选能力就极其重要。在海量信息面前,普通村民就不善于信息的筛选,然后被信息所淹没,这时乡村领袖的作用得以凸显。乡村领袖的高明在于大家处于同样一个平台,而能够充分利用各种资讯资源,有效地整合各类信息并进行筛选,于是,似乎信息都来自网络,但又不同于网络,这就相当于掌握了第一手资讯,自然可以获得大家的认可。

在掌握资讯资源之后,还需要了解民情,把握大家关注的焦点是什么,如此才能激发大家的热情与兴趣,才能把大家都聚拢在自己的门下。确实了解大家的关注点,这个非常重要,否则就不能做到有效地交流与沟通。反思现在一些家庭,父母与子女之间不能实现有效交流与沟通,父母讲的东西子女不感兴趣,子女讲的东西父母也不知道,双方没有什么交集,交流自然就无法持续下去。由此看来,父母与子女之间的交流,其基础性的工作,就是父母一定要了解子女想什么,然后自己在这些方面有所准备,如此就可以找到话题,谈话就可以继续下去。其实,乡村领袖与村民的资讯交流也是一样,只有找到村民的关注点,抓住其关注的痛点,就会引起村民的关注与兴趣,就能够引来众多的追随者。因此,只要找到共振的频率,就一定能够发生共鸣,乡村领袖的意见就得到有效认可。这样情形的次数一多,村民自然就会主动地前来咨询意见,乡村领袖的地位自然得到巩固。

从传播学角度看,信息传播的时机也是非常重要的环节,恰当的时间传播恰当的消息,其效果会产生倍增效应,因此凡是具有丰富经验的乡村领袖,都会注意信息发布的时机。什么时机为恰当?从理论上讲,就是"其欲知而未知,其兴欲起而未起"之时,听众最想关注,于此时发布,就能够收到预期效果。当然,具体的资讯信息,还要具体情况具体分析,只有在不断实践摸索中,才能拿捏准确到位,正如穴位的把脉一样。

三、用责任博取村民信任

巩固乡村领袖地位的最根本之法是责任心,将责任化为通俗语言即是做事,通过不断地为村民做事,给村民带来实在的利益,必然就能够成长为乡村领袖。在村庄聚落,村民百姓之事万万千,农家琐事一大堆,那么乡村领袖需要做哪些事,才能博取百姓的信任,才能认可其乡村领袖地位?总体而言,不外乎四件事:一是公益之事,二是不平之事,三是红白喜事,四是调解之事。

公益之事。村庄聚落就是小社会,大家聚集一直居住,一定产生公共市政工程事务,这就是公益之事。城市里面有政府的市政管理部门负责公共市政工程,能够确保城市建筑布局合理、道路桥梁修建、卫生清洁干净、休息娱乐有地,如此等等,一切都规范运行。村庄聚落则不行,既没有政府责任部门负责相关工作,也没有村庄人员专门负责管理,总之,处于空白状态。这个时候,就需要有人出面撑头,召集大家一起做事,完善村庄的公共设施,服务大家的生产生活。如果没有一定威望之人,就不能召集与动员各个村民,这时谁人能够出面组织,能够解决公共问题,就会受到大家的称赞,就会逐渐成长为乡村领袖。

不平之事。这个不平之事通常是指与他乡外人交往过程中,遭受当事人不公平的待遇,却一时又没有办法解决,且可能形成我方冤枉的事情。这类事情一般的村民没有门路解决,诉诸法律可能不懂也害怕,诉诸暴力可能触犯法律要坐牢,诉诸私情可能支付不起相关费用,诉诸道理可能对方蛮横讲不通,总之,面对不平之事束手无策。这时,乡村领袖能够运用自己的智慧,通过恰当方式寻求双方认可的解决方案,实现和平解决问题,乡村领袖的威望立刻就会树立起来。因为别人不能解决,你可以解决,别人不能有效维护村民利益,你有理有利有节地维护村民利益,不仅当事人感激,而且村庄其他人也会敬佩,这是最为考验乡村领袖能力的事情,也最容易获得村民广泛赞誉与认可。

红白喜事。每个村庄聚落都会有红白喜事,这个时候宗族凝聚力也最强,村庄的任何人都不敢无故缺席。在这种场合领头出面主持工作,自然容易获得大家的公共认可,因此乡村领袖不会缺席这种工作。如要主持这些工作,就意味着必须熟悉红白喜事的工作流程,以及相关禁忌,只有依照规范操作,且不出现什么明显的纰漏,才能得到大家的认可。因为这里涉及礼制,有着一贯遵循的规矩,不是可以临时起意自行安排的工作流程,只有严格依照规矩办事,才符合礼节,才达到红白喜事应该达到的氛围。如果哪个程序不对,不仅影响事情的办理,而且被认为故意出错,目的在于破坏红白喜事的内涵,事情就会趋向反面。这已经不是事情本身的问题,而是涉及背后的目的的问题,已经不是事情的主家问题,而是关系整个村庄聚落的问题,性质极其严重。因此,这类事情的办理,其主事之人一般都是村庄聚落的头面人物,也是经验异常丰富之人,确保事情办得不至于出错,确保事情办理能够完满,达成主家也是全村的心愿。如果能够主持这样的工作,自然就会成为乡村领袖。

调解之事。一个村庄聚落总是有些鸡毛蒜皮之事,一些家长里短并不总是能够得到很好地解决,一些矛盾总是存在,这也是现实世界的常态。出现这些事情,就需要有公正人或调解人从旁加以疏解,才能得到较为满意的解决。如果只是放任矛盾双方当事人,就可能不好解决问题,因为其中可能涉及面子问题,可能涉及走不出思维定势问题,可能涉及其他问题,因此许多时候需要借助他人的帮助,才能得到较为圆满的结果。矛盾双方期待谁能够介入问题的解决呢? 当然是村庄聚落的乡村领袖,因为他具有正直的品质,能够公平公正地处理事情,不会偏向矛盾的哪一方,于是才得到双方相信,大家都同意他进行调解。这是村民认可的重要方式,如果出现需要调解的事情,大家都不会想到"乡村领袖",即使到场调解,大家也不认可其身份或怀疑调解结果,双方都认为存在偏向,那么这个"乡村领袖"就是伪领袖。因此,乡村领袖必须成为村民的贴心人,乡村领袖才可能运用自己的智慧教育村民,实现乡村领袖应有的价值。

第二节　宗族管理:与义利相融的家教

传统社会是家国一体的社会,国是最大家,家是最小国,因此其管理模式具有相似性。但是,国与家毕竟还是不同,国是政权管理,家是亲情管理,因此不能混为一谈。在国与家之间,还有一个层次,那就是宗族管理,其介于国之管理与家之管理之间,更多采取义利相融的方式进行管理。宗族管理是既谕于义,也诱之利,再辅之惩,这是放大的"家教",然后实现最为基层的村庄管理,成为国之管理的必要补充。

一、族佬的伦理赋权

宗族管理一般采取以族长为首的族佬会集体管理,它是一个松散的组织,大体由村民推荐酝酿产生,在许多情况下与乡村领袖重合,特别是在传统社会之时。其实,族佬的产生,在理论上还是与乡村领袖有所不同,乡村领袖是自然赋权,族佬则是伦理赋权,具有本质的差异。伦理赋权大体从三个方面授权:一是纲常,二是辈份,三是年龄。

纲常赋权。纲常是传统社会规范社会伦理的总要求,即为三纲五常。"三纲"是指"君为臣纲,父为子纲,夫为妻纲",要求为臣、为子、为妻的必须绝对服从于君、父、夫,同时也要求君、父、夫为臣、子、妻作出表率,它反映了封建社会中君臣、父子、夫妇之间的一种特殊的道德关系。"五常"即仁、义、礼、智、信,是用以调整规范君臣、父子、兄弟、夫妇、朋友等人伦关系的行为准则。纲常思想是传统社会的核心伦理,用以规范社会各个阶层成员的社会行为,也同样为族佬的产生提供基础依据。能够进入族佬会者,只能是村庄聚落的男人,因为夫为妻纲,女人不能参与宗族管理活动。在一个家庭里面,能够进入族佬会者一般也是父辈,很少存在父子同时成为族佬会成员的情况,因为父为子纲。如果父子同时进入族佬会,则儿子很难有发表意见的机会,儿子需要以父亲的意见为意见,不能反对父亲,于是即使儿子进入族佬会,也发挥不了多大作用。在村庄聚落里面,拥有一官半职者,或离职退休在家的官员,也容易被推荐进入族佬会,因为君为臣纲,虽然官员不是君,但是他从官场回家,因其接近君,因此可以代行君权。三个条件都符合者,就可以进入族佬会的候选,这是纲常赋予的权力。

辈份赋权。宗族是一宗之族,宗族依照辈份排序,由高而低则是高祖、曾祖、祖、父、子排列,辈份越高,权威越大,越需要进入族佬会。传统社会是一个等级森严的社会,既是纲常的基础理念,也是国家治理的基本法则,作为国家一体的社会,肯定需要贯彻等级观念,于是族佬会也会遵循辈份排序规定,依照辈份高低安排族佬会成员。宗族是一个由始祖发展而来,经过多次代际传递组成的庞大一家人,其庞大的程度可能达到因为分散各地,以至于相互之间不认识的程度。这样一个大家庭,如果区分相互之间的关系,就需要通过辈份进行确认,越是辈份高者,越是接近始祖,越是辈份低者,越是后来人,因此辈份能够区分家族内部的等级关系。既然辈份具有标志家族等级的功能,越接近始祖,自然越有权威,因此应该进入族佬会,才能体现纲常的等级要求。

年龄赋权。在过去的封闭社会,年龄意味着学识,年龄越长,学识越高,因此越应该进入族佬会。"我走过的桥,比你走过的路还多","我吃过的盐,比你吃过的米还多",如此经验性的总结语句还有很多。为何会有这样的教诲,就是因为传统社会是一个封闭的社会,其流动性不强,知识基本上靠岁月的累积,因此经过的岁月越久,经历的事情越多,自然越有知识,越能够处理相关复杂事情。正是有着这样的需求,作为一个村庄的核心管理机构,自然需要经验丰富的人来主持,于是族佬会必须邀请年长的老者参与其中。当然,现代社会就不是年龄增长与知识增长成正比,因为网络时代已经打破过去知识积累的规律,不是依照时间延续的一维性增长,而且依托时空的立体式增长,所有人都处于一个平台获得知识,大体出现年轻人获得知识能力强于老年人的现象,因此年龄已经不再占据优势。然而,过去传统社会则不是这样,因此年龄也成为族佬的伦理赋权。

以上是从不同层面剖析宗族管理成员的赋权,其实成员的构成并非只是一个方面,而是这三个主要方面同时作用,各有侧重的综合结果。一句话,宗族管理成员的构成,那是为了宗族整体利益,依照伦理纲常的基本原则,根据一定程序赋权而组建,负责对宗族日常事务的管理,引导宗族的兴旺发达。

二、思想的意识管理

国之大事,在祀与戎,解读其内涵,就是确保国家统一稳定,祭祀是于内部在思想层面统一,战争是于外部在武力方面统一。家国一体,宗族管理也同理,宗族是核心关键词,保持宗族统一是重要内容,因此需要在意识形态方面加以引导与控制。宗族在意识形态方面的管理,主要包括三个方面:一是认祖归宗意识,二是伦理道德意识,三是文化传承意识,充分围绕"我是谁"开展工作。认祖归宗是从源头认识"我"的来源,文化传承是从流的角度认识"我"的发展,伦理道德是从人性层面认识"我"的品质,从而强化"我"之为"我"、"人"之为"人"的认知,达成思想统一的目标。

认祖归宗意识。宗族管理就是关注宗族二字,生成"我是我族"的宗族意识。在这个方面,宗族管理一般会从三个方面着手工作,即探究村庄的迁移历史,裁定成员的入祠出宗,宣扬祖先的光辉业绩。一个姓氏有其发源地,姓氏的发展必然要分支,分散各地居住是常态,没有哪个姓氏所有成员都一直居住在最初的发祥地。分散居住各地的姓氏后裔,由于历经的时间太久,或者经过多次迁徙,如果没有及时记录,难免会形成集体失忆,不知道自己的来龙去脉,这时宗族管理就要介入,探究村庄的历史变迁。如果只知己姓,或只知源头,却不知中间迁徙生活之地域,终归还是有所遗憾,这个宗脉线索依然不清楚。人之思在于条分缕析,总是希望能够环环相扣,心里才会有所着落,因此各个村庄的宗族管理人士,总会尽可能探究自己村落的迁徙历史。贺州市八步区里松镇香田村汤氏,据其宗族资料,他们先从广东长乐迁到江西龙泉县吉安府石狮村安居。在乾隆二十九年(1764年),因兵荒马乱,汤近祥与妻张氏携如和、如海两孩儿从江西徙步外出逃荒。在进入广西贺州途中夫妇失散,各走一方。张氏一人带着两个孩子来到八步区黄田镇清面村狗耳肚水库。汤近祥于后找到其妻张氏及两个孩子,再辗转来到里松,定居于香田村。经过如此的考据梳理,香田村汤氏子孙就知道自己的迁徙路线,其发展成长的脉络才清楚,而不只是笼统知道,汤姓系承于商汤,故汤姓最早发源于河南。"原件保存在富川瑶族自治县长塘村,收载于江永县《瑶族古籍资料选编》的《李氏族谱》记述:广西长塘村李氏开基,始祖原居千家峒高岩山。大德年间因世乱迁移至青州居住数代,又迁至湖广永州府置知县后,又至道州统里源居住数代后,至幼一公幼二公所见人稠地窄,迁居永明分石岭。居住五六代,又至永明十五都夏层铺,居住六七代后至六一公,又迁至旱田肥地居住数代,又至八四公迁移至广西富川长塘村小畔洞居住,又至端第公移居涧下湾。居住数年又迁移到漳别人水穴。安居十余代,至宗腾公,迁居正润村居住五六代。"①这就非常清楚地记述了迁徙过程,于是心里也就有了着落。

认祖归宗还有一些物化的标志,比如族谱,每个男丁都可以进入这个谱系,标注自己的名字,由此可以延续后代。族谱每人都可以进入记录名字,宗祠则不是所有男丁都可以入祠享有祭祀牌位了。我们只要查看一下自己姓氏的宗祠,或者他人的宗祠就发现一个现象,宗祠上供奉的牌位只有几十个,或多至二三百个,都不会数不胜数,其实其代代相传的男丁应该远远多于牌位的数量,这就意味着不是所有人都有资格进入宗祠供族人共同祭祀,这是有条件的。在国家层面,先秦之后规定,凡有功于国的,死后方可以入庙,享受人们的祭祀礼拜。故《后汉书》梁统传说:"尝登高远望,叹息言曰:"大丈夫居世,生当封侯,死当庙食。"清朝也规定,有特殊贡献的武将,为国捐躯后,入祀"昭忠祠";有特殊贡献的文臣,一般是官职较高者,死后入祀"贤良祠"。民间的宗祠也有自己的规定,例如河南省固始县城关镇吴氏士大夫祠,那是吴其濬祖父吴延瑞在乾隆四十七年在城内北后街创建(1782年),于次年竣工。祠堂前后五层,有正殿、后殿、香火殿等,祠堂中置香案,存放牌位,挂有吴氏祖先画像,是吴氏族人祭拜祖先的地方。其祠规规定:吴氏后裔生前没有大夫职衔的,死后不能入祠。也就是说,只有大夫及以上职衔,才能进

① 韦祖庆.瑶族文化之教育传承.北京:中国文史出版社,2015:28.

入吴祠并拥有祭祀牌位。当然,各个姓氏宗族,其入祠的条件各有不同,但可以肯定的是,并非无条件入祠立牌的。

既然规定了入祠的条件,也意味着一定存在出族的情况,也就是既不能进入族谱,更不可能进入宗祠供祀。《广汉县志》记:宗祠"各姓族规内容多为禁乱伦、禁逆伦、禁非为、禁异姓乱宗、禁营私舞弊(对会产),服丧期禁续弦娶亲,族人必须按班辈取名,不准倚强欺弱、恃富凌贫,并规定无嗣者抚子办法和纳妾条件,死后入祠立牌位的条件,族长、会首、龛司的职责以及对犯规者的相应处罚办法等。长乐祠的张氏族人在敦睦会上议订族规 26 条后,赓即报请汉州正堂'核定赏准示谕刊碑竖祠'。光绪二十四年(1898 年)八月初二日,汉州正堂批示称'张氏族人等一体知悉,自示之后,尔等务须按照后开条规,永远遵守,不得妄议更章,致干咎戾,其各凛遵毋违,特示。'至民国年间,汤姓、张姓等族人,仍在祠内置板子数条,在冬至会上,由族长主持,责打犯规者。情节严重的'永不准入祠'或'交送公庭,任官严办'。如民国二十年(1931 年)左右,张华镇庄姓族人有个做皮货生意外号'毛毛客'的,在外为非作歹,败坏族风,族长庄桂武以违反族规为由,命人将其枪杀于张华镇乡下"。① 这段文字提到"死后入祠立牌位的条件",犯禁情节严重者"永不准入祠",确实说明宗祠祭祀牌位不是无条件的,甚至有些职业人就不允许进入宗祠。河南省内乡县乍曲乡吴垭石头村吴登鳌"是全国迄今发现的唯一一块在碑文中显示墓主人生前做胥吏衙役的碑文"(据李茗公考证),因为在古代,到衙门做胥吏衙役尽管实惠,但被文人士大夫不齿,他们身份低下,很多朝代规定一入此行,"连家谱都得削名,死后不得入祠"。但是,吴登鳌却是一个例外,就因为其大行善事,其碑正文为"公讳登鳌,乃讳克顺公之子,讳复周公之孙,讳迪远公之曾孙也。生平恶纷华,厌靡丽,息事济人,无往而不得其当焉。至于身居衙署,谨慎公事,县主从无生其厌者"。这是对于好人的褒奖,也是一个正确的引导,说明地位卑微者,只要行善积德,也是可以进入宗词供祀的,同时也可以死后升入天堂。

相反,对于违背族规、违反禁忌、危害族群利益者,也可能遭到严厉惩戒,不能进入宗祠或族谱。"每个村里品行不好的人很快就会成为监视的对象。轻微的犯罪将由邻居们依照由来已久的规则和议事程序对犯罪者进行处罚;如果认为他们是不可救药的人,或许会因其丑行而将他们逐出所属的家族和宗族。或许将他们

---

① 四川省广汉市《广汉县志》编纂委员会编纂. 广汉县志. 成都:四川人民出版社,1992:587.

扭送到最近的官府治罪。"①"在聚族而居的明清徽州,包括族规家法在内的村规民约,其处置乡民的最高权限是'治以不孝之罪',其最重的处置方式是驱逐出村或驱除出族。民国绩溪《鱼川耿氏宗谱》于《祠规》之'惩戒规则'中,对犯有以下五种事项者,即"一不孝不悌者,二流为窃盗者,三奸淫败伦者,四私卖祭产者,五吞众灭祭者",均予以"斥革,不许入祠"的惩罚。明崇祯十一年(1638)二月二十四日,徽州某县某村胡氏义和堂,就曾因族众胡五元、胡连生'不务农业,不安生意,小木走跳,来往踪迹不定,难为稽查',在胡五元、胡连生被告官拘提,并连夜逃脱之后,该族胡天时等二十二位族人联名订约,将其驱逐出村,从而实现了村规民约'尊国法'的宗旨。"②

"江苏《陆氏莳门支谱》中规定:'凡不孝不悌甚至流人匪类作奸犯科及身为仆役,卖女作妾,玷辱祖先者,照大概庄例摈弃出族,除籍出族'。被开除族籍的人,自然也就失去了在家族中的继承权。一般家族都规定有不许入谱的族人,如江西德兴《夏氏宗谱》中规定,'弃祖、叛党、刑犯、败伦、背义、杂贱'六种人,不得入谱。不许入谱的族人,也就是家族不承认他的族籍,这种人在家族中的继承权也随之失去。"③

光绪壬寅年间,黄氏宗族众议出了八条族规,族内之人,如有侵犯,则被族内除名。所以,黄姓人称之为"出族八议"。其具体内容为:

"一、忤逆父母,辱及兄长,不孝不悌,罪有难追,至送官法惩,莫知悔悟,公议出族。

二、兄婚弟妇,弟配兄嫂,律在乱伦,公议出族。

三、为僧为道,先自绝其本根,不但有背名教,公议出族。

四、偷窃不改,甘入匪类,公议出族。

五、为娼为妓,名列下流,名为族人,实玷宗支,公毒出族。

六、身鬻他姓作仆,或为凶年所逼,倘永甘卑污,罔计赎身,不惟后事灭没,亦且辱及前人,公议出族。

① (英)庄士敦著. 狮龙共舞 一个英国人笔下的威海卫与中国传统文化. 刘本森译. 南京:江苏人民出版社,2014:111.

② 王世华,李琳琦,周晓光主编. "纪念张海鹏先生诞辰八十周年暨徽学学术讨论会"文集. 合肥:安徽师范大学出版社,2013:164.

③ 中国政法大学法律史学研究院编. 中国法律文化论集. 北京:中国政法大学出版社,2007:188.

七、逞凶殴、毙人命,经地方缴官拟抵后,公议出族。

八、行习不轨,有干例禁,经官戒惩,仍蹈前非,公议出族。"①

出族是最为严厉的惩戒,它意味着被惩戒者不属于任何其他宗族,变成无所归依的人,死后也会变成孤魂野鬼,因此具有巨大的威慑力。这不仅直接影响到其本人,而且还可能涉及家庭,因为传统文化历史就有连坐的做法。家人即使不受诛连,也会没有面子,因为家里出了这么一个人,别人也会另眼看待,这就会形成巨大的心理压力。因此,出族对于维护宗族的纯洁,维护宗族的和平稳定,都具有重要意义。

凝聚族人心理,还是需要从正面宣扬祖先的光辉业绩,由此建立村民自为我族的自豪感。每个姓氏都会追溯始祖,始祖本身也并非真正意义的始祖,因为始祖还应该有自己来处,但是为何一个姓氏宗族就以此为始,这必然有所考虑。正因为存在着一种选择,自然不会是无良之徒,也不会是无名之辈,应该是具有某种传奇色彩,具备某种方面的奇异功能,拥有某种较好的业绩,于是才选定其人为始祖。既然姓氏始祖具有如此辉煌,就是族群的荣誉,后人也因此沾光,于是必须要广为传诵。例如中华民族之人文始祖黄帝,如今社会还要为其举行国家祭祀,以其充分整合海峡两岸中国人。

伦理道德意识。认祖归宗可以达到凝聚人心的作用,其心理指向既可以指向历史,也能够聚合当今,但是现今的行为规约,还需要具有当下的伦理道德意识,这也是宗族管理于思想方面的重要内容。伦,即为条理次序。理,指物质本身的纹路、层次,客观事物本身的次序。道,是为行走的路。德,在甲骨文中,左边是"彳"形符号,表示道路,右边是一只眼睛,眼睛之上是一条垂直线,这是表示目光直射之意。伦理道德,每个单字都包含有线路之义,于是将其内涵通俗化,就是为人的行为立规矩,人依据这些规矩行事。

在村庄聚落,村民几乎都是文盲,宗族管理也不会从理论层面研究伦理道德,都是在实践行为方面加以维护,以确保村庄聚落能够有序运转。村庄聚落是一个族群的聚居地,大抵以一个姓氏为主,宗族意识的直接表征就是不能乱了辈份,必须维护这个基本秩序。日常人际关系的称呼、聚落活动的身份排序、族佬会成员的推荐,都要考虑辈份关系。通过辈份的维护,可以确保内部运转的基础,不至于谁人都是老大。尊老爱幼也是中华文明的传统,在村庄小社会里,也必须严格遵

① 胡必亮,胡顺延. 中国乡村的企业组织与社区发展. 太原:山西经济出版社,1996:203.

守,特别是对于长辈的尊敬与爱戴,不能有丝毫马虎。长辈不是圣人,也会存在缺点错误,小辈就是为长者讳,维护长辈的尊严。兄弟友善是聚落和谐的基石,一个村庄聚落矛盾自然存在,牙齿还会与舌头打架,但是邻里出现矛盾,不能变成敌我对立,而且以友善的精神互谅互让,"退一步,海阔天空"。公共道德是利他利己的基本条款,只有利他,才能有效利己,因此在村落生活中必须先照顾他人利益,然后才考虑自己方便,营造一个互利共赢的社会氛围。总之,伦理道德重在正面引导,然后辅之必要的惩戒。在这个方面,村规划出了许多禁止行为,那些行为基本上都可以归入伦理道德层面,也给予必要的惩戒。通过正反两个方面的共同发力,伦理道德在村庄聚落才得以有效执行。

对于在伦理道德方面做出表率,而且具有典型意义的人,还需要予以必要的旌表,以物化的方式加以弘扬。《荀子·大略》指出:"礼者,其表也。先王以礼表天下之乱。今废礼者,是去表也。""仁有里,义有门。仁,非其里而处之,非仁也。义,非其门而由之,非义也。""武王始人殷,表商容之间,释箕子之囚,哭比干之墓,天下乡善矣。"这三句话不仅提到了礼是一种表彰人们向善和拨乱反正的工具,而且论及仁义表现的方式即仁有里、义有门,同时还讲到周武王初次进入商朝国都时就对商朝大夫商容住地赐匾加以表彰,将箕子从监狱中释放出来,到比干墓前痛哭,正是这些尊崇前朝有道德人士的做法赢得了人们的钦敬,使万民心理向善,天下迅速安定。《尚书·毕命》曰:"旌别淑慝,表厥宅里,彰善瘅恶,树之风声。"旌别淑慝,即辨别善恶。表厥宅里,对道德高尚的人用立牌坊、赐匾额的方式加以表扬。彰善瘅恶,亦即扬善抑恶、善善恶恶。树之风声,即树立善良的社会风气。旌表制度在两汉时被正式纳入官方话语体系,成为朝廷表彰忠臣义士、孝子节妇及其他各类道德高标之士的重要手段。康熙五十九年(1720 年),出生于江西安福的举人刘奕冲(字昆潘)奉旨到嘉定县担任知县,被嘉定抗清义师的事迹所感染,便呈请上奏,主张在侯氏故宅建立"侯氏三忠祠",以示纪念,顺从民意,他还亲自题词:"奉敕建侯氏三忠祠"。即以家祠改作专祀侯震肠、侯峒曾、侯岐曾,列于春秋丁祭后,戍日致奠。到了乾隆四十一年(1 776 年),"朝廷为了全而贯彻儒学,在朝野强化纲常,重节义,明廉耻,下诏表彰前朝与清作战被俘被杀的臣民。于是,官府追谥侯峒曾、黄淳耀为'忠节公'。专谥批文写道:'明鼎既迁,危城不守,孤忠殉国,名亦不朽。'但意思很明显:要大家学习侯、黄对朝廷的'忠',而非反抗的'烈'。"①

在贺州市昭平县黄姚古镇,只要问起黄姚族群关系,你经常可以听到类似的回答——"我们黄姚这里大姓不欺小姓,从来没有发生过族间冲突""各姓氏的人比较团结,一般不会起摩擦""族间经常互相帮忙,共患难",调阅一些历史档案,也确实很难发现族群争斗现象,有几块牌匾可以佐证这种和谐文化。"模范长存"牌匾,由广西贺县(今天八步区)人清朝太史刘宗标题赠黄姚人莫怀宝。清咸丰年间,刘宗标有一个年幼的妹妹,不幸在战乱中失散,后来被莫怀宝发现并抚养,且视若己出,长大后又为其主婚嫁给黄姚街罗某。为了感激对其妹的养育之恩,咸丰八年(1858年),刘宗标专程从京城赶回黄姚拜访莫怀宝。光绪四年(1878年)七月,刘宗标已官至翰林院编修,当莫怀宝生日之际,再次从京城赶来贺寿。不料,莫的生日竟然变成了忌日,悲痛之余,刘为莫题匾"模范长存",并作序,以志永怀。"直道可风"牌匾,则从另一个角度展现黄姚相互守助伦理道德的风尚。当外敌侵扰、土匪抢劫之时,曾为师爷并已离任告老还乡的古周老先生,不顾年长体衰,毅然率队与匪作战,最后为民捐躯。知县获知噩耗之后,有感于古周老先生事迹,题匾表彰其为保一方和平勇于捐躯的大无畏精神。

此外,对于违反伦理道德的行为进行必要的惩戒,也是建立伦理体系的必要补充。如果只有褒奖,没有惩戒,那么褒奖也会失去其应有的意义。一般性的伦理道德失范,不能全部依赖国家机关,更多需要村民自治的宗族管理来完成,于是其任务就落在村规民约。例如"谭氏宗约"正式成文于1918年,由族中人共同讨论制定。

一、慎术业。农业、商贾各有专业,游手好闲、开设赌场、窝藏匪类、私卖洋烟、兴贩人口皆法所不容,至优伶隶卒下流污贱乡里不齿。有犯此者,必逐之出族。

二、息讼端。族属构争多由田地基台不明、银钱债务不清,以致雀鼠之争。嗣后凡族中有类此者,族长令两面均诣祖祠陈明理由,各执契据,秉公处分。如倚财势结连书差,贿赂中登,逞习不服,必仗义争之。

三、惩凶暴。年少子弟,血气方刚,往往以强凌弱、以众暴寡,在尊长之前敢逞无礼;至于乡邻辄以小故执械行凶、斗殴滋事,酿成大祸,贻累亲属。凡族中有若此必严加管束,有所不听者,送官惩治。

四、戒下贱。族中如有将子女卖为奴仆、婢妾者,户族长以公费赎回,年幼被

---

①　张乃清. 上海乡绅侯峒曾家族. 上海:学林出版社,2015:162.

入掠卖者,亦如之,若族属为媒者,以重罚出卖人并斥之出族。

五、敦伦纪。夫妇为似续所关即或境遇不齐,糟糠自不可弃。迄有不肖之徒,财产既顷,便思折卖发妻。又或兄亡,则收嫂;弟亡,则纳弟妇。违伦乱常,立见消亡。凡有若此,族长必力为严禁。违者,送公治罪。

六、谨继嗣。立爱立贤,总在同宗选择。若螟蛉义子,并随母带子,不得混行承继,以乱我宗桃。若族中有随母下堂以及出赘他姓愿回宗者,一律优待。①

以上条文基本上都涉及伦理道德方面的内容,特别是"敦伦纪"条,更是如此,其以禁忌的方面确保伦常的规矩。思想意识是难以管理的东西,因为其立足于个人内心,影响内心世界的因素无穷无尽,但是从总的层面看,大体可以归入正面引导与反面控制,两者缺一不可。

文化传承意识。思想是软性的东西,它既生成于个人,同时也生成于历史,历史的文化氛围具有底色的作用,因此历朝历代统治者都十分重视文化传承,宗族管理也将其作为重要工作。在过去的村庄聚落,文化阵地并不多,比较明显的文化平台就是村庄聚落之戏台,许多古村落现在依然保留着这些历史遗迹,虽然它现在的作用不及从前,却是一个历史见证。

贺州昭平县黄姚"古镇有一个著名的古戏台,是广西目前保存比较完整的明代戏台之一,被列为省级重点保护单位。它位于姚江边,宝珠观东侧,始建于明代嘉靖三年(1524年),清代光绪年间重修,1983年再次修缮。戏台的对联与匾额为清代举人林作楫制作并手书,前柱对联'闻其声乐则生矣不妨既竭耳力,观其色人焉瘦哉仍须功以心思',后柱对联'锣鼓喧天管弦悦耳共奏升平乐,霓裳漫舞羽曲高歌齐呼可以兴',戏台后墙正中上方悬挂'可以兴'三个大字。过去,农历三月三是宝珠观的庙会,附近村子的人都来这儿赶庙会,也是古戏台唱大戏的日子。一般从三月初二晚开始,连唱三天三夜,大都为本地戏班子,有时也请湖南戏班子。桂剧和彩调是古镇居民喜爱的剧种,桂剧传统剧目有《桃花扇》《三看亲》《西厢记》和《宝莲灯》等,彩调传统剧目有《补锅》《刘三姐》《隔河看亲》和《放水》等。"②

戏台并非只是为了村民娱乐,那是借助娱乐的机会传承文化,以文艺形式进行思想教诲,较之于刻板的说教,其更加能够动人心魄,可以发挥更强的效益。如

---

① 胡必亮,胡顺延. 中国乡村的企业组织与社区发展. 太原:山西经济出版社,1996:201.

② 韦祖庆,邓险峰. 黄姚生态旅游研究. 北京:中国书籍出版社,2013:73.

果没有一种文艺性的娱乐活动,就不能组织村民,村民就会陷入一盘散沙的状态,因此文艺是凝聚人心的重要手段。

三、村庄的活动管理

一个村庄聚落具有公共性质的活动并不多,基本上可以包括四类活动,即是宗祠建造活动、庙会祭祀活动、年节娱乐活动和公益修建活动。国之大事,在祀与戎,民之大事,在祀与农,因此宗族管理的生产生活层面,基本上就是祭祀与生产,以及与其相关的公益事业。因为这些活动,不是一家一户一人所能完成,需要动用全体村民,因此非得宗族管理出面组织不可。

宗祠建造活动。宗祠既是祖先居住的地方,也是后代民众追忆祖先的场所,还是村民表达内心愿望的心地,因此具有无比神圣的崇高地位。从农村宗祠的发展历史来看,它是秦汉时期墓庙与家庙的延伸。秦朝时,权贵富豪们的墓地有类似于帝王陵寝的墓庙,民间祠堂建筑则源于西汉的家庙,是刘姓家族为追念、祭祀祖先的建筑,然而"汉世多延祠堂于墓所",还没有在村落中兴建。唐朝时,还只能允许品官、士族建立。民间宗祠的兴起与推广得力于朱熹、文林、吕大钧等人的努力。朱熹在《家礼》一文中极力宣扬在农村设立宗祠的重要性与必要性,他说:"板本反始之心,尊祖敬宗之意,实有名分之守,所以开业传世之本。"

贺州市昭平县黄姚古镇面积约 1.1 平方公里,这样一个小镇却拥有 11 座祠堂,其中 9 座宗祠,它们是莫氏宗祠、叶氏宗祠、黄氏宗祠、吴氏宗祠、梁氏宗祠、劳氏宗祠、古氏宗祠和郭氏宗祠,还有 2 座家祠,它们是天佑古公祠和仙山莫公祠,其密度之高在方圆数十公里都属罕见。古氏宗祠是黄姚最大的宗祠,位于安乐街,与古戏台隔路相望。因为古氏溯源始于西周先祖古公亶父,北魏时有尚书笔公,因此"亶父家声远,笔公世胄长"的对联书于祠堂大门,表明这种感恩缅怀尽可能溯源至始祖,也说明家族的瓜瓞绵绵鸿运荣昌。进入古氏宗祠大门后就是木制照壁,形制为一小门,又称"二门",两侧镌刻楹联:"古道新风德门厚福俱有正路,家安宅吉仁里祥和恒处善林。"对联谆谆教诲子孙要注重品德修养,为人敦厚走正路,家庭和睦友善邻里,只有如此,才能维持家族的兴旺发达,才能保持聚落的和谐发展。

在贺州,还有一处宗祠集中的地方,那就是原贺县(八步区)古县城贺街镇。据《贺县志》记载,西汉汉武帝元鼎 6 年(公元前 111 年),设临贺县,县址即贺街镇。直至 1952 年迁往八步镇(今贺州市住址),历经 13 个朝代,历时 2000 多年。

在这约两平方公里的县城范围内,建造了 24 座宗祠,其中苏氏宗祠占有 3 座,它们是王氏宗祠、邓氏宗祠、龙氏宗祠、刘氏宗祠、李氏宗祠、邱氏宗祠、邹氏宗祠、岑氏宗祠、陈氏宗祠、罗氏宗祠、张氏宗祠、杨氏宗祠、莫氏宗祠、黄氏宗祠、谢氏宗祠、廖氏宗祠、潘氏宗祠、钟氏宗祠、苏氏宗祠、黎氏宗祠、秦氏宗祠、蔡氏宗祠,既说明这时姓氏众多,族群和睦相处,也暗示这里长期以来繁荣昌盛,确实是一块风水宝地。

宗祠是公共建筑,也是村庄聚落最为神圣的地方,更是民众的精神家园,各个村民对此建造最为尽心尽力。因为这是公共建筑,而且是神圣的建筑,因此一定是众筹,即使有大户人家可以包揽,各位村民也会要求派捐,不管贫富如何,否则感觉没有向祖宗致敬,不会得到社会的有效福荫。也许其他一些公益事业,诸如修建公路,甚至修长水利设施,某些人可能不会很积极,可能存在推三阻四的现象,但是建造宗祠一定是个个积极、人人参与,生怕被落下,从此不被祖宗认可,得不到祖先的保佑。从现实情况看,建造宗祠确实能够最为有效地凝聚人心,这与传统文化一直提倡的祖宗崇拜密不可分,只要正确利用这种心理情结,并且转化到其他现实建设方面,一定可以为村庄聚落发展提供力量资源。

庙会祭祀活动。宗祠建造完成,就为庙会祭祀提供了场所,这也是有效组织村民的一个平台。在传统社会,因为是足不出户,大家都在村庄度过一生,一般不出外谋生,因此组织一个人员较为齐全的活动,不是难事。但是,到了现代社会,相当部分中青年劳力都外出打工谋生,如要组织一个活动,确实有些困难,因为没有多少人在家。庙会祭祀是一个能够有效吸引村民积极参加的活动,因为这是祭祀,是对祖先的祭奠,也是向祖先祈福,可以为自己的发展提供更好的运气,因此即使请假,也要回来参加祭祀活动。

贺州庙会比较多,大致有正月初三里松炮期,正月初五钟山县回龙镇庙会,正月初六黄田镇新村炮期,正月初十平桂区羊头镇庙会,正月十五昭平县中洞村三王爷出游,正月十八钟山县公安镇丹霞观庙会,正月十九水岩坝大庙山庙会,正月二十五钟山县城龙山庙炮期与城隍庙会,黄田镇二月二,富川二月八庙会,三月三庙会,三月二十三钟山县英家镇庙会,五月十三昭平庙会,四月二十六与五月十九八步区浮山歌节,六月初六立琴庙庙会,富川梧州人七月二十八送刘娘,十月二十富川二龙潭庙会,等等。

贺州市厦良村曾屋人的炮期设在农历六月初六,抢炮地点在莲塘的立琴庙。"举行打醮的村子比过节还热闹,家家户户都准备许多吃的东西。因为'醮期'一般为两天三夜,是不许吃荤的,故必须准备一些素食,如糍粑、饼、面食、果、糖之类,甚至还准备一些植物油,因为炒菜时不能放猪油。

打醮的主要目的是请各方神灵、祖宗来分享人间美食,族人供奉,并教育后人学会做人,劝世人多做善事。打醮的主要神灵是土地爷,打醮在当地土地庙举行。……打醮开始的那一天每户都在自家神位上摆上供品,点香烛,净身开始吃素。……宴会时,同村、同姓的亲朋好友都可入席。打醮宣布结束后,吃素日期也告结束。这时各家都要杀鸡、宰鸭、买肉欢家一餐,因为打醮期若吃了荤食谓打醮不灵,现在可放开吃,以解三天吃素之馋。打醮后,醮期领导班子全体到醮主、副醮主家轮流祝贺打醮成功。届时醮主家摆酒宴请客,凡上门贺喜的都可入席。"[1]

如此大型的活动,一定需要严密的组织,否则就可能乱得不可开交,从而导致活动的失败或不完满。在一个村庄聚落,谁能够撑起这项工作,一定是原有机构或其成员,没有一定活动组织经验,或没有一定行政威望,都不可能做好这个事情。庙会祭祀活动是义与利的相融,既是村民应该尽责的义务,也可能由此获得利益,可以得到心理的满足,内心处于积极上进的正能量状态。依照心理暗示原则,如果一个人得到正面的心理暗示,就会引导自己的行动朝着这个方面努力,最终就可能将愿望转化成为现实。这种转化次数增多,就会形成正向效应,越发坚信祖先的福佑,越发积极参与祭祀活动,越发努力而收获越多,形成一个良性循环。这样的例子不断增多,庙会祭祀管理更加有效,组织管理人员的威信也越发高涨,形成一个良好的正态效应。

年节娱乐活动。一年之中,其日子大体可以划分两类:一是日常的礼制化生活,二是年节的狂欢化生活。在平时的日子里,大家都按照礼制规定亦步亦趋地生活,一切都有条不紊、波澜不惊,既没有大惊大喜,也没有大悲大戚,总之,那是一种生活的常态。一到年节则完全不同,完全打乱平时的生活节奏与生活作风,一切变得有违常规,完全转入一种狂欢化的生活,心理情绪得到有效释放。确实,如果一年到头都是礼制化生活,因为心理情绪都处于控制状态,心理阈限就要承受巨大压力,最后可能由于压力冲破而导致破坏性结果。如果人的一生几十年都是如此生活,这人心理一定被扭曲,那将是人之不人,一定行尸走肉,不会有什么活力。因此,年节的狂欢会生活,虽然是对平时礼制化生活的反动,却是压抑心理的恰当释放,可以达到心理与生活有效平衡的效果,它是平时礼制化生活的必要

---

① 徐杰舜,杨清媚等. 平话人印象. 哈尔滨:黑龙江人民出版社,2008:202.

补充。

据《贺州市志》记载:"一些地区的汉族以农历的二月初二为'开春节',有的称'震天节'。这天,主家需各备酒肴招待前来'越吃越旺'的客人,但早饭决不能与客人同席,传与客人同席会致庄稼受鸟兽践踏。因此,主家便赶在天亮前吃完早饭,待洗净碗筷后才迎客进屋。过了二月二开春节后,劳动力开始下地干活,都有'不过二月二,锄头不下地'之说。解放后(中华人民共和国成立后),农民不遵此说。"①

在贺州,二月二最为隆重的就属黄田镇。黄田人早在"二月二"的前几天,就早早地开始准备猪肉、杀鸡杀鸭,做好各式糍粑、糕点,以热情款待回门的女儿以及来吃"二月二"的客人。到了这天,家中亲人都要赶回来团聚。出嫁女、儿子媳妇、大舅、大姑、大姨、表兄表妹、外孙等,能来的都来。不仅如此,就是其它没有亲戚关系的也可以来,只是有人引领就行。就是说,在二月二这一天,客人既可以是主人的亲朋好友,也可以是主人不认识的但由亲朋好友带来的人,只要是"朋友之朋,亲人之亲",都可以来作客。在黄田人看来,谁家来吃饭的宾客越多,就证明谁家的家庭兴旺、亲戚朋友越多,而朋友越多就显示这家人在社会中的地位、声望越高,越富有、越兴旺。这难道还不是一个饮食狂欢节吗?

黄田镇二月二的文艺表演更是丰富多彩。2006年"贺州黄田镇在二月二这一天确实是热闹非凡,遇上三年一次的'大庆'则更甚。有舞龙、舞狮、唱戏、抢炮及进文武庙烧香等丰富的文化活动,并有由瑶族人表演的上刀山、过刀梯、香火烧身、过火炼等民间绝技。刀山,以巨木径七八寸,长三丈余,横凿扁孔,长刀磨利贯穿扁孔,刀柄一左一右相间,一般一共是32或36把,刀刃向上。在巨木的木根处凿孔并用一根小木头横穿于孔中,左右伸出一尺长,两端各挂一个装有几块大石头的箩筐。用麻绳捆绑牢固,麻绳上面系有形状不一、颜色各异的小旗。其他表演的人则环围刀山,敲鼓、吹唢呐。上刀山前,要烧一张朱书黄纸符,喝一口特制的水并喷于刀山上(据他们说该水为圣水,能护佑其不受刀伤),上刀山人赤足、手握刀刃攀刀拾级而上,口中不停地念着咒语,至顶端后坐于木上,向下面围观之人抛撒黄符,随后反身手攀足踏而下。此外,还有一个横放于地上的刀梯,形状与一般木梯相同,只是梯子的横梁以刀代替,刀刃向上。不少乡民让作法者手触摸一下额头,再由作法者手牵其赤足走过刀梯,之后作法者就口念法咒,双手在该乡民

① 吕红艳. 广西贺州黄田二月二节俗研究. 南宁:广西师范大学硕士论文,2007:10.

的上身周围来回比划。当地乡民认为此举可以消灾祛病；而由作法者触摸一下额头，并手牵其走则是为了让神灵保佑该乡民能顺利走过刀梯而不被刀刃划伤。

……

‘二月二’节当天，文武庙前人山人海，庙前就是戏台，据在黄田街开店铺的刘老太太(女，七十多岁)讲，在解放前和解放后的很长一段时间，除本镇各村寨出动舞龙、舞狮队表演外，还曾邀请过桂林桂剧团和湖南祁阳剧团来演戏。近几年来过节期间，除舞龙、舞狮外，各县乡镇的文艺队也曾到此演出过，届时锣鼓喧天、热闹非凡。特别是二月二节之前，每家都以鲜艳醒目的腊光纸，色彩各异的彩布、彩纸扎成彩球或彩灯，悬挂于家门前。现在每年‘二月二’前后几天，都会在此上演有当地特色的戏，如桂戏、客家戏、彩调(俗称‘调子’)等，具有浓郁的乡土气息和独特的风俗特色。

现在还多了歌舞表演。一般是从二月初一晚开始唱戏，直至初四晚结束。每年前来唱戏的戏帮都是由二月二宣传股从本地或外地请来，费用由二月二筹委会向村民筹集的捐助款中拨扣。每年的‘二月二’节文艺活动也都由宣传股组织，下面是 2006 年二月二节文艺消息：

日期	日场(2:30 开始)	夜场(7:00 开始)
初二	桂剧:1. 夫子压台,2. 杏元和番(湖南桃川祈剧团)	桂剧(桃川班):连辟三关彩调(钟山班):刘三姐全场
初三	彩调(钟山彩调艺术团)	歌舞(钟山歌舞团)
初四	彩调(贺州市长乐彩调团)	彩调(长乐团)

如上表所示，日场一般都是 2:30 开始，但黄田当地的老人、小孩及一些中年妇女，甚至还有外地人前来，他们早早地吃过中饭，从自家搬来凳子来古戏台前大坪里靠前面的地方摆好，占个有利位置好观戏，一般是戏还未开唱，戏台前已是人头攒动，座无虚席了”。①

年节娱乐活动与庙会祭祀活动，既可以分离，也可以重合，交叉的机会很多。从表面看，一个是娱乐性质，世俗性比较强，一个是庄严性质，神圣性比较强，实际上都是平时日常生活的反应，即不同于日常生活，只是方向侧重点有所不同。其实，两者还存在着相互靠拢的趋向，年节娱乐活动包含祭祀内容，庙会祭祀也安排

---

① 吕红艳. 广西贺州黄田二月二节俗研究. 南宁:广西师范大学硕士论文,2007:16 - 17.

娱乐活动,由此得到一定程度的中和。导入适当的娱乐活动,祭祀活动不至于太过庄严,致使形成一种新的心理束缚,配以恰当的祭祀活动,娱乐活动不至于太过滥情,导致精神没有节制,相互添加一点对方的元素,既可以保留原有的性质,又增添活泼内容,使得活动更加有活力,也更加得到民众喜欢。

公益修建活动。宗祠建造是神殿的建造,对应的是神圣的生活,普通百姓还是生活在现实世界,过着世俗生活,因此还需要基于生产生活的公益修建,以便促进世俗生活的改善。在村庄聚落,古今都不会过时的基础设施,也是最为基本的公益事业,那就是交通、水利与休闲,其他公益建筑与设施,则可以随着时代发展而发展,诸如通水、通电、通网络等。交通是出行所必须的基础建设,因为人不能局限在自己的家里,至少要在村庄聚落内部走动,还需要与邻村交往,没有道路则倍感困难。贺州土瑶在大桂山脉生活已有时日,"据民间口碑和家谱记载,他们来贺州定居的历史大约在七百年左右,而迫迁至大桂山脉定居的时间大约在明末清初,至今至少有四百多年的历史。土瑶人自迁入大桂山脉之后,一直过着定居的山地农耕生活。即便是有少数人口流动,也主要限于土瑶社区之内,极少有人迁出山外定居"。① 居住深山老林必然造成交通不便,土瑶人出一次山赶一趟圩一般都是两头黑,早上两三点开始步行出山,中午到圩镇(贺州市平桂区鹅塘镇),下午往回赶直到午夜一二点才到家,更远的到圩镇来回一趟需要40多个小时。这些山路只有土瑶才能常走,别人不会在乎山路的状态,因此每年秋收冬闲的时候,各村各户都会每天自觉地派人参加山路维护工作,清除路边的野草,铲平路面,拓宽路基,以便来年还能够有一条较好的山路。山路每年都必须维护,这已经是一个定规,已经成为一个不成文的法律,每个人都必须遵守,否则都是违反公德,自然会受到社会谴责。

现在已经变成著名旅游名胜的贺州市黄姚古镇,之所以能够保持更多原生态的要素,其中原因在于交通不便。"黄姚之所以交通状况不理想,重要原因在于它的地理地貌。整个贺州都属于南岭山脉,整体上属于山地丘陵地理地貌,只有少部分的山间盆地与河流冲积平原。这种情况昭平县更加明显,俗语有云'昭平不平',就是这种状况的表征。具体落实到黄姚古镇,它就处于一个小盆地上,四周都是高山峻岭,地势南高北低,三条山溪河流贯穿其间。水路出行也只是到了乾隆时期才兴盛,到了清代中后期,随着古镇河埠商业的转移,水路作用也下降了。

---

① 袁同凯.走进竹篱教室.天津:天津人民出版社,2004:118.

长期以来,古镇都是只有步行的山间崎岖小路与外界沟通联系,整个社会生活基本上处于闭目塞听状态。到了康熙五十八年,浙江贡生钱兆澧任昭平县令之时,向官员及民间募捐,积极倡议修建15多公里的接米岭险道,从而使县城至黄姚、樟木交通得以改善。再到道光年间,知县徐士珩也热心道路建设,多方筹集资金,历经数个寒暑,修通黄姚马鞍山至西坪的道路,同时又重修接米岭山路。这些道路改善了黄姚的出行状况,但也仅是有利于步行而已,因为所修道路宽仅二三尺,再加上山路崎岖,因此也还是极难行进,黄姚至马鞍山道路上下皆为石级,称为'百步梯'。"①道路的建筑确实不是个人所能为,需要借助大家的力量,因此组织工作非常重要。只有道路打通,才能实现与外界的交流,交流通畅,经济才能活跃,生产生活才能好起来。

贺州市富川瑶族自治县朝东镇福溪村始建于清光绪32年的钟灵风雨桥,位于村子前段的周濂溪祠堂前的福溪之上,另一座风雨桥"锦桥"建在村南边界的黄沙河上。福溪村里的"钟灵""锦桥"两座风雨桥传了岭南瑶族独特的廊桥文化,两座风雨桥皆由拱门、桥亭和楼阁三部分组成,为石砌、券孔、砖墙、木结构,集合了桥和亭的特点于一身。桥面均由长条木板铺设,两旁有栏杆和长条大木凳;桥亭采用招梁式结构搭建,榫卯结合固定;顶梁上绘有彩色图案,不费一钉却在经历几百年风雨后依然坚固的风雨桥,供行人纳凉休息、避雨。在闲时,风雨桥就像一个文化活动中心,整天忙活的人们聚在风雨桥里谈天说地,缓解农作时的劳累,分享丰收的喜悦。

水利建设对于农耕文明而言,极其重要,因为没有农业生产,就没有生活来源,就无法高质量的生存。"就经济方面而言,明清时期的村规民约涉及对山场农田的保护、水利设施的兴修与维护、乡村社会中经济事务的规则、赋役征收和金派的约定,以及违反规约的处罚等。如制定并颁行于清嘉庆十九年(1814)的祁门县箬溪村的《王履和堂养山合同文约》就规定:'本村税田,其塝畔并靠山脚,无论公私,凡锄挖有害于田亩者,概行止种。亦不得兴养树木,致防禾稼。如违,听凭拔毁无说。若系沙积,按其多寡,酌计挑复工食,处罚钱文。恃强不尊者,呈官处治。'类似这种合同文约式的村规民约,明清时期的全国各地十分普遍。"②这也说

---

① 韦祖庆,邓险峰. 黄姚生态旅游研究. 北京:中国书籍出版社,2013:142.
② 王世华,李琳琦,周晓光主编. 纪念张海鹏先生诞辰八十周年暨徽学学术讨论会文集. 合肥:安徽师范大学出版社,2013:141.

明作为一个农耕社会,不仅国家政府会高度重视水利工程的建设,各个村庄聚落也会自行自觉地开展水利设施的建设与维护活动,否则就会影响农业生产。贺州市里松镇新华村(原新华乡),"水灾虽然不常发生,但一经发生时常演成严重的伤亡事故。如1948年,新华乡里松一带山洪暴发,刹时淹没了五分之三的田地,且乱石随山洪而来,打坏房子无数。据说,当时被淹死打死的就有200多人,受伤者无数,财产的损失更无法统计。……旱灾是常见的,在国民党反动派统治期间,由于反动派的置之不理,因而甚至发生饿死人的惨剧。"[①]新中国成立后,马上组织人力修建水利工程,"1953年,兴修了南蛇水利工程,水沟长二公里,可灌田60多亩。1957年,兴修了一个水塘,可灌田10多亩。大跃进中,又兴修了两处水利工程,可灌溉田120多亩。同时,又对原有的30多条水渠进行了修复,至此,新华乡基本上消灭了旱灾。"[②]完全靠天吃饭,那是一种被动的生存,不能体现人应有的意识性,必须发挥人的主观能动性,积极应对自然,充分利用自然规律为人类服务,才能实现人的有尊严地生活。

吃饱喝足,人就要休闲,必须有必要的娱乐活动,因此需要建造必要的休闲场所。夏日初秋,村头社脚大树底下,因为这时天气晴好,室外较之室内更显优越,大家都不愿呆在家里,都愿意到室外享受清凉,于是村民三五成群在此纳凉休闲,讲讲风物传说,说说家长里短,享受一天的心理清闲。

据考证,福溪村在其鼎盛时期曾有古庙宇24座、古戏台24座、风雨桥2座。现在保存完好的有"钟灵""锦桥"两座风雨桥,2座庙宇和3座古戏台。国家级保护文物灵溪庙,是福溪村中气势恢宏、建筑工艺精湛的一座庙宇。始建于明永乐十一年(1413年),明弘治十二年(1499年)改建成木质结构殿堂市庙宇。庙宇沿用了宋代建筑技术建造,整座庙宇由76根高2至5.6米,直径20至38厘米的古楠、古水杉圆柱和44根吊柱支撑而成,通过月梁、驼峰、托脚、叉手、榫卯固定,为过梁式和斗拱式构架。76根主柱全部由莲花形、云彩形石墩托立离地,主柱与托柱刚好为120根,没有使用一颗铁钉固定,所以村民又称"百柱庙"。它既有中原宫殿建筑重脊歇山、石檐飞瓦的庄严雄伟,又具有南方建筑防潮透气的实际功能,是中原文化和岭南文化的融合。据碑文记载,庙里供奉的是五代时期楚国的建立

---

① 广西少数民族社会历史调查组. 广西壮族自治区新华乡、狮狭乡瑶族社会历史调查. 内部刊印,1964:17-18.

② 广西少数民族社会历史调查组. 广西壮族自治区新华乡、狮狭乡瑶族社会历史调查. 内部刊印,1964:17.

者马殷,他"尊礼中原王朝,休兵息民,因而国泰民安,使湖南楚国成为富庶殷实之地,使谢沐、冯乘、富川三县同属贺州。"每年正月十五,村民们聚在这里举行隆重的砍牛祭祖活动,祭祀平息匪乱,维护一方和平繁荣的马楚大王。福溪村里有庙必有戏台相伴,每当节日庆典时,唱戏班子会在戏台上演出,丰富村民们的生活。

"同是朝东镇的秀水村,历史上建造过五座戏台,现存三座,一座与状元楼相对,一座与仙娘庙相对,还有一座与进士堂相对,其中最为独特的是与仙娘庙相对的戏台。戏台东对青龙山,北对毛公山,一条清澈的秀水河自台前淙淙流过,戏台跨河而立。戏台南边是一泓清潭,有名的仙娘井(亦称状元井、福寿井)便在潭中。戏台对面山脚就是一座规模壮观的仙娘庙,庙中塑有刘仙娘坐像。走进仙娘庙南侧的山门,经过一座小桥和一条拦河小坝,便可登上古戏台了。古戏台整个楼台高约4米,长约36米,连后台宽约6米。它的建筑青砖绿瓦,龙脊凤檐,十分壮观。檐壁上绘有祥和福寿的古画,题有赞颂太平盛世、山光水色的古词古诗。戏台柱子刻有对联:'乾坤大戏场,请君更看戏中戏;俯仰皆身鉴,对影休推身外身''看不真莫吵,请问前头高见者;站得住便罢,须留余地后人来'。戏台正面的横壁上还曾绘有龙凤朝阳的古图,只是后来世事更迭未能保存下来。初时台面用坚硬的杉木板铺设,后又曾改为土填,十分平整。台南、台北各有个'出将''入相'的小门,那是供演员们上台演出、下台换装使用的。这里上演过《打渔杀家》《龙凤呈祥》《平贵回窑》《孟丽君》等古装剧、祁剧,也上演过《白毛女》《刘三姐》《智取威虎山》等现代戏,秀水古戏台,演绎着他们的人生苦乐,抒发着他们的淳朴情怀。"①

正是有着必要的休闲娱乐设施,村民才内心充实,心灵得到充分陶冶,人才会纯洁高尚起来。看,秀水村由于良好的文化氛围,读书习文蔚然成风,文人画士不断涌现,形成远近闻名的人才小高地。据富川县志记载,自唐以来,秀水村人才辈出,曾出了一位状元(即宋朝时的毛自知),二十六位进士,二十七位举人。新中国成立之后,自2010年先后考取了160余名大学生。这对于一个历史上曾经仅有150来人,现在也只有2295人的村落而言,确实非常罕见,这就是文化的魅力。因此,文化娱乐设施不仅是提供休闲娱乐的地方,更重要的是能够形成一种文化氛围,在这个氛围熏陶下,就会形成良好的人文素养,为国家输送人才。

---

① 韦祖庆.空心村乡村文化研究.北京:中国文联出版社,2016:162.

四、公众的行为管理

思想意识是内在的东西,当其不表现出来的时候,谁也无法判断其思想是什么,只有付之以行动,才可能知道其思想。宗族族佬会在进行思想的意识管理之时,其实也在进行行为管理,当然不是个体场合的行为,而是于公众场合的行为,也就是具有公共意义的行为。个体场合的行为并不具有公共性,不会对他人产生影响,不管是正面影响,还是负面影响,因此不在管理之列。如果是进入公共场合,个人的行为就不是个人的行为,而是具有公共性,即对他人产生影响,积极推进伦理道德,或破坏社会公德,因此需要进入宗族管理的视野。其实,从管理层面看,好的行为不必管理,因此管理就意味着是对不符合社会公共道德的行为加以纠正,避免其危害性影响。

首先是纲常行为的管理。纲常具有非常丰富的内容,从普通村民所能理解的层面讲,就是等级关系,在日常生活中大家必须体现应有的等级行为,不可逾越。等级关系是社会生态的必然,人类社会作为一个宏大的组织系统,必须构建相当层次的复杂等级,才能使得社会正常运转。每个社会组织都会处在一定的生态层级,每个层级都有相当数量的子系统,于是形成子系统之间相互关联,父子系统上下交互联动,构成一个整合一体的复合体。每个层级又有无数的基础要素组成,各个要素既相互独立,又相互联结,既受制于所在层级系统,从而产生新质,又不被其完全同化,还保持自身的原有特质,既关联着上下相邻的层级系统,又不被其控制,因此没有建立必要的生态等级理念,根本无法适应社会的发展,也不能真正找到自己的生存位置。一个迷失自我定位的人,不可能获得有效发展,因为他是无头苍蝇,因此基于纲常的等级管理十分必要。当然,纲常是可以随着时代变化而变化的,不同时代因为其社会大系统已经变迁,因此必然需要随之改变,于是不能照搬传统社会,特别是封建社会的纲常内容,必须赋予时代的新内涵,才能获得自身的生命力。

对于等级关系的维护,可能需要厘清一个观念,等级关系不对等权力关系,也不对等贵贱关系,还不对等利益关系,它只是一个社会生态的位置关系,大家在人格层面还是平等关系。传统社会是将等级关系与前面的三者关系直接挂钩,处在一定的社会生态等级,于是就享有相应的权力、尊严与财富,因此人们自然地厌恶等级,认为它是不平等的标志,必须铲除。具有这样的想法完全可以理解,因为这是历史造成的后果,但是,当我们解除了等级与三者的联系之后,就应当平心静气

208

地看待等级关系,也需要从内心深处接受等级关系。只有这样,不仅个人心理得到平静,因为社会一定存在等级,这是不可改变的事实,而且社会也可以更好运转,因为各自在自己的生态位上发挥作用,正如一台机器,螺丝钉有螺丝钉的作用,螺母有螺母的作用,互相不能取代,也不能或缺,这就是系统的现实。

其次是善恶行为的管理。善恶也是伦理道德的重要范畴,于其管理也是侧重在恶的层面,因为善是要褒扬,不必管而是放。所谓恶,就其村民能够较好判定的角度看,即是基于动物本能且表现为利己的私欲行为,该行为已经危害公共道德,进而损害公共利益或他人利益,就是应该管理的恶行。人都是从动物进化而来,身上一定携带动物性,这些本性大多表现为一种恶,因为其与文明社会的行为规范不相吻合,因此人有恶行并不可怕,因为你我他每个人都有。关键点在于我们要善于管控自己的动物本能,按照"己所不欲,勿施于人"的原则,能够设身处地地思考与处理问题,那就可以避免恶行,这也是行为管理应该把握的基点。从这个基点出发开展管理,就不能就行为本身而管理行为,而是透过行为进行伦理道德教育,从而引导村民都能够自觉地管控自己,恶行自然就少了,管理也就轻松了。

当然,思想教育不是万能的,必须辅之以必要的惩戒,才能获得应有的效果,于是需要村规民约。奖励与惩戒是一对矛盾,从属于教育两个不同方向的力量,只有奖励是不行的,那样会跑偏,只有惩戒同样也是不行的,一样会跑偏,因此必须同时发力。这其实是一个很简单的物理现象,一个物体能够正常运行,肯定不能只有一个力,必须拥有相反的对等力量,才能使之保持必要的平衡,不是静态的平衡,就是动态的平衡。只要明白这个道理,才能很好地执行奖励与惩戒手段,不管奖励还是惩戒,它们只是手段,不是目的,目的是要养成良好的伦理道德行为规范,形成村庄聚落的和谐氛围。至于,具有哪些恶行需要特别加以管理,这在村规民约中已经有着明确规定,只要照章行事即可。苗族社会有"埋岩"做法,这是神圣的,其所订立的规约作为苗人的行为规则必须予以遵守,如遇违反,必然遭受埋岩规约的处罚。"苗族习惯法对于侵犯财产权利的行为采取如下方法:一是'轻的罚银两',凡偷盗的,不论大小,一律罚款。宾盛埋岩规定,偷谷米罚四两四银子,偷鱼肉罚五两五银子,偷柴、草、菜等罚六两六银子。二是'杀猪串肉分',对于偷偷摸摸、挖仓、撬门等违约行为,则要求行为人杀猪(无论大小、公母),将猪肉炸后串成串,分发到 各户。三是'活埋下坑',针对'心歹毒'、主观恶性大,手段残忍、情节严重、造成重大后果的行为人,判处活埋。这个判决要由全村群众表决,由村寨头人执行,执行过程中吟唱埋岩古歌理词讲清活埋的理由,以警示后人。"①惩戒有轻有重,只是需要注意的是,不能徇私枉法,否则就没有公信力,只要做到一碗水端平,就能够形成一个良好的社会氛围。

再次是村庄护卫行为的管理。古代社会并非一个安全的社会,经常出现土匪与盗贼,村庄聚落之间也可能因为族群的关系发生械斗,偶尔还有官军的搔扰,因此宗族族佬会还必须承担护卫公众的任务。这种护卫必须是公共行为,不可能是个人行为,否则不仅个人安全得不到保障,村庄聚落的安全也存在危险。在防范于未然的时候,就要组织村庄聚落年轻人习武,建立自己的民间护卫队。对于民间习武,封建统治者是一种鸡肋心理。丢弃禁止,对于补充军力没有好处;鼓励提倡,又害怕村民上山为匪对抗官府。于是采取默许态度,既不明令禁止,也不明确提倡。只要村庄聚落的民间护卫队发展不是很强壮,能够自我控制规模,不至于威胁统治阶级的政权,政府也就睁只眼闭只眼。

村庄聚落具有一定的护卫能力,才能抵抗突如其来的凶险,才能很好地保卫村庄聚落的生命财力安全。富川瑶族自治县朝东镇秀水村不仅出文人,而且还出武将,不仅男儿英雄,而且巾帼也英豪。宋末时有毛贤公之妻黄氏,出身武术世家,具有行侠仗义的豪气。当时,整个社会一片动乱,富川一带也盗贼蜂起,烧杀抢掠,百姓民众苦不堪言。黄氏激于义愤,组建义军,保家护院,抗击盗贼,屡创贼兵。但贼心不死,召集数百人报复秀水村。黄氏亲率数十义勇将士与贼激战,血战三昼夜,村落安全了,但黄氏却壮烈牺牲了,时年 36 岁。元灭后,明太祖朱元璋闻其功绩,于洪武三年(公元 1370 年)下诏封为仙娘,建造仙娘庙,彰显功德,激励后人。仙娘庙位于龙山北面的山脚下,占地约 40 平米,门额上方用篆书写道"仙娘庙",一副门联"巾帼义举千秋颂,祖妣英名万代传",尽展女儿风采。庙宇正中,仙娘凤冠霞披,面容俏丽端庄,贤淑中透露一阵英气,阴柔中隐含一股豪情。

确实,在匪患面前,如果没有一定的武力保卫,村庄聚落就是面临灾难,因此作为负责村庄聚落事务的族佬会必须承担保卫村民生命财产安全的责任。这种保卫不应该只是口头宣讲,必须拥有实力,以实际行动捍卫自身的利益,避免族群整体利益遭受损失。

---

① 谭万霞. 村规民约:国家法与民族习惯法调适的路径选择. 法学杂志,2013:85.

第三节 行政管理：借国家机器的教育

人类发展至今，最高级的社会组织状态就是国家，因为国家不仅拥有复杂的社会生态系统，可以实现层级的有效控制，而且国家依托行政权力，凭借国家专政机器，可以实现暴力的强制管理。国家行政权力既可以由专门的机关行使，也可以委托相关派出机构行使，行政权力既存在于国家机器肌体内部，也可以延伸至外部，总之，其权力所及无所不在。作为一个行政村，或者自然村，都不是国家行政机构序列单位，但其行政权力的触角完全延续到村庄聚落，到达其中的每一个角落，这就是行政管理的范围。

一、村官为法理赋权

赋权是对管理风格的一种描述，主要是指让下属获得决策权和行动权，它意味着被赋权的人有很大程度的自主权和独立性。村官，虽然命之以官，他实际上不是官，因为村不是一个行政机构，因此村官的管理权力需要赋权，而且一定是法理赋权。因为村不是某个领导的私有下属机构或单位，人员也不归属领导所有，村官也还是国家工作人员，因此不能是领导赋权，而必须是法理赋权。只有明白了这点，才能界定乡镇政府(传统社会是县政府)与村官的关系，其实类似于政府派出机构，但又是民间自治组织，因此不能自然赋权，也不能伦理赋权，只能是法理赋权。

村官的法理赋权主要通过两种方式实现：一是任命，二是选举。"中国古代以农业立国，控制农村社会成为封建时代重要的政治内容之一。秦朝以前的乡里组织大致以血缘和地缘为纽带，秦汉时期实行行政区域与居民区域合一的乡里组织形式以加强中央对地方的控制。魏晋时期，豪强士族带领宗族与邻里百姓建造坞壁以躲避战乱而求自保，宗主督护制成为乡村的基本组织，打破了秦汉以来的乡里划一的形式。北魏实行三长制以后，广大农村又归于中央管理，起到了由秦汉乡里制向隋唐乡村制度过度的作用。唐朝规定：'诸户以百户为里，五里为乡，四家为邻，五家为保。每里置正一人(若山谷阻险，地远人稀之处，听随便量置)，掌按比户口，课植农桑，检察非违，催驱赋役。在邑居者为坊，别置村正一人，掌坊门管钥，督察奸非，并免其课役。在田野者为村，别置正一人。其村满百家，增置一人,掌同坊正。其村居如[不]满十家者,隶人大村,不需别置村正。'"①这说明村官从古到今可以直接任命,也就是依据法理直接赋权给村官,不需要经过村民的同意。今天的村官也有属于任命的情况,诸如村官第一书记,还有通过公考录用的村官,都具有直接任命的性质。

选举,这在过去是不可能的事情,只有到了现代社会之后,才使之变成现实。《中华人民共和国村民委员会组织法》(以下简称组织法)由第九届全国人民代表大会常务委员会第五次会议于1998年11月4日修订通过,自1998年11月4日施行,"具体选举办法由省、自治区、直辖市的人民代表大会常务委员会规定。"通过选举获得职位的村民委员会成员即村官,很明显是由法律的形式获得的权力,就是一种法理赋权。通过法理赋权之后,村官的权力来源就具有更强的合法性,行使权力就更有权威性,更容易达成行政效果。因为其权力可以说来自国家权力机关,可以借助国家权威开展工作,因此也能够更加有效。

二、依照政策法规行政

作为法理赋权的村官,从法理层面更加强调行政的合法性,因此必须依照政策法规行政,不可依据个人喜好随意行政。为此,首先要明确行政办事范围。在古代社会,政府也对村官里正的职责作出规定,"关于里正的职责,《唐律疏议》云:"里正之任,掌按比户口,收手实,造籍书。"又云:"诸里正,依令:"授人田,课农桑。"……依《田令》:"户内永业田,每亩课植桑五十根以上,榆、枣各十根以上。土地不宜者,任依乡法。"又条:"应收授之田,每年起十月一日,里正预校勘造簿,县令总集应退应受之人,对共给授。"又条:"授田:先课役,后不课役;先无,后少;先贫,后富。"其里正皆须依令造簿通送及课农桑。里正作为百户之官,管辖范围虽不及乡官之广,各项事务却直接与州县对接:"里正须言于县,县申州,州申省,多者奏闻。"唐代律法中将里正定为农村事务的执行者,并承担相应的法律责任。"②其实,各个朝代有所不同,但都会对里正的工作职责作出规定,使之能够明确职责,依照职责顺利完成任务。现代社会的村民委员会,《组织法》也规定了基本职责,诸如:"村民委员会应当支持和组织村民依法发展各种形式的合作经济和

---

① 乔凤岐编著. 士族 士人与魏晋隋唐政局研究:以士族个案研究为例. 郑州:郑州大学出版社,2015:95.
② 乔凤岐编著. 士族 士人与魏晋隋唐政局研究:以士族个案研究为例. 郑州:郑州大学出版社,2015:97.

其他经济,承担本村生产的服务和协调工作,促进农村生产建设和经济发展。""村民委员会依照法律规定,管理本村属于村农民集体所有的土地和其他财产,引导村民合理利用自然资源,保护和改善生态环境。村民委员会应当宣传宪法、法律、法规和国家的政策,教育和推动村民履行法律规定的义务、爱护公共财产,维护村民的合法权益,发展文化教育,普及科技知识,促进男女平等,做好计划生育工作,促进村与村之间的团结、互助,开展多种形式的社会主义精神文明建设活动。"如此等等,总之,依法办事的基本前提就是明白自己的办事范围。

其次是明白村官的权力界限。任何权力都有边界,不是无边界的存在,因此历朝历代都会对里正的权力进行限定,例如唐朝就规定,里正直接通报于县。我国《组织法》也规定:"村民委员会办理本村的公共事务和公益事业,调解民间纠纷,协助维护社会治安,向人民政府反映村民的意见、要求和提出建议。""乡、民族乡、镇的人民政府对村民委员会的工作给予指导、支持和帮助,但是不得干预依法属于村民自治范围内的事项。"甚至还规定了一些具体事项,必须经过村民代表大会的同意,方能执行。"涉及村民利益的下列事项,经村民会议讨论决定方可办理:(一)本村享受误工补贴的人员及补贴标准;(二)从村集体经济所得收益的使用;(三)本村公益事业的兴办和筹资筹劳方案及建设承包方案;(四)土地承包经营方案;(五)村集体经济项目的立项、承包方案;(六)宅基地的使用方案;(七)征地补偿费的使用、分配方案;(八)以借贷、租赁或者其他方式处分村集体财产;(九)村民会议认为应当由村民会议讨论决定的涉及村民利益的其他事项。"这也已经很明确,村委会对乡镇通报情况,乡镇政府指导村委会开展工作,这就是它们的基本界限。

再次是不能超越授权办理事情。滥用职权,历来都是治吏的重点,因为传统文化中就有"有权不用,过期作废"的说法,于是出现屡禁不绝的滥权现象。这是因为权力总是与利益关联,在"当官发财"的思想引诱下,总是存在滥权倾向,从而导致腐败现象的频繁发生。为此克服这种不良现象,或者说历史顽症,中央强调务必"把权力关进制度的笼子里",让权力在阳光下运行,让人民群众监督权力,这应该是破解千年难题的良方。

三、坚持程序合法原则

如要做到依法行政,还必须保证程序合法,这是基础条件,没有这个条件,或者破坏这个前提,那么行政的合法性就值得质疑。在这个方面,古代社会没有作出明确规定,只是要求里正向县里通报情况,至于在其职责范围内如何开展工作,怎样运行机构,却没有明示,基本上依靠里正本身的素质。

《组织法》则不同,对于村委会的基础行政程序作出原则性规定,确保能够依照法律框架运转。一是决议作出的基本程序,"村民委员会应当实行少数服从多数的民主决策机制和公开透明的工作原则,建立健全各种工作制度"。这是对村委会日常工作运转的程序规定。而对于村民代表大会及村民小组会,也作出安排:"村民代表会议由村民委员会召集。村民代表会议每季度召开一次。有五分之一以上的村民代表提议,应当召集村民代表会议。村民代表会议有三分之二以上的组成人员参加方可召开,所作决定应当经到会人员的过半数同意。""召开村民小组会议,应当有本村民小组十八周岁以上的村民三分之二以上,或者本村民小组三分之二以上的户的代表参加,所作决定应当经到会人员的过半数同意。"二是村委会的具体工作,还需要接受村民监督,以确保按照规定程序运行,而且符合村民的根本利益。"村民委员会实行村务公开制度。村民委员会应当及时公布下列事项,接受村民的监督:(一)本法第二十三条、第二十四条规定的由村民会议、村民代表会议讨论决定的事项及其实施情况;(二)国家计划生育政策的落实方案;(三)政府拨付和接受社会捐赠的救灾救助、补贴补助等资金、物资的管理使用情况;(四)村民委员会协助人民政府开展工作的情况;(五)涉及本村村民利益、村民普遍关心的其他事项。前款规定事项中,一般事项至少每季度公布一次;集体财务往来较多的,财务收支情况应当每月公布一次;涉及村民利益的重大事项应当随时公布。村民委员会应当保证所公布事项的真实性,并接受村民的查询。"三是建立工作档案,确保有迹可循,有案可查。"村民委员会和村务监督机构应当建立村务档案。村务档案包括:选举文件和选票,会议记录,土地发包方案和承包合同,经济合同,集体财务账目,集体资产登记文件,公益设施基本资料,基本建设资料,宅基地使用方案,征地补偿费使用及分配方案等。"这就在原则上层面规定了办事程序,只要严格按照这个程序办理,就可以杜绝一些可能的漏洞,使得村官能够真正为村民服务。

当然,还有一些具体工作,相关政策文件也会规定该项工作的办理程序,这就需要依据具体情况,按照文件要求处置,总之,有文件必须按照文件办理。一些犯错的村官,其中一个原因就是没有按照文件规定程序办理,按照个人意图擅自修改程序,从而导致程序不合法,其结果也就不合法。

那么,是否村委会就一点儿没有有关程序方面的自主权呢?也不是的。在文件没有明确程序的前提下,可以通过召开村委会合议确定程序,然后按照既定程序开展工作。还可以根据实际情况,进一步完善文件规定的程序,使之更具有可操作性,也更好地完成工作任务,这也是可以允许的。总之,在变更程序的时候,必须通过一定的会议形式加以确认,不能个人说了算,而且必须确保变更程序具有内在逻辑性,不能相互矛盾,如此才能确保工作结果的合理合法。

最后,需要提醒的是,个人不能操控程序,倾向性引导村委会成员变更符合个人私利的程序,从而间接操控工作结果,使得结果变得对自己或利益相关人有利。这是明确违法行为,必须予以及时纠正。在程序开始的时候加以防范,可以避免村官犯更大的错误,因此防范于未然,应该从工作程序开始。

四、包含对上负责倾向

村官属于法理赋权,也就是由上级赋权,因此必然包含对上负责的倾向。古代如此,现今也一样。《唐律疏议》云:"须告报主司者,谓坊正、村正、里正以上。"从这里,可以看出县以下的民众组织机构依次是保、坊、村、里。"里正(明)里长别称。催办粮税。明代农村以一百十户为一里。每里选丁粮多者十人为里正。非官、非吏,系差役性质。明余庭璧《事物异名》卷上《君臣·里长》:'里长称之里正。'"①这里也比较明确地解释了,里正实际上不是朝廷意义的官,属于"非官非吏的差役",但是也具有向县报主司的义务,也就是对上级负责。现今的村官或村委会也具有法理赋权的特点,具有政府派出机构的功能,因此也必须要向上级政府负责并报告工作,在这个方面,《组织法》也有明文规定,"村民委员会协助乡、民族乡、镇的人民政府开展工作",既然是协助政府工作,自然要对政府负责,这是当然之义。

但是,从村民委员会的本质而言,它是群众自治组织,应该只对自己的组织与成员负责,不应当硬性规定对上级组织负责。虽然可以对上级组织负责,因为上级组织代表更广泛的群众利益,该村也在其中之列,但是不必硬性规定而变成义务,应该变成村委会思想觉悟延伸的自觉之举。因为《组织法》也同时明确规定,"村民委员会是村民自我管理、自我教育、自我服务的基层群众性自治组织""村民委员会向村民会议、村民代表会议负责并报告工作"。只有明确村委会的服务指向,才能更好地做好工作,才能更好地服务村民,也才能更好地得到群众的拥护,

---

① 龚延明. 中国历代职官别名大辞典. 上海:上海辞书出版社,2006:361.

从而更好地服务政府与社会,它们之间不是矛盾的关系,而是自然延伸的关系。

对上负责与对下负责同时存在,也是一种客观现象,因此需要平衡两者的关系。在这个方面,可以确立对下负责为本,对上负责为末,因为我们的各级政府就是人民政府,本质上都是对下负责的政府,必须为人民服务。习近平总书记曾经说过,"人民群众对美好生活的向往,就是我们的奋斗目标",这已经非常明确地定义了我们政府的性质与工作目标,就是为人民服务。既然从中央开始都是服务人民群众,作为最为基层的群众自治组织村委会,难道还不是把眼光向下,还不将工作目标聚焦人民群众对美好生活的向往?一定是吧,因此必须正确处理对上与对下的关系,必须聚焦人民群众的期望。

第六章

体制教育

体制是具有一定组织形式的制度,是制度之形之于外的具体表现与实施形式,是属于体现一套相对严密的管理形式。体制教育就是依托这样一套相对严谨且具有较强可操作性的管理形式,然后致力于传授系统性知识的教育形态,只要具备这两个基本特征,不管是官办学堂,还是私立学校,都可以归属体制教育。体制教育又是正规教育,因此必须具有一定的计划性,拥有相对固定的教学场所,具备相对确定的教学内容,还有相对稳定的教师与学生,以及相应的考核检测办法与手段,总之,体现一切工作所要求的基本规范性。体制教育因其具有明确的教学目标,体现知识传授的系统性,实施规范化管理,因此成为教育的主体,是国家所依赖的核心教育力量。

第一节　私学:具有国家意志的私人教育

私塾是旧时私人所办的学校,也叫私学、民学、书馆、私塾或学堂,是私学的重要组成部分,也是私人教育的代表,因此在这里我们也把所有私学都统称为私塾,包括书院等。私塾的办学主体是私人,个人有着极大的办学自主权,能够体现个人意识,诸如东林书院之议政,但是,私塾实际上还是具有国家意识的私人教育,必须在一定程度上体现国家意识,才能获得生存,一如东林书院之被禁。作为一个传授意识形态的机构与场所,国家一定会实施控制,因此完全不体现国家意志的私塾是没有的,因为它不可能生存,国家必须予以取缔。由此,这就需要从国家意志层面考究私塾,从而发挥其独到之处。

一、培养官僚人才

传统社会是一个官本位意识极其深厚的社会,当官不仅可以带来人前尊严,提高个人的社会地位,而且能够获得实际利益,升官发财就是通俗的表达,还可能光宗耀祖,带给后代子孙荣华富贵的平台,因此只要存在可能,当官就是人人追逐的目标。在隋唐以前,传统官僚体制基本上采取世袭制,特别是中高层职位,大抵由士族阶层垄断,一般寒门士人基本上无缘,更不必说普通百姓,因此封死了下层士绅晋升的台阶。隋唐以后,科举考试制度逐渐建立且完善,统治阶级官员职位开始向普通寒门士人开放,通过相对公平公正的考试选拔官员,建立了新官员选拔与晋升的渠道,由此振奋了普通寒门士人的精神,也为国家管理人才提供了新鲜血液。正因为如此,以至于唐太宗在开科取士时看到新科举子从皇宫门口鱼贯而入,高兴地说:"天下英雄尽入吾彀中矣。"他认为通过科举可以将寒门学子笼络到朝廷,将人才纳入体制,既可以控制人才,不至于在外面形成反对朝廷的力量,又可以为我所用,能够发挥人才的聪明才智,为稳定与繁荣李氏王朝服务,确是一举两得的好事情。

自唐以后,科举考试就贯穿整个封建社会,科举考试重在选拔官僚人才,这就要求必须完善体制内的学校教育,为官僚人才选拔提供人才储备。属于体制性质的学校教育,大体可以划分为两类:一是官学系统的学校,二是民间系统的私塾学堂。早在"商时期,已经有了官立的学校,当时称作序或庠,到两周时期,学校的建制已经较为发达。《礼记·学记》记载:'比年入学,中年考核。一年视离经辨志,三年视敬业乐群,五年视博习亲师,七年视论学取友,谓之小成;九年知类通达,强立而不反,谓之大成。'意思是讲,每年入学一次,隔年考核一次。一年考察辨明志向,三年考察是否誉心和亲近同学,五年考察是否博学和亲近师长,七年考察是否有独立见解和择友能力,这些都达到了,就是小成,意味着已经掌握了基本的知识和技能;如果到九年的时候可以做到触类旁通,坚强独立而不违背师训,就是大成,意味着学业已经达到了成熟的水平。西汉武帝时设立太学,是中国古代学制的一项重要进步。太学并无明确的学习年限规定,但考试十分严格,西汉时每年考核一次,方式是'设科射策',相当于今天的抽签答问。东汉中期改为每两年考核一次,通过者就授予官职,否则留下继续学习。隋唐时期的官学开始对学生年龄和学习年限做出明确规定,例如律学招收学生的年龄当在 18 到 25 岁之间,学习年限为六年,考试分'旬考''岁考''毕业考'三种,旬考内容为十日之内所学课程,不及格者有罚;岁考内容为一年之内所学课程,不及格者留级;毕业考及格则取得科举资格,否则勒令退学。北宋王安石在太学实行'三舍法'。即将生员分为外舍、内舍和上舍三个等级,生员必须依照学业程度,通过考核,依次晋升。元代又将学生分为三等六斋,通过考核积分逐级升斋。明代沿用了元代的积分制,入国子监就读的学生必须先入低级班,一年半以后,学业通过者升中级班,再过一年半,'经史兼通,文理俱优'者升入高级班,而后采用积分制,按月考试,一年积满八分为及格,这样就可以待补为官。到了清代,积分制已有名无实,毕业时间全凭年限来计"。① 带有官字的学校,自然就是培养统治者所需要的人才,这些人才不可能是在一线参加劳动的劳动者,而是统治阶级内部的劳心者,也就是政府单位的行政官员。这是官学的人才培养目标,也正是有着这样明确的培养目标,因此唐太宗对于选拔进来的人才,才会如此高兴,因为他们都可以成为各级官吏,从而可以巩固他的王朝政权。

马克思早就教导我们,统治阶级的思想一定是占据统治地位的思想,其以物质的支配地位占据精神的支配力量。依照这个理论,官学必然深刻地影响着私学,既然官学的人才培养目标导向官僚人才,那么私学的培养目标必然也是定位在培养官僚人才,如此才有对应关系。属于我们这里所讨论的私学贯穿整个封建社会,"春秋时期是私学的兴起时期,战国时期则是私学的繁荣时期。最早创办私学的有周室的老聃,楚国的老莱子,郑国的邓析、壶丘子林,鲁国的少正卯、孔子、柳下惠,宋国的墨翟等。根据《吕氏春秋·下贤》记载,子产相郑,谒见老师壶丘子林,其师门弟子以年龄长幼依次排坐在门旁,子产亦不例外。《说苑·反质》记载郑国的邓析'操两可之说,论无穷之辞''以非为是,以是为非',教人学讼,与其学讼者不可记数。据王充《论衡》记载:'少正卯在鲁,与孔子并。孔子之门,三盈三虚,唯颜渊不去。'孔子是春秋时期最负盛名的私学大师,他所创办的儒家私学,在当时规模最大,持续时间最长,对后世的影响也最为深远。到了战国时期,儒、墨、道、法、名、杂家、农家、小说家等纷纷授徒讲学,使得私学呈现蓬勃发展的繁荣景象"。② 这里的私学真正具有"私"的性质,与"百家齐放,百家争鸣"相呼应,重在传播自己的学派理念与主张,并不直接统一到统治者的思想层面,其实不好统一,因为这时是最为礼崩乐坏的时候。即使这样,也有相对统一的教学目标,就是培

---

① 芳园主编. 国学知识一本全. 天津:天津人民出版社,2015:42.
② 王凌皓主编. 中外教育史. 长春:东北师范大学出版社,2002:21-22.

养自己设定的统治代理人，也还是为统治阶级服务，因此官学与私学殊途同归。

　　依照一般的想象，按照矛盾运行规律，私学应当与官学对立，旨在培养反对政府的反对派，这才符合"私"之义。私学之所以兴办，重要原因是不能就读官学，或是因为社会地位，或是因为经济贫困，或是其他限制条件，总之，被排挤出官方正规体制教育门槛之外，这才有了私学的萌动。政府通过科举考试选拔官吏，被排挤出官学大门之外，也就意味着永远没有机会进入统治阶层的可能性，于是必然内生某种怨气。私学就是这样一个发泄怨气的管道，不能就读官学，我就兴办私学，通过私学对抗官学，因此应该具有培养反对派的基因，实际上，后来一些私学也确实包含这个方面的因素，例如东林书院。但是，培养反对派的冲动并没有变成事实，因为进入统治阶级官僚体制的诱惑力确实太大，如果真的旨在培养反对派，其风险也是极其巨大，在利益与危险较量过程中，利益占据上风，因此我们可以看到私学的核心培养目标，完全与官学一致，并无二致。

二、准备科举考试

　　我们现在已经知道，考试的指挥棒作用实在太大了，不管怎样的人才目标，都不及考试指南。我们看到了应试教育的危害，大力提倡素质教育，由于升学考试制度的存在，考试内容不太容易涉及素质教育所包含的素质，于是应试教育依然猖獗，变着法子依然还是应试教育。官僚人才通过科举考试选拔，私学就读的根本目标就是当官，所谓"家无读书子，官从何处来？"既然考试的魅力如此巨大，就读私学核心动力是考官，那么私学就一定从根本上被国家所控制，就是为了培养官僚人才。即使私学开办者有自己的思想，不是为了输送考试人才，也不能阻止学生的想法，学生还是一门心思希望参加科举考试。如果哪个私学不是为了科举考试而开办，恐怕就招不到学生，学堂很快就会关门倒闭。考试就是私学的一个命门，既掐中了学堂，更掐中的学生，学生不为读书，只为考试，为了考中秀才、举人、进士。有一个非常经典的故事，即是吴敬梓著述《儒林外史》中描写的"范进中举"。范进是个仕人，一直生活在穷困之中，又一直不停地应试，考了二十多次，到五十四岁才中了个秀才。接着又反复地乡试，还是没中，在各方面走投无路的时候，再去乡试，倒是中了举人，于是各方面都发生天翻地覆的变化，可以说应有尽有。如此可以改变人的一生命运的考试，私学如何能够独自免俗？

　　因此，有人总结道："私塾在促进教育和文化的普及、儿童的启蒙等方面都发挥了巨大的作用，但是与社学、义学等启蒙教育类型一样，私塾教育主要是一种应试教育,因此无论是教学内容的选择、教学方法的运用、教学效果的检查以及教师的选择等一切教育活动都围绕科举考试展开。在教学内容的选择方面,私塾的启蒙教材中包含着种种宣扬从小要勤奋学习,以获取功名富贵为学习目的的诗文,如《千家诗》中就有'天子重英豪,文章教尔曹。万般皆下品,唯有读书高''少小须勤学,文章可立身。满朝朱紫贵,尽是读书人''白马紫金鞍,骑出万人看。借问谁家子,读书人做官''学乃身之宝,儒为席上珍。君看为宰相,必用读书人''玉殿传金榜,君恩赐状元。英雄三百辈,随我步瀛洲''一举登科日,双亲未老时。锦衣归故里,端的是男儿'等许多这样的诗句。因此,私塾同样也是'储才以应科目'的基础环节。"①

　　既然官学要经历科举考试,私学之目标也是通过科举考试,而考试由国家组织,自然就会体现国家意志。考试是一种判定,判定必然需要标准,标准就由组织者确定。在这样一个逻辑下,考试标准只有体现组织的愿望,希望通过考试检测是否达到人才培养目标,不可能背离这个目标,至少主观层面不会有意识背离。考试是有意识检测,其目标指向性不会只在考试之时,才告知学堂或学生,一定是在学习阶段就明示,以便学校能够依照这个目标培养人才,学生可以依据目标要求开展学习活动。这是国家需要达成的效果,它不是为了考试而考试,不是为了难为学生而考试,考试是一种手段,考试是一个风向标,旨在引导学校必须按照国家要求的人才标准进行培养。为了更好地达成人才培养目标,国家还通过学制手段,设置不同层级的学堂,比如有县学、州学、府学、太学等,每一学制阶段都要考试,如同现在的小学之后的小升初考试,初中之后的中考,高中之后的高考,每一层级考试之后授予一定的称号,如秀才、举人、进士等,通过不同层级的升级考试,不断强化考试的人才培养目标导向功能。国家不仅安排升学考试,还有例行考试,诸如"旬考""岁考""毕业考"等,都是国家组织的考试,由此即在日常教学过程中,也不断加强教学目标的落实,确保最终人才的培养符合统治阶级的标准与要求。可以说,传统社会的统治者对于考试指挥棒的运用,达到了炉火纯青的地步,实现了步步为营的控制。

　　为此,在考试内容方面也是不断完善,唐至宋初,进士考试主要内容是诗赋,这只能录取到墨客骚人,不能考查治国之才。宋仁宗已注意到这一问题,宝元(1038—1040 年)中曾向宫廷教师李淑咨询"进士诗赋策论先后"的历史沿革。李

---

① 刘海峰,李兵. 学优则仕:教育与科举. 吉林:长春出版社,2004:206.

淑趁机进言:"今陛下欲求理道,而不以雕篆为贵,得取士之实矣! 然考官以所试分考,不能通加评校,而每场辄退落。士之中否,特系于幸不幸。愿约旧制,先策,次论,次赋及诗,次帖经墨义。而敕有司,并试四场,通校工拙,毋以一场得失为去留。"①"庆历四年(1044 年),范仲淹等奏列十事,批评'有司束以声病,学者专于记诵'的诗赋、帖经、墨义的旧考试制度'不足尽人才'。他指出:'六经传治国治人之道,而国家乃专以辞赋取进士,以墨义取诸科。士皆舍大方而趋小道,虽济济盈庭,求有才有识者,十无一二。况天下危困乏人如此,将何以救? 在乎教以经济之业,取以经济之才,庶可救其不逮。'为此他主张:'先策论,则文辞者留心于治乱矣;简程式,则宏博者得以驰骋矣;问大义,则执经者不专于记诵矣。'具体做法是,考三场:'先策,次论,次诗赋,通考为去取,而罢帖经、墨义。愿对大义者,试十道。'宗旨是强调务实,以选拔治国之才。"②这就从考试内容方面明确,科举考试不是为了选拔文人,而是选拔治国之才,因此必须有针对性的考试。这种思想指导下的科举考试,应该说后来沿着两个方面发展:一是越来越完善,二是越来越僵化,且成为思想控制的重要手段,明中叶成型的八股文就是典型代表。到了清代,八股文的题目规定必须使用"四书""五经"的原文,答题内容必须以朱熹的《四书集》等程朱学派注释为准,不得擅自生发,独出新论。"明清科举考试的内容总体上是儒家经典、程朱理学及当朝律令。明代'专取四子书及《易》《书》《诗》《春秋》《礼记》五经命题试士'。清沿明制,也'取四子书及《易》《书》《诗》《春秋》《礼记》五经命题'。但因考试级、场的不同,其内容安排略有差异。明清乡、会试内容定制大致相同。第一场试以'四书'义三道,经义四道(清为五经义各四道,考生各选一经);第二场试以论一道,判五道,诏、诰、表、内科一道;第三场试以经史时务策五道。殿试考一日一场,一般只考策问,分量一至四道不等。至于童生试,因入学试、岁试和科试等功用不同,侧重点及分量差异较大,然亦不超出圣贤学说之范畴。"③

　　既然科举考试已经划定了考试范围,就是"四书五经",在浩如烟海的中国历史文化古籍中,"四书五经"之所以能够获得这样至高无上的地位,根本原因就在于它从各个方面提出了封建社会人们安身立命、治国齐家、交往相处的法则。《论

———————————

①　马端临:文献通考.卷三十一.北京:中华书局,2017.
②　陈学恂主编.中国教育史研究:宋元分卷.上海:华东师范大学出版社,2009:193.
③　陈学恂主编.中国教育史研究:明清分卷.上海:华东师范大学出版社,2009:131.

语》的"仁者爱人"宣扬的是忠恕;《周易》的"天行健,君子以自强不息"提倡的是坚韧;《诗经》教会人们感受和抒发;《尚书》教会人们开拓与创新;《礼记》是人际关系的准绳;《春秋》是治理国家的法宝……应该说,这确实也是传统文化的精髓所在。但是,任何精髓文本,只要固化,就会走向反面,因为中华文化博大精深,不是"四书五经"所能够完全概括的,外面的天地还宽广得很。那么,统治者不知道这个道理吗?如果最高统治者皇帝不清楚,其下的众人文人谋士难道也无人知晓,不是的。而是出于巩固封建王朝统治的需要,出于钳制民众思想的需要,出于两害相衡取其轻的思想,巩固统治与放开思想,该取哪一个? 当然是稳定压倒一切,因此就使用"四书五经"来统一思想。

三、接受官方资源

体制内的教育,那是先有官学,后有私学,私学并非从来就有,而是历史演化的结果。在春秋中晚期,出现过两次重大的学术下移、典籍扩散事件。一次是在周惠王、襄王之间,因先后发生王子颓及叔带争夺王位的内乱,世代掌管周史的太史司马氏离周去晋。另一次在周敬王立位之前,王子朝争夺王位失败,旋率召氏、毛氏、尹氏、南宫氏等贵族和百工,携带王室所藏文典逃奔楚国,从此,东周王室文化大幅度衰落下去,而楚国则成为与宋、鲁两国并立的三大文化教育中心。在文化下移的历史过程中,昔日的官府之学成为春秋战国诸子百家学说的渊薮。史传儒家出于司徒之官,道家出于史官,阴阳家出于掌天地四时之官,法家出于理官,名家出于礼官,墨家出于清庙之守,纵横家出于行人之官。这种传言虽然不一定准确,但各自之间的历史渊源是不容怀疑的。在学术下移的过程中,士阶层的兴起和壮大,也为私学的产生提供了必要的师资条件。昔日的官学之士离开官府,分散到晋、卫、赵、秦、楚、齐、鲁诸国,促成了春秋战国多元性文化的格局,打破了官掌学术、私门无著述的旧模式,从而为私学的产生创造了成熟的文化环境。

历史造就了私学的产生,私学的开办者就是已经没落的原来的王公贵族或官府士人,他们原本就是官府之人,开办私学的目的也在于填补官学瓦解的空白,旨在承担人才培养的职能。从一些零散的古籍记载来看,在孔子之前或孔子的同时期,即有一批有识之士在开办私学。在孔子之前授徒讲学的相传有周室的老聃,楚国的老莱子,郑国的列御寇、邓析、壶丘子林;与孔子同时在鲁国讲学的有少正卯,还有王骀、柳下惠、常枞、詹何等人。这些最初开办私学的人,都是原来官府的士人,具有强烈的救民于水火的忧国忧民意识,他们开办私学不是为了混口饭吃,也不是为了传播自己的学派理论,而是通过兴办私学、掌握理论、培养人才,由此破解春秋战国时期的天下纷争,重新实现国家统一。

　　私学开办者自然是文化人,那么其所聘请的教师,也必须是文化人,否则就不能承担相应教学任务,这是毋庸置疑的事实。以宋朝为例,应聘为家馆、学馆教师及自设学馆授徒,是宋代贫穷士人取得生活经费及复习应举的重要途径,也是被贬或居丧守制官员经常进行的活动。马端临追述说:"(宋初)是时未有州县之学,先有乡党之学。盖州县之学有司奉诏旨所建也,故或作或辍,不免具文;乡党之学,贤士大夫留意斯文者所建也,故前规后随,皆务兴起。后来所至书院尤多,而其田土之锡,教养之规,往往过于州县学。"①如大儒孙奭,为从学者"解析微指,人人惊服,于是门人数百皆从奭"②。"田浩者,历城人,好著述,聚学徒数百人,举进士至显达者接踵,以故闻名于朝。"③真、仁之际的刘颜,"居乡里,教授数十百人,采汉唐奏议为《辅弼名对》"。"宋初三先生"之一的石介"恨不在弟子之列"④,而石介本人"丁父母忧,耕徂徕山下,葬五世之未葬者七十丧,以《易》教授于家"⑤。又如仁宗时的名儒李觏,"俊辩能文,举茂才异等不中。亲老,以教授自资,学者常数十百人。皇佑初,范仲淹荐为试太学助教"⑥。这是从体制外的私学教师一转而为体制内的专职教师。两宋之交的胡昭,少年丧父,"克自修饬,遵业讲授以养母"⑦。王次翁"聚徒授业,齐、鲁多从游者"⑧。温州乐清县王十朋,"资颖悟,日诵数千言。及长,有文行,聚徒梅溪,受业者以百数"⑨。南宋名臣汪应辰忤秦桧,退居乡间,"寓居常山之永年院,蓬蒿满径,一室萧然,饘粥不继,人不堪其忧,处之裕如也,益以修身讲学为事"⑩。胡泳随父亲贬谪海南,其父"聚徒授业,诸生人执一经求训解"⑪。师维藩有高名,"聚徒于福州之长溪,闽、浙之徒从之者数百人,

① 马端临．文献通考:卷四六——学校考七·郡国乡党之学．北京:中华书局,2017:431.
② 脱脱．宋史:卷四三一——孙奭传．北京:中华书局,1985:12801.
③ 脱脱．宋史:卷四五七——田浩传．北京:中华书局,1985:13428.
④ 脱脱．宋史:卷四三二——刘颜传．北京:中华书局,1985:12831.
⑤ 脱脱．宋史:卷四三二——石介传．北京:中华书局,1985:12833.
⑥ 脱脱．宋史:卷四三二——李觏传．北京:中华书局,1985:12839.
⑦ 胡寅．斐然集:卷二六——儒林郎胡君墓志铭．北京:中华书局,1993:579.
⑧ 脱脱．宋史:卷三八〇——王次翁传．北京:中华书局,1985:11709.
⑨ 脱脱．宋史:卷三八七——王十朋传．北京:中华书局,1985:11882.
⑩ 脱脱．宋史:卷三八七——汪应辰传．北京:中华书局,1985:11877.
⑪ 欧阳不修．文忠集:卷三二——承务郎胡君泳墓志铭．北京:商务印书馆,1965.

福清林栗其高弟也"①。师氏即刻被任用为国子录②。崔子方专意于《春秋》之学,朱震称赞其为"一时名儒,独抱圣经,闭门讲学,专意著述,自成一家"③。孝宗名相周必大说自己家塾的教师葛澡,"过予家塾,晚即所居讲授,八邑暨傍郡秀民,著录盈门"④。潘翼号鹤溪先生,"聚徒于乐清之鹿岩,既久,因家焉"⑤。陆游人蜀,过夔州,即便是穷乡僻壤,"竹树郁然,民居相望,亦有村夫子聚徒教授。群童见船过,皆挟书出观,亦有诵书不辍者"⑥。朱熹主要的弟子黄榦,"丁母忧,学者从之讲学于墓庐甚众"⑦。至于朱熹的另一位学生李燔"为白鹿书院堂长,学者云集,讲学之盛,他郡无与比"⑧。吕祖谦的朋友郭澄,"筑西园舍旁,延名士讲授,乡之秀民愿请业者,悉聚而馆焉"⑨。王迈未登第时,也曾"聚徒于龙池"⑩。南宋末,张山翁"居黄鹄山,聚徒教授而终。有《南纪》、《缁林藏》、《云山》、《相锄》等集"⑪。至于南宋理学家如朱熹、吕祖谦、张拭、陆九渊等人的私人讲学和兴办的书院、精舍等学校以及所参与的教学活动更是不胜枚举。⑫ 从所列师资队伍看,他们都直接或间接与官府有着某种关联,在从事教学的时候,必定在某种程度上传达官府的声音,表达官方的意志。

私学,表现一个"私"字,也意味着办学经费由私人负责,或是开办者筹措,或是来自学生,总之,其大体指向是私款。但是,也有个别例外,特别是书院制出现以后,其经费来源可能更加多样化。"书院的名称最早出现于唐代,原为藏书和修

① 李心传. 建炎以来系年要录:卷一四九,绍兴十三年六月壬寅条. 北京:中华书局,1956:2399.
② 据《宋史》卷四三三《高闶传》:"中兴以后学制,多闶所建明。闶又言建学之始,宜得老成以诱掖后进。乃荐全州文学师维藩,诏除国子录。维藩,眉山人,精《春秋》学,林栗其高第也,故首荐之。"第12858页。
③ 《建炎以来系年要录》卷一。四,绍兴六年八月辛丑条,第1694页。
④ 欧阳修. 文忠集:卷七二——葛先生(漾)墓志铭. 北京:商务印书馆,1965.
⑤ 王十朋. 王十朋全集:修订本诗集卷一一潘岐哥. 上海:上海古籍出版社,2012:10.
⑥ 陆游. 渭南文集:卷四七——入蜀记//陆游. 陆放翁全集:上册. 北京:中国书店,1986:292.
⑦ 脱脱. 宋史:卷四三〇——黄榦传. 北京:中华书局,1985:12777-12778.
⑧ 脱脱. 宋史:卷四三〇——李燔传. 北京:中华书局,1985:12783.
⑨ 吕祖谦. 东莱集:卷一三——郭伯清墓志铭//纪昀. 文渊阁四库全书. 上海:上海古籍出版社,2003.
⑩ 王迈. 腰轩集:卷一一——祭亲友林泾清叔文//纪昀. 文渊阁四库全书. 上海:上海古籍出版社,2003.
⑪ 脱脱. 宋史:卷四五四——张山翁传. 北京:中华书局,1985:13347.
⑫ 范立舟. 南宋全史(七):卷上. 上海:上海古籍出版社,2015:13.

书之地。唐末五代之后，成为教学之所，但不同于府、州、县学，是私办或半官办性质的学校。其主持者多为地方名师巨儒或当地守土官吏，称山长、洞主或堂长。办学经费主要来自私人捐赠或政府拨给的院田。"①既然存在政府拨款的可能，那么"吃人的嘴软，拿人的手短"，必然受制于官府，其内在的因"私"的独立性将会更少。

还有一种情况，即使是公众捐资，其经费也不由书院自己掌管，而是需要交由官府掌握及拨付。这时，维护正常办学，可能都存在风险，因为可能遭遇地方官吏的侵占挪用，这种现象并非没有。在清代，"地方公众捐资或与官府合资创建书院的经费，有时也由官吏经理。由此，中饱私囊、擅自挪用的情况亦时有发生。从巡抚至府、州、县各官对书院经费窥视者不乏其人。贵州巡抚伊桑阿曾贪污书院存于粮道库的基金为嫁女资费，致使贵阳正本、正习二书院膏火无着，经费短缺。谭子文创建洋川毓文书院时，曾缴银三千两于县署发典生息，以应膏火，并以银千两自交于决永锡典生息。知县不准他自交，必须'呈县发交'。谁知缴县后被前县令和县令家人挪用贪污，六年间只给过利银三百多两。谭子文无奈只好亲赴省城衙门，匍匐公堂，前县令只得将挪用银两归还，而被县令家人冒领者却无法追回。"②经济大权被官府控制，哪有不贯彻政府意识之理？

第二节　官学：具有系统性的国家教育

传统社会虽然是家天下的政体思想，但是国家政权机构也不能完全都是家人，总还是需要外人，才能将国家管理起来，因此国家层面的教育历来都被高度重视。如果说，对于家人还比较放心，那么对于外人则需要培养与教育，否则就可能危害家天下的安全，这是家天下的心头之痛。管理是一门艺术与技术，不是任何人都能够胜任，需要学识的准备与实践的磨炼，因此国家需要兴办教育。官学作为国家教育，"官"字就是其核心特征，那是国家兴办的教育，为国家培养人才，因此国家意志必须得到充分体现，否则就为国家所不允许。这是由官学的性质所决定了的。

---

①　胡念望. 楠溪江中国山水诗的摇篮. 北京：中国旅游出版社,2015：134.
②　丁钢. 书院与中国文化. 上海：上海教育出版社,1992：84.

一、设置分级办学台阶

最初的教育只有官学,没有私学。原始社会末期,已经有了传说中的官学,到夏商周三代,出现了典型的"学在官府"形态的官学教育。学在官府也可以说是官府办学,只是此时官学的范围要比后世所说的官学广泛得多。"学在官府"的"学",既包括学校,还包括学术、典籍等。由于夏商周三代学术、典籍等都为官府所把持,因此民间无学术,更无学校教育。私学是在春秋战国时期出现,那是因为周朝王室衰微、礼崩乐坏、学术下移、典籍扩散,由此官学不振,而社会需要人才,于是私学应运而生。官学作为国家教育体系的主体,任何朝代任何时代,都承担着教育的主体任务,满足社会各个机构的需要。

分层办学。官学始于三代,西周官学已有较完备的制度,已经划分职责,实分层办学的模式,大体可分两类两级:一类是国学,一类是乡学。国学又有大学与小学两级,乡学有庠、序、校、塾。大学是练兵习武之处,又有两种:一种叫作辟雍,设在天子的都城;另一种叫作泮宫,设在诸侯国都。"泮宫"规模比较简单,仅有一学。"辟雍"规模较大,有"四学""五学"之称。小学有两种:一种是设在宫廷附近的贵胄小学;一种是设在郊区的一般贵族子弟的小学。乡学的设置,完全是按照当时地方行政区域规划的。至于具体设置情况,文献历来有不同说法。《礼记·学记》说:"古之教者,家有塾,党有庠,术(遂)有序,国有学。"虽然"乡学"开办在地方,而且命名"乡",却仍然是为近郊或远郊的一般奴隶主贵族子弟所开设的学校,平民及奴隶没有享受教育的权利。由此可见,西周的学校不仅实施分层办学,中央有中央开办管理的学校,地方有地方开办且管理的学校,而且不管是中央或地方的学校都具有明显的等级性,这是奴隶社会的宗法等级制度决定的。

自从周朝区分办学主体,明确中央与地方两级开办官学,其后的历代王朝都援例而行,只是学校类型、数量与下沉的地方级别有所不同,其精神大体一致。汉代的官学分为中央和地方两种。中央办的官学又分两种:一是大学性质的太学,一是特殊性质的学校,比如"鸿都门学""四姓小侯学"等;地方办的官学也有两种:一是大学性质的"郡国学",一是小学性质的"校""庠""序"等学校,并规定郡国曰学,县、道、邑、侯国曰校,乡曰庠,聚曰序。唐朝的封建官学体制是由国子学、太学、四门学、弘文馆和崇文馆组成。其中崇文馆、弘文馆更受统治阶级的重视。在官学教育制度中占有重要地位,但它们的教育质量比国子学、太学、四门学都低,因为二馆学生都是贵胄出身,养尊处优,求学自然肤浅,所以其学习程度,实不如其他三学。宋朝的中央官学有贵胄学校和国子监。贵胄学校由朝廷直接管辖，下设宗学、诸王官学和内小学，宗学是宋初为皇族子弟设立的学校，分为小学和大学两级。国子监，其下设置国子学、太学、四门学和广文馆。地方官学仍照唐制按地方行政区域建学，地方行政分路、州(府、军、监)及县三级，但只在州县设置教授儒经的学校，即州学、县学。清朝的学校教育制度基本上承袭了明代的旧制，中央官学包括国子监、宗学、觉罗学、旗学、算学馆、俄罗斯学馆。清朝地方官学，依其地方区划设有府学、州学和县学，统称为儒学。这些学校教官不事教授，士子不重读书，实则为科举考试预备场所。由于地方官学有名无实，徒具形式，所以一般真正求学的士子，多在私人所设的学塾读书，故清朝私塾甚为发达。

为何要分层办学？国家在实行分层行政管理，中央自然不能包办全部的行政管理责任，地方也要承担地方应该负责的行政管理义务，因此教育也必须分级承担培养责任。实施分层办学之后，对于中央而言，可以扩大人才的选拔面，可以将最好且最适合的人才选拔到中央任职，地方也可以从中截流选择适于地方工作的人才，从而充实政府管理力量。其实，最为重要的是分层办学蕴含社会分层思想，社会分层是不可避免的社会现实，分层不仅只是统治阶级与被统治阶级两个层面的分层，统治阶级内部也必须分层，必须有高中低不同层次的统治者，这样才能形成一个金字塔式的统治结构，于是可以通过分层教育实现内部的分化。就学制而言，中央学校是近于中等以上学校或大专学校的性质，这就需要地方学校或私学蒙学为它作准备。因为我们知道，虽然是官府开办的学校，也不是面向所有人，基本上只有官僚与富绅子弟才能就读，这是一次分层；其实官学也不是面向所有统治阶层的成员开放，某些学校只有特殊身份与地位的子弟才能就读，这又是一次分层。皇族皇亲与宰相的子弟入崇文馆、弘文馆；三品以上的贵族和官吏子弟入国子学；五品以上的一般贵族和官僚子弟入太学；七品贵族与官吏之子弟以及一般地主之子弟入四门学。这五个学校在课程上完全相同，不过是按学生家庭政治地位的高低而区分了入学资格，这是封建等级性的集中表现。通过如此多次分层，就是一种教育的社会地位层级化，可以更加有利于维护统治者的统治，维护特殊利益集团的核心利益。

分类办校。官学的人才培养目标，其核心是培养统治阶级管理人才，也就是官僚人才，因此属于经世致用性质的中央及地方各级学校，都是围绕"四书五经"进行教学，特别是汉代"独尊儒术"，各级官学的教学内容主要是儒家经典。太学的教师称博士，由精通经学的学者担任。汉武帝时在太学内设五经博士，博士只需精通一经或一经中的某一家,实行分科施教。地方官学的教学内容也是儒家经学,由经师教学。这是官学中最为重要的类别,也是通常百姓所言的"万般皆下品,唯有读书高"的学校,因为大家的目标很明确,读书就是为了做官。当然,从客观层面来说,经世致用的管理类人才也是必不可少的,因为人类社会毕竟是一个组织群体,需要人员来管理,而且就传统农耕社会而言,官府介入生产的深度也是有限的,更多的时候只需要提供一个良好的生产环境,具体的生活活动由一线农民自己完成,因此社会管理类人才需求量占据主体地位。正因为社会需要社会管理类人才,这就决定了国家也必然将这类人才的培养列在首位,其他方面的行业人才自在其次了。

然而,社会并非只要经世致用的儒学官僚集团,就可以有效运转整个社会生态系统,还需要大量具有实际劳动技术的人才,才能保证社会的充分物质生产,于是,在一定时期之后,开始出现一些专科性学校。这些学校虽然始终没有占据官学的主流,也并不被广大学生所青睐,但是毕竟已经存在,这也是国家教育政策引导的结果。古代专门学习自然科学的专科学校始于唐代,由于唐代社会经济、政治、科技的繁荣发展,教育也有了显著发展,唐代的专科学校主要有律学、书学、算学等。在南朝之宋的时候,设立了史学与文学,这是中国学校分科设置之开端,史家称为元(玄)、儒、文、史四科,时在南宋明帝泰始六年(470 年)。宋朝的专科学校有六所:武学、律学、医学、算学、书学、画学。唐朝之时,文学艺术获得极大发展,到了宋代,为了有效继承与发扬唐代形成的艺术氛围,于是设立了书学与画学,书学的学习内容是文字学的研究与各种书法的练习相结合,画学分为佛道人物山水鸟兽花竹及屋木等科目,也兼习书法。之后,元明清在此基础上有所增减,不过其基本范围,无出其右。

总的来说,在唐宋以后基本上形成了以儒学为主体,以自然科学和艺术为点缀的分类办校格局,大体满足了农耕社会的人才需求。从这个学校分类布局看,传统社会坚持以儒学为主体,讲究修身养性,注重培养官僚人才,形成文官政治的社会氛围。但是,在这样一个农业大国,农耕人口占据百分之九十,农业生产是国家稳定发展的命脉,却没有一所农学学校,这与政府以农业为根本的重农抑商政策有所背离。这大致也可以说明,农业生产是一个靠天吃饭的农业,农业生产技术还是依靠代际相授的方式传承,政府对于农业生产处于一种完全放任的管理方式,表现一种重视之中的不重视态度。这种态度也表明,统治者对于劳动者的鄙视,坚持"劳心者治人,劳力者治于人"的理念,甚至连与之相关的农业技术也随之鄙视,从来不开办农学学校。对于其他自然科学类的技术传承,统治者虽然也不是带有鄙视心理,但还是给予一定的教育地位,开办了相应一些学校,诸如医学、律学、算学等,说明在现实中依然觉得有用,不可缺少,于是需要培养相应人才为自己服务。其实,分类办校反映了一个社会生态的等级思想,因为传统社会就是一个等级森严的社会。据宋代遗老谢枋得的《叠山集》卷六《送方伯载归三山序》所载:"滑稽之雄,以儒者为戏曰:我大元典制,人有十等:一官、二吏;先之者,贵之也,谓其有益于国也;七匠、八娼、九儒、十丐。后之者,贱之也,谓其无益于国也。"蒙古人入关后,统治者依照与蒙古族的亲疏远近以及对蒙古国的有益程度,将臣民分成四等人,即一等蒙古人、二等色目人、三等帝国所属"汉人"、四等南宋遗民"南人"。其中,统治者又将臣民依照不同的职业细分为官(政府官员)、吏(不能擢升为官员的政府雇员)、僧(佛教僧侣)、道(道教道士)、医(医生)、工(高级工程技术人员)、匠(低级手工技术人员)、娼(妓女)、儒(知识分子)、丐(乞丐)。从这个等级划分中可以看出,自元代开始,儒家学者,即文人的社会地位极为低下,仅在终日乞讨为生的乞丐之上,甚至不如妓女娼妇。据《陔余丛考》所载,清代九儒十丐之说逐渐演变成了一官、二吏、三僧、四道、五医、六工、七猎、八民、九儒、十丐,即将原来的"娼"变为指代范围较广的"民",但是其实际意义并没有太大变化。

分级考核。明清封建社会的学制大体分为五个阶段:发蒙、童生试、乡试、会试、殿试,也依此进行学业考核。

发蒙:其意为开始识字读书,犹如摘取眼前之蒙翳,启发蒙昧,故谓之"发蒙"。幼童发蒙自五岁以至十余岁入私塾,乃至二十岁者也有之。在明清时期,发蒙主要依靠私塾。

童生试,也叫"童试":明、清以两代取得生员(秀才)资格的考试。亦称小考、小试。应考者称儒童、文童,未被录取者虽至白首,不改童生之称。童生试,明代由提学官主持,清代则由各省学政主持的地方科举考试,每年举行一次,称为"岁考"。其任务是:一是从童生中选拔秀才。二是对原有的秀才进行甄别考试,按照成绩优劣给予奖惩。童生通过考试叫"进学",第二年再进行科试,科试通过了才准许参加乡试,叫"录科"。岁考过程比较繁杂,整个考试分为县试、府(或直隶厅、州)试与院试三个步骤。第一步,县试,在各县当地举行,由知县主持,县试取录者才有参加府试的资格。第二步,府试,通过县试后的考生方有资格参加府试。府试在管辖该县的府进行,由知府主持。通过县、府试的儒童才正式称为"童生",方可参加由各省学政或学道主持的院试。第三步,院试,因各省学政称提督学院,故由学政主持的考试称为院试。通过县试、府试、院试三个阶段后的合格者方被承认为生员——即秀才,也称"庠生"。被录取的生员,送入府、县学宫,称"进学"。院试考取的生员中,有意愿入京城国家官办的最高学府——"国子监"读书者,可捐钱自费进入国子监为监生,继续深造。余部由各省提学官(学政)进行岁考和科考两级考试,按成绩分六等,科考一、二等者,方取得乡试资格,称"科举生员",所以并非所有秀才都有参加乡试的资格。成绩特佳的生员,有机会被选为贡生,也成为国子监的学生。但贡生与国子监其他"监生"不同,不是靠捐钱,而是正途考试所出,属一种荣誉。

乡试:这是明、清时在各省省城和京城举行的科举考试,乡试主考官由皇帝任命在京的翰林及进士出身的部院官员担任。考生系获秀才身份的府、州、县学的秀才(生员)、监生、贡生。在科举制度中,乡试、会试各为一榜,称为"两榜"。由举人而考中进士的张榜称甲榜,乡试的张榜称为"乙榜"。乡试的发榜时间也在八月,此时正逢桂树花香,因而亦称为"桂榜"。乡试合格的秀才榜上有名,称为中举,成为举人,各省的头名举人称为解元。

会试、殿试:通过乡试考中的举人,可于第二年三月参加在京师的会试和殿试。会试由礼部在京城贡院举行,亦称"春闱",由翰林或内阁大学士主考。会试发榜称为"杏榜",取中者称为"贡士",贡士首名称"会元"。得到贡士资格者可以参加同年四月的殿试。殿试由皇帝主持和出题,亦由皇帝钦定前十名次序。录取名单称为"甲榜",又称"金榜"。甲榜之内又分为三甲,三甲的等级对应考者实授官职有很重要的作用:一甲只有三人,第一名状元、第二名榜眼、第三名探花,一甲三名均赐"进士及第"。二甲多人,赐"进士出身"。三甲则赐"同进士出身"。二、三甲第一名一般称为"传胪"。殿试只用来定出名次,能参加的贡士通常都能成为进士,不会再有落第的情况。

这一系列的考试,不外是要求机械的背诵儒家经典和讲求诗赋的格律对仗,其结果是绞杀了人们的思想和创造性,而与现实隔离。因此,当时有人曾用诗歌加以讽刺:"太宗皇帝真长策,赚得英雄尽白头。"这确是一语道破了封建帝王不可告人的权术。

二、按照人才规格培养

作为一个社会生态庞大系统,其所需要的人才具有复杂多样性,从来就不是一个方面的人才就可以主导社会,并且能够有效运转这个系统,那是完全不可能的。因此,在人才培养方面,我们简要地以行业规格、层次规格与专业规格三个方面加以剖析,以此透视国家对于人才的需求状况。

行业规格。俗话说,三十六行,行行出状元。这也通俗易懂地说明一个道理,即使最为简单的社会形态,也必然存在多种行业,需要多方面的人才,不管这些人才是否为正规教育机构培养,它都是一种客观存在。纳入国家教育体系,说明政府对于这些方面的人才重视,没有纳入国家教育体系的其他行业,确实说明国家对其不够重视,甚至是可能存在鄙视心理,正如农业一样。农业在传统社会的地位,正应了一句民间戏语:"说起来重要,忙起来将要,做起来不要。"历朝历代统治者都推行重农抑商政策,应该说对农业非常重视,这也不能说只是"说得重要",因为禁止性的抑工抑商政策也是推行且落实下去,就是在教育层面却是不要不要的,从来没有设置专科的农学学校。这是一个非常矛盾的心理,农业关系政权的稳定,因此农本思想从来没有中断过,农业又是一个异常艰苦的劳动产业,历来为统治者与读书人所不齿于田间劳动,因此没有资格与底所开办农学学校。如果聘请农民当教员,又有违"劳心者治于人"的祖训,也无形中提高了农民的地位,而且农业生产技术可以口耳相传,能够在农业生产实践中逐渐习得,因此也不必开办农学学校。没有开办这类学校,农业生产也没有受到什么影响,因此觉得农学学校可有可无。

基于经世致用的儒学就不同了,那不仅是培养经世管理能力,更重要的是网罗人才,钳制思想,以便巩固家天下的统治政权。西周至春秋的官府学校,主要课程为礼、乐、射、御、数、书等,称为六艺。《礼》为表现西周宗法制度、政治制度的各种仪式,是当时社会生活的重要内容,今天指《周礼》《礼记》《仪礼》三书,称为"三礼一",是贵族子弟及士大夫必须学习和掌握的知识。乐指音乐,包括舞蹈,当时的诗歌,有歌辞也有乐谱,唱诗舞蹈已用于庙堂和盟会之上。射指射箭,御指驾车,这是军事训练的内容。书就是识字写字,有点像后来的语文课。数就是算数,包括计算日子的干支表,这些都是从政治民所必需的知识技能。开始,这些都是约定成俗的官学科目,不一定有课本。这种科目的安排,也反映了先秦学科不分浑然一体的知识体系状况,类似于现在的素质教育了。通过这样的素质教育,确实也能够培养具有实际能力的经世之才,可以很好地从事行政管理工作。

以经世为主要目标的官学教育,教学内容以儒家经籍为主,以"四书五经"为主要教材,授"孔子之术,六艺之文"。很明显,这时的官学已经改变了春秋时期素质教育的理念,一些技术性的科目不再学习,专于儒学经典,就是为了文官政治而进行人才培养,旨在培养政客了。如果再加以科举考试的指挥棒,那么这个人才培养规格就更加明确。宋初的科举考试延续唐代旧制,考试科目中以进士科最为重要。在考试内容上,"凡进士,试诗、赋、论各一首,策五道,贴《论语》十贴,对《春秋》或《礼记》默义十条"①,但是其中的贴经和默义沦于形式,在考校中不发挥作用。② 余下的四科则以诗赋、策、论三场依次进行,由于施行逐场淘汰制,故而诗赋考试显得格外重要。不但如此,在录取过程中,考官也明显以诗赋来决定取舍,这无疑更加突出了诗赋的位置。科举考试不考自然科学,只考人文知识,明朝乡试、会试头场考八股文,能否考中,主要取决于八股文的优劣。八股文以四书、五经中的文句做题目,只能依照题义阐述其中的义理,而且要求必须使用朱熹"四书"注解立论。其后的清朝,在科举考试方面更甚于明朝,严重束缚了应试者的思想,窒息了读书人的主观能动性和创造性,其培养选拔出来的就是听命于皇帝的奴才。

古代教育,除建立学习儒家经典的学校系统外,还设立专科学校,培养各种能切实用的专门人才。早在东汉时,就建立了中国古代第一所文艺专科学校"鸿都门学",直到明清时期,曾设立过律学、医学、武学、阴阳学、算学、书学、画学、玄学、音乐学校、工艺学校等各种专科学校。这些学校培养出不少专业人才,对发展中国的自然科学、法学、文艺等方面起过很大的作用,形成以儒学相对的人才培养规格。鸿都门学招收的学生和教学内容都与太学相反,学生由州、郡三公择优选送,多数是士族看不起的社会地位不高的平民子弟,开设辞赋、小说、尺牍、字画等课程,打破了专习儒家经典的惯例。中央医学内部有明确的学科专业分工,即医、针、按摩和咒禁四科,这是我国历史上唯一形成学校系统的专科学校。医学学校在普及医药卫生知识、促进医药事业的发展方面,起了重大作用,许多医药学名著和传统医药成果,流传国外,至今仍在世界上享有盛誉。唐代从武德初年始置律学,隶国子监,学生多来自中下层,八品以下子弟及庶人通律学者,年龄在18～25岁之间,都有资格入学。学生在校主要学习律令,兼习格式、法令。"律"的主要内容有12部分:名例、卫禁、职制、户婚、厩库、擅兴、贼盗、门讼、诈伪、杂律、捕亡、断

---

① 脱脱. 宋史:卷155——选举志·一. 北京:中华书局,1985;3604.
② 司马光在治平元年上的《贡院定夺科场不用诗赋状》中说道:"所有进士贴经、默义一场,从来不曾考校,显是虚设,乞更不试。"见《温国文正司马文公义集》卷28,四部丛刊本。

狱。"格"指百官有司所常行的事;"式"指所常遵的守法;"令"指尊卑贵贱的等数。律学学生还要选学大经(《礼记》《春秋左氏传》)、中经(《诗》《周礼》《仪礼》)、小经(《易》《书》《春秋公羊传》《谷梁传》《孝经》《论语》)。学习期限6年,考试分旬试和岁终试两种,毕业后即获得参加科举考试的资格。学生连续6年通不过毕业考试,即罢废。这些专科学校能够面向社会需求,适度培养社会需要的技术人才,不仅填补了儒学主体教育的不足,而且还促进了传统科学的发展,诸如天文学、算学与医学的一度领先地位,确保社会发展长时间处于世界领先地位,确实功不可没。

层次规格。东汉时期,地方官学受到朝廷重视。汉平帝下令将全国学校按照主办机构的行政级别予以梳理,形成五个等级:第一等,中央官学,包括太学、鸿都门学等;第二等,郡学,包括郡及王国主办的学校,配备经师1人;第三等,县学,包括县、道、邑、侯国等地方政府开办的学校,名之为"校",配备经师1人;第四等,庠,为乡一级机构主办的学校,配备孝经师1人;第五等,序,为聚一级机构主办的学校,配备孝经师1人。各等次地方官学均以儒学五经为教学主干课程,毕业后可以通过察举、朝廷征召等途径入仕做官。仿照中央政府做法,地方政府也设置一些专科学校,培养某一领域专门人才,如医学、兽医科等。此类学校以专业课程学习为主,同时兼修儒家经典。这一制度设计奠定了比较完备的官学体系,为后世历代官学制度所效法。① 如果不必那么细化,官学的办学层次,总体层面可以划分两类:一是中央层次,二是地方层次。中央官学的办学宗旨是培养各类封建统治人才,以供朝廷之用,为此设置了专门教育行政机关和教育长官进行管理。以汉朝太学为例,其学生来源以官宦子弟居多,秩六百石以上官员子弟均可入学。郡国也可以选送部分高才生入学。太学毕业生后,官宦出身的太学生通过二经考试,增补为文学掌故;已经身为文学掌故并且任职满两年的太学生通过三经考试,擢升为太子舍人;拟任太子舍人两年以上且能通过四经考试的太学生任命为郎中;担任郎中两年以上并能通过五经考试的太学生可以在较高的职位上补吏。从其生源与毕业去向,就已经表明中央官学的办学宗旨就是培养官僚人才,而且是直接在朝廷任职的官吏。

中央官学主要是用来培养朝廷使用的人才,那么地方官学的首要任务也是为了地方培养人才。"汉代最早兴办地方官学的,当推汉景帝时蜀郡太守文翁,文翁

① 王成等著.中国政治制度史.济南:山东大学出版社,2014:163.

为改变蜀地文化落后于中原的状况,亲自挑选了十余名聪敏有才者,派到京城,有的随博士学习,有的学习法律。他节省府库开支,购买蜀中特产赠给博士以表酬谢。几年后这些人学成归蜀,文翁均予以重用。"①上此例即已说明,地方官学开办之初,就是为了解决地方人才短缺,确保地方政务能够准确有效推行,促进地方政治经济文化的发展。

此外,"地方官学还是当地从事礼教活动的中心场所,如韩延寿在颍川(今河南禹县)'修治学宫,春秋乡射,陈钟鼓管弦,盛开降揖让',李忠在丹阳(今安徽宣城)'起学校,习礼容,春秋乡射,选用明经',卫飒在桂阳(今湖南彬县)'修庠序之教,设婚姻之礼',都是以地方官学的礼教典范来推动社会风尚的转变,培养学术人才仅为其次。"②确实,地方官学在风俗教化方面的引导作用不容小觑,因为地方是相对国都更为偏僻之所,其文明文化程度自然不同京城,但是,我们认为风气的改善只是地方官学的附带效果,不是其最初的本身。官学兴办之初,还是着眼于人才培养,正如文翁那样,就是因为手头无人可用,因此才谋划开办地方官学。

地方官学一旦开办起来,人才逐渐涌现,那就不是地方所能够完全掌控了,因为人往高处走,不仅中央要从地方选拔人才,人才本身也会流动,因此向中央输送人才,就是地方官学的必然任务。这种输送,一般来说,就是通过考试的方式来实现,极少是直接由地方推荐,或者由中央直接抽取。这种考试方式,自从隋唐开启科举考试以后,直至清朝覆灭,就一直没有中断,这也证明考试选拔人才的方式还是有其生命力及合理性。我们现在新中国成立后,不是也使用考试方式选拔人才吗?虽然其教学内容变化了,组织形式也改变了,但是考试的形式还是保留着。即使毕业了,如要选择国家单位,也还是需要参加公考,因此考试是人才选择与输送的基本形式。

专业规格。传统社会的官学基本对应着行业,一个行业之中可以分派不同工种,于是产生专业。官学本质上没有专业设置,因而也没有专业学校,虽然专科学校大致相当于专业工作,但其实与专业还是存在差别,不同于现代意义的专业。依照专业体现工种的思路,还是可以发现在官学中存在专业的影子,因此也以专业的视角加以透视。在专业培养方面,最为成功且值得称道者只有医学。随着医学知识的增加和医疗技术、医学理论的提高,为了更好地培养人才,太医院、太医

① 李楠,陈幼实. 中国古代教育. 北京:中国商业出版社,2015:29.
② 李楠,陈幼实. 中国古代教育. 北京:中国商业出版社,2015:29.

署等很重视按照学科分类对医学生进行针对性的培养。《唐六典》表明唐代相当重视分科教学,从大的方面讲有医、针、按摩、咒禁、药不同专业,而医学专业又有体疗(相当于现在的内科)、疮肿(相当于现在的外科)、少小(相当于现在的儿科)、耳目口齿、角法(相当于现在的拔罐法等)等不同分科,每个学科的师资、培养年限、学习内容均不相同。宋代亦是如此,如分为内科、针科、外科等进行培养。《宋史》卷一百五十七载:"医学初隶太常寺,神宗时始置提举判局官及教授一人学生三百人,设三科以教之,曰方脉科、针科、疡科。凡方脉以《素问》《难经》《脉经》为大经,以《巢氏病源》《龙树论》《千金翼方》为小经;针、疡科则去《脉经》而增《三部针灸经》。"①当然,人体是一个有机整体,中医药学更是一种整体医学,古代也早就注意到这个问题,他们并不是急功近利的一开始就加以分科教学,而是强调要先打好基本功,即《唐六典》所谓的"既读诸经,乃分业教习",这是古代教育的宝贵遗产。

自从隋唐创立科举考试制度之后,科举考试就成为检测学校教育质量的重要手段,也是国家选拔人才的重要渠道。在官学之粗分的三类办校情形中,有时还是比较难以分辨专业性,于是可以通过科举考试的科目看其专业人才培养取向。"唐朝沿用隋朝的制度,仍行科举取士制。据统计,常科的科目有秀才、明经、进士、俊士、明法、明字、明算、一史、三史、三传、开元礼、道举、童子等50多种。武则天在位时增设武科。常科中明法、明算、明字等科,不为人重视;俊士等科不经常举行;秀才一科,在唐初有很高的要求,后来逐渐作废。所以,明经、进士两科便成为唐代常科的主要科目。唐高宗以后进士科尤为时人所重。宋代前期的科举科目与唐代几乎没什么差别,以进士科为主,其他各科称诸科。王安石执政时,曾对科举制度进行改革,废除诸科,只保留进士一科,其后虽有反复但也没有质性变化。元代的科举不再分科,专以进士科取士。宋代考试的指定读物有所变动。新的规定是:如果经义的考试内容包括四书,则以朱熹著述的《四书集注》作为主要的依据。明清时期只有进士一科,科举考试在乡试及会试皆以四书的内容命题,要求考生以古人的语气阐述经义,'代圣人立言',用八股文作答。除此之外,还有皇帝特别主持临时举行的各种制科,唐代就有100多种,其他各朝代也根据皇帝的要求临时设置各种制科考试项目。不同的科目其内容的侧重也不同。科举除了特制科目外,明经科考的内容主要是儒家经典,以四书五经为主。进士科重在

---

①　脱脱. 宋史. 北京:中华书局,1985:3689.

考杂文诗赋和策论,明清时特重经义。明法、明书、明算等科,还要考试各科所习专业课程。明法科,以律令为主。明书科,以书法为主。"①从不同的考试科目可以得知,对于专业人才的培养指向还是有所不一,并非只是一种工作技能的专业要求,而且包括多个工种的专业性要求,表明内含专业人才规格指向。诸如,明经科的知识考点与进士科不同,明法科的知识考点与明书不一样,明算科的知识考点与一史科不相同,这些都说明不同科目重在选拔不同的专业人才,因此包含专业人才的培养规格。这是古代官学在没有专业划分的情况下,通过考试的杠杆进行协调,以便获得专业人才的做法。

三、给予不同层次利益

官学与私学确实存在较大差异,这是由于"官"字帽所决定的,也是官学的办学宗旨所决定的,因为官学就是要培养朝廷所需人才,必须能够忠心为朝廷服务,于是在给予的利益方面必然有所差异,才能吸引学生前来就读。官学与私学最大的利益差异,就在于官学可以给予直接的物质利益,私学则需要自己承担学习费用,官学可以直接给予大家最想获得的官位,虽然这是极少数学校有此特权,私学则一定需要参加选拔考试,才有可能获得官职。从官学自身而言,其利益差异还是存在的,不同办学主体所拥有的利益不一样,中央官学一般较之地方官学可以获得的利益,经世的儒学可以获得专科学校更多利益,因此并不是官学就可以享受同等利益,不是的。其设定的利益差异,其实也反映国家意志在不同层级学校的落实程度,也是通过这样一种管道进一步达到思想控制的目的,并非完全出于物质利益层面的考虑。针对官学的不同利益表现,可以从三个方面加以剖析,即考上不同等级官学的社会待遇,就读学习期间的待遇,以及学成之后的前景,由此既可以看到学生待遇的不同,也可以体察政府对于学生的有效控制。

考上不同等级官学的社会待遇。读书人一旦考试高中,其人际境遇与社会声誉,马上就会有所改观。当你还是普通读书人,或是秀才的时候,人们称呼其为相公。一旦由秀才而高中举人,称呼立刻就变为老爷,且看范进中举,考取秀才之时,乡里邻舍对他最为尊敬的称呼,也就是范相公;高中举人之后,邻居乡亲马上改称范老爷,特别是其岳父老丈人胡屠夫,更是势利眼,"范老爷范老爷"叫得欢。高中一级确实不同,一个人的社会地位立马发生变化,从一个大家瞧不起的落魄

---

① 陈薛俊怡编. 中国古代科举. 北京:中国商业出版社,2015:74.

者,变成人人仰慕尊敬的老爷,其人的心理充分感受了做人的尊严,可以充分地满足一种虚荣感与自尊心。而由举人高中进士,那就更加不得了,简直可以称得上一步登天,荣耀至极。一旦在进士科及第,就是一件十分荣耀风光的大喜事,就像鲤鱼跃龙门一样,"一登龙门,则声誉十倍"(见李白《与韩荆州书》)。新科进士常常被形容为头上有"七尺焰光",成了天上的文曲星了。徐寅有一首《放榜日》诗,描绘了当时隆重热烈的场面:"喧喧车马欲朝天,人探东堂榜已悬。……十二街前楼阁上,卷帘谁不看神仙。"(见《全唐诗》卷七〇九)即便是落第学子,也不小看进士。如著名宰相张柬之的曾孙张倬考进士落第,竟至两手捧着《登科记》戴在头上,说:"这可是千佛名经啊!"其羡慕到如此境地。新科进士及第,以泥金帖子附家书中,用来报告登科之喜。一些亲戚朋友得知喜讯后,则以声乐相庆,以致后来又发展到曲江宴会、杏园探花、雁塔题名等风尚。当新科进士泛舟于曲江之上宴饮时,不仅请宫中教坊派出乐队演奏助兴,长安城男女老少都簇拥观看,而且有时候皇帝也大驾光临,站在曲江岸边的楼台上观赏。一时间,人头攒动,万人空巷,成为唐代京城难得一见的人文景观。进士科之所以能够如此受尊,《唐摭言》卷一《散序进士》)有一段话表述得非常清楚。文云:"进士科始于隋大业中,盛于贞观、永徽之际。缙绅虽位极人臣,不由进士者,终不为美,以至岁贡常不减八九百人。其推重谓之'白衣公卿',又曰'一品白衫';其艰难谓之'三十老明经,五十少进士';其负倜傥之才,变通之术,苏张之辩说,荆聂之胆气,仲由之武勇,子房之筹画,宏羊之书计,方朔之诙谐,咸以此而晦之,修身慎行,虽处子之不若;其有老死于文场者,亦无所恨。故有诗云:'太宗皇帝真长策,赚得英雄尽白头。'"

这对于个人而言,其社会地位明显改观,对于家庭或家族都是极大的荣耀,大凡高中进士的家庭,都会悬挂御赐"进士"或"状元及第"牌匾,以求光宗耀祖。富川瑶族自治县朝东镇秀水村,自唐以来,二十六位进士,二十七位举人,因宋朝时的毛自知高中状元,于是秀水村便以状元村闻名。在获得社会声誉的时候,还可以得到实在的物质利益。通过院试的童生都被称为"生员",俗称"秀才",算是有了"功名",进入士大夫阶层。生员有免除差徭,见知县不跪、不能随便用刑等特权,这也是实在可见的利益,既有声誉利益,也有物质利益。生员也有等级,共分三等:成绩最好的称"廪生",由公家按月发给粮食。其次称"增生",其意思是后增加的廪生,但并不供给粮食。"廪生"和"廪生"是有一定名额的。三是"附生","附"有附属之意。意即附在生员的最后,是才考入学的附学生员。再看范进中举后,相邻马上送礼来贺,张乡绅既送银子,又送房子,虽然是势利套近乎,但对于家徒四壁的范老爷而言,那都是实实在在的利益,怎不令人高兴? 举人除享受秀才之特权外,清初沿明制,给予新科举人旗匾银及冠服之赏。旗匾银又称牌坊银、坊价银,共二十两,专供中试者竖旗、制匾、建牌坊之用,以荣耀乡里。冠服之赏,或为实物,或折银,视各省情况而定。此外,科举中式例赐出身,乡试中式之举人,亦称之出身。以举人身份入仕者,同进士入仕一样,同为正途出身。由科举带来之出身,除有过犯被黜革者外,可以终身享用。这些读书人境遇的改变,全部缘于科举考试,也即由政府拨付获得,或是皇帝赏赐得到,国家就通过精神与物质的手段把读书人笼络到自己门下,成为政府忠实的帮手。

就读学习期间的待遇。官学自其诞生之初,学生就不同程度地享受国家的物质补贴待遇,可以说直至清朝结束,都没有真正中断过,只是补助的数额与方式有所不同。这应该也是可以理解的政府补助行为,因为能够就读官学的学生,都是统治阶级内部的成员,虽然还有其内部的分层区别,中央官学与地方官学的生涯自然不同,但是基本上没有社会底层的劳动民众,这是可以肯定的。既然都是他们自己的人,给予一些补助也属正常,官僚系统应该不会有什么反对的声音。而且,这些学生学成之后,基本上安排一定的行政职位,特别是春秋以前必须安排,因为当时没有私学,官学是行政人才的基本来源,春秋以后增加了一些条件与难度,但还是给予候补的希望,于是就变成都是官场上的人。既然大家迟早都是官场同事,也都是为家天下的政权服务,因此为了更好地做好官僚工作,提前给予物质补助未尝不可。

我们可以简单看一下各朝的官学补助情况。汉代太学生制作统一的学服,"俱曳长裙,游息帝学"。① 唐朝国子监的"监生可以在监内寄宿,发给膏火,供给膳食,享有免役权利。明朝监生的生活待遇较为优厚。除了政府'广为号舍以居之,厚其衣食而养之'外,明太祖还亲自钦定监生统一服装——'襕衫',逢节令赐以'节钱';有家眷的特许带家眷入学,每月支粮六斗。有时皇帝还特赐布帛给家长或妻子。例如,洪武十二年赐诸生父母帛各四匹。洪武三十年,赐监生家属每人两尺夏布"。② 另有资料更加详细地说明,明代"南京国子监学生,不论是官生还是民生,享受着比较优厚的生活待遇。监生及所属家庭除可享有监生本身免除杂泛差徭、免其家两丁差徭的基本待遇外,监生读书期间还享有物质待遇,包括廪

---

① 庄适选注,王文晖校订. 后汉书. 武汉:崇文书局,2014:162.
② 刘生龙编. 中国古代教育的那些事. 北京:国家行政学院出版社,2013:211.

粮津贴、灯油课纸、衣被以及庆典年节时的赏赐等,并享有诸如省亲、侍亲、婚丧、事假以及学校法定假日等待遇"。① 这就更加体现平等原则,不再区分学生来源,即使来自民间中下层的监生,也给予同等待遇,这也许与朱氏的出身有关,因为朱氏原本来自民间下层社会。到也清朝,也大体依例给予补助,清朝国子监监生在学习期间,由"户部岁发帑银,给膏火",即使是外国留学生,也同样"月给银米器物",学成则遣归。这又有所发展,清朝官学接纳了外国留学生,也同样给予国民待遇,显示一个民族的胸怀。其实,在唐朝也同时承担外国留学生,有来自日本和朝鲜等周边小国或附庸国的学生,《登科记考》载:"(唐)自天下初定,增筑学舍至千二百区,虽七营飞骑亦置生,遣博士为授经。四夷若高丽、百济、新罗、高昌、吐蕃,相继遣弟子入学,遂至八千余人。"日本派遣 5 次遣唐使及大批来唐留学生,著名的有阿倍仲麻吕、玄防、道照、智藏等,新罗人在唐及第的知名者,尚有崔彦撝、金可纪、金夷吾等,他们都享受了官学学生的同等待遇。

官学的学生生活补助自然能够解决他们的一些生活困难,但是否这些学生就困难到如此地步,需要国家补助接济? 恐怕未必,因为他们大体都是官宦富绅人家,应该不至于连学习期间的生活费都承担不起,政府应该是另有考虑。这种补助应该是一种感情投资,让学生感觉到家天下的政府有恩于他,于是逐渐形成感恩思想,可以更好地为国家服务。滴水之恩,当涌泉相报,这是传统文化中的重要理念,也是家天下之营造"家"氛围的重要手段,国家与学生已经是一家人,那么就应该努力学习,学成之后就要全力回报国家。如此一来,官学之培养官僚人才的目标就可以达到,也可以扩大统治基础,更能够保证政权的稳定性。当然,本质上这种感恩是一种主奴情感,是为了更好地维护家天下的利益,但是这种感恩思想本身还是应当提倡,我们如今的社会,可能就缺乏感恩教育,相当一部分人也缺乏感恩精神。一个很明显的例子,经过 30 多年的改革开放,我国的综合实力显著增强,人民的生活水平也显著提高,然而"端起饭碗吃肉,放下筷子骂娘"的现象普遍存在。为什么? 其中原因可以探究很多,诸如一些官员腐败、贫富差距拉大、城乡差别扩大,如此等等,但是从纵向相比,任何一个阶层的生活水平都有所提高,都是改革开放带来的实惠,却没有人想起,没有激发感恩之情,只有埋怨,这是缺乏感恩精神的表现,因此感恩教育很有必要。

学成之后的前景。就官学而言,只有进入会试与殿试,获得进士名分,才算得

---

① 徐传德主编. 南京教育史. 北京:商务印书馆,2006:98.

上学成,正如现代社会,只有考上大学且毕业之后,才能算是学有所成。通过层层考试,获得了进士资格,随即就会获得社会上的崇高声誉,也开始可以进入官僚集团,实现读书人梦寐以求"读书做官"的理想。隋唐最先举行科举考试,那么唐朝的进士是如何安排工作的? 唐代进士及第后的出路大致上包括这样几方面:有的当了京官,有的补入秘书省担任校书郎、太子校书等职务;有的被授予国子监学官或补入太常侍,具体掌管礼乐、郊庙、社稷等事务;有的分管盐铁买卖与漕运、统筹政府财政支出、全国赋役等;还有的被派往各地的州县,担任知县、县尉、主簿、参军等。状元授翰林院修撰,榜眼、探花授儒林院编修。擅长文学书法的庶吉士,在翰林院内特设的教习馆(亦名庶常馆)肄业三年,期满举行"散馆"考试,成绩优良的分别授翰林院编修、翰林院检讨。即便是及第后不能通过释褐试者,也可按政府的有关规定,得到地方长官如节度使、观察使、团练使等的推荐,成为其幕僚,等待日后朝廷正式授官。应该说,都具有较好的出路,安排了相应的行政工作。当然,这是初始的职位安排,个人日后的发展,则看个人的际遇了,有的飞黄腾达,有的命运不济,个人各不相同。

进士之下的举人,基本上不会直接授予官职,但是因为有了举人的"学位",就有了做官的资格,并可以进入下一层次的会试。秀才的待遇,基本上是免徭役赋税,没有官职的侍候。

各个层级的学成待遇不相一致,这是正常现象,也是选拔考试的必然,只有规定不同层级的学校毕业生,其待遇各不相同,才能有效地调动学生学习的积极性,才能达到选拔优秀人才的基本设想。这是一个金字塔式的学业选拔,通过层层选拔,可以有效地把控思想阵地,作为社会上有文化的一批人,自始至终地参加考试,以求博取功名,就没有其他心思从事可能反对政府的事情,统治者最根本的目标,确保家天下政权的安全与稳定,就比较容易达到,这也是帝王驭人之术。

后 记

春秋战国之时，乐崩乐坏，礼失只能求诸野，因为郊野远离城都，能够保留更纯真的传统文化。过去如此，现在也一样，如要获得更接近传统文化本真的东西，还是回到农村，甚至是更加远离发达地区的农村。正是这样一个想法，传统文化生态观的考察对象还是农村，而且是尽可能远离城市喧嚣的偏僻农村。这些农村受到现代文明的影响相对较小，可以保留更多传统文化的内涵与形式，可以给我们的考察以更多的纯朴材料，可以给予我们更多接受传统文化的机会，这是一个基本出发点。当然，现在都市的生活也不是不加思考，还是可以作为一个背景材料加以思考利用，可以作为一个参照物，用心探究传统文化的可以未来，这也是传统文化生态观的可能出路。

存在于村庄聚落的传统文化生态观，其具体的表现方面非常繁复，如要将其一下列出，几乎不太可能，但是这已是必须考察的基本对象。如何处理呢？只能择一要点述之。一般而言，从两个层面加以描述，一是形而下的实践层面，二是形而上的观念方面。形而下是主要的关注对象，因为村民文盲不可能有更多的理论思考，主要体现在实践中的遵循与运用，因此选择农业最为常见的生产生活，即农业生产、山林狩猎和房屋建筑，从中考察这些方面体现了哪些生态思想。形而上者就是人与自然的关系，即天人合一的理念，这是经过文人归纳、统治者认可的理论。对于村民文盲而言，不是通过学校教育获得这些知识，而是在生产生活实践中认可这些理念，于是转变成为自己的信仰，并且在实践中遵循这些信仰，也于实践中传承这些信仰，由此形成传统文化生态观。

文化需要传承，也一定要传承，否则就可能面临中断，像一些过去的文明古国那样，在历史的长河中被淹没消失。既然传统文化在农村，而且是相对偏僻的农村，这就意味着以文字为载体的所谓文化人，在农村几乎没有，因为他们基本上都是文盲。如果拥有文化人，那么可以凭借体制内的学校开展正规教育，文化就可以得到一本正经地传承，或者说其传承就会有序。因此，虽然体制教育也在探究范围之内，但是并不作为重点，尤其是以官学为主的体制教育，甚至包括私学教育，这是因为这些教育模式与方式，在过去的村庄聚落里面，并不占据主流，甚至是几乎没有。然而，传统文化生态观又主要体现在村庄聚落，真正的实践层面也几乎就在乡村社会，这似乎与教育相矛盾。之所以产生这种看法，其实是对教育进行了狭隘化理解，以为进入课堂教学，才是教育，如果是这样一种定义，过去的乡村社会，确实没有传统文化生态观的教育。但是，传统文化生态观又最深入地植根于百姓心中，直至现在依然在起作用，很显然，这些目不识丁的文盲接受了最为传统且深入的教育，否则这种现象将无法解释，于是必须颠覆传统正规教育的定义，赋予教育新的内涵，才能有效地解释这种现象。

剖析面向文盲的所谓村野匹夫的教育，有两个特点相对比较突出：一是生活化，二是潜移默化。何谓生活化，就是将教育化入生活，教育与生活融为一体，形成水乳交融的状态，这是基于文盲的教育对象必须采取的方式，因为基于文字教学的任何方式，对于文盲的教育对象都不适用，因此必须区分当今生活化的教学流派，那是课堂教学的延伸，与此具有本质的差异。与郊野之村庄聚落密切相关的生活有哪些？无非就是家长里短生活、农业生产劳动、庙会祭祀活动及日常娱乐放松，如此一些下里巴人的生活，没有任何高大上的感觉。根据这样一个理解，我们将这些生活从教育层面进行必要归类，大体归纳为行为教育、规约教育、敬畏教育、威权教育等几个方面，并对此教育方式与效果进行探析，得出各自的特点。这些教育方式，显然与正规的"教育"概念都不相吻合，所谓教育是指专门组织的学校教育，它是根据一定社会的现实和未来的需要，遵循人身心发展的规律，有目的、有计划、有组织、系统地引导受教育者获得知识技能，陶冶思想品德、发展智力的一种活动，以便把受教育者培养成为适应一定社会需要和促进社会发展的人。这些基于民间生活化的教育，有计划吗？没有；有教师吗？有也没有；有学生吗？似乎也没有。如此之教育，有教育吗？没有也有，就是这样一种似有实无、似无实有的状态，完全一同于体制教育的教育。

这样一种生活化教育带来的另外特点就是潜移默化。因为它没有明确的教学计划性，也就没有检测教育成效的预定目标，有点儿像"脚踩西瓜皮，滑到哪里是哪里"，以文雅语言表述就是遵从无为而治的原则，实现潜移默化的效果。这种潜移默化可以表现在几个方面：一是教育者做榜样示范，二是形成风气氛围，三是长期熏陶影响,四是效果呈现缓慢。基于潜移默化的特性,行为教育就选取了示范、亲缘、习惯几个最为基本的层面,这是身教榜样育人;规约教育就是重在形成村庄聚落的人文环境,因此有民谚、村规和礼俗,通过构筑良好的社会风气,实现环境育人;敬畏教育旨在建构一种内心的慎独,于是考察风物传说与天堂地狱,以期利用精神力量达到自我教育;威权教育则从不同赋权的角度,说明乡村领袖、宗族管理与行政控制等不同层面的管理,以管理方式达到育人效果。总之,潜移默化在于"潜""默",不是一种大张旗鼓的方式实施教育,而是以一种不知不觉的方式进行教诲,以不教之教实现教化目的。

传统文化生态观的教育传承,通过剖析探究,我们可以得到三点启示:第一,传统文化生态观源远流长,自其萌芽到形成理论,直至成为普通村民的民间信仰,至今没有中断,于当今乡村社会依然具有强大生命力。这个生态观之核心是天人合一的和谐理论,正与农业生产对于自然强烈依赖相一致,因此能够深入人心,得到百姓的普遍认可,并于实践中实践着。第二,传统文化生态观的传承在民间自有其独特性,不是学术上的学理研究,也不是学校教育的系统知识传授,而是生产生活实践的具体运用,这是保持传统文化生态观绵延不绝的秘诀所在。实践是检验真理的唯一标准,也是传播知识观念的有效途径,因为这里可以体验知识的生成,也可以验证知识的真伪,还可以确证知识的实用与无用,对于直接从事农业生产的村民而言,实践具有最强说服力。正因为这些生态观与其生产生活密切相连,而且确证其实用有效,因此不必通过外在强力灌输,即可为村民所接受,而且成为内在的知识,如此自然也可以实现有效传承。第三,基于生活与实用的生活化教育,对于观念的传播具有良好的借鉴意义。教育是为了内化于心,外化于形,真正成为受教育对象的自我需要,如此才有效果。依照一般理解,对文盲进行教育活动,其效果必然是无效或低效的无用,事实上,传统文化观植根最为深入的地方就在农村,成为信仰最为深入者也是这些文盲村民,因此其独特的教育传承方式值得借鉴。这对于如今之现代生态观的传播,更多着眼于学术层面研究,只在学术圈内流转,难道不值得反思吗?

是为记。

韦祖庆

2017 年 10 月